华东师范大学中文系学术丛书

# 王元鹿普通文字学 与比较文字学论集

王元鹿　著

上海古籍出版社

**图书在版编目(CIP)数据**

王元鹿普通文字学与比较文字学论集/王元鹿著.
—上海：上海古籍出版社,2012.9
(华东师范大学中文系学术丛书)
ISBN 978 - 7 - 5325 - 6440 - 8

Ⅰ.①王…　Ⅱ.①王…　Ⅲ.①汉字—文字学—文集
Ⅳ.①H12 - 53

中国版本图书馆 CIP 数据核字(2012)第 064202 号

华东师范大学中文系学术丛书

**王元鹿普通文字学与比较文字学论集**

王元鹿　著

上海世纪出版股份有限公司
上 海 古 籍 出 版 社　出版
(上海瑞金二路 272 号　邮政编码 200020)
　　(1)网址:www.guji.com.cn
　　(2)E - mail:gujil@ guji.com.cn
　　(3)易文网网址:www.ewen.cc
上海世纪出版股份有限公司发行中心发行经销
上海商务联西印刷有限公司印刷

开本 700×1000　1/16　印张 20　插页 3　字数 450,000
2012 年 9 月第 1 版　2012 年 9 月第 1 次印刷
印数:1—1,500
ISBN 978 - 7 - 5325 - 6440 - 8
H·74　定价:58.00 元
如有质量问题,请与承印公司联系

# 目　录

## 第一篇　文字发生与发展

北美印第安文字对文字源泉研究的启发意义……………………… 3
汉字发生研究目的论…………………………………………………… 9
汉字发生研究材料论………………………………………………… 16
汉字发生研究方法论………………………………………………… 23
十九世纪末以前汉字发生研究的历史回顾 ……………………… 29
十九世纪末以来的汉字发生研究的历史回顾…………………… 37
关于民族文字发展研究若干问题的思考………………………… 52
汉字异体流变说……………………………………………………… 57

## 第二篇　文字性质与构造

表词—意音文字记录语言方式的比较
　　——兼论汉字的某些特殊性格 ………………………………… 71
关于我国民族古文字性质的同义比较：意义与任务…………… 84
中国南方民族古文字研究的一些瓶颈…………………………… 91
关于我国南方民族历史古文字的一些谜团…………………… 98
我国含表意成分的民族古文字的定义及其学术研究上的意义……… 104

## 第三篇　文字关系与传播

关于文字传播的同义比较的意义与任务………………………… 113
东巴文与哥巴文、玛丽玛莎文、达巴文的关系之初步研究……… 118

纳西东巴文字与汉字不同源流说 …………………………………… 123
由若喀字与鲁甸字看纳西东巴文字流播中的发展
　　——兼论这一研究对文字史与普通文字学研究的意义 ……… 129

# 第四篇　民族文字比较研究

纳西东巴文与汉形声字比较研究 …………………………………… 141
纳西东巴文字与汉古文字假借现象的比较及其在文字史上的认识
　　价值 ……………………………………………………………… 148
纳西东巴文字黑色字素论 …………………………………………… 152
东巴文"大"字字形演变蹊径对文字学研究的启示 ……………… 160
关于纳西东巴文"天"字的若干文字学思考 ……………………… 165
玛丽玛莎文两次调查所得单字的比较及其文字学意义 …………… 169
玛丽玛莎文字源与结构考 …………………………………………… 172
尔苏沙巴文的特征及其在比较文字学上的认识价值 ……………… 185
"坡芽歌书"的性质及其在文字学领域中的认识价值 …………… 192
水文在文字学研究中的认识价值与研究方法 ……………………… 199
水文方位字研究及其对普通文字学研究的启发
　　——兼论水文研究的必要性与方法论 ……………………… 204
水文中的数目字与干支字研究 ……………………………………… 208
关于我国少数民族古文字库建立的若干设想与难题及其对策 …… 211

# 第五篇　文字研究与文化

说"方" ……………………………………………………………… 217
"心"字探源 ………………………………………………………… 222
东巴文计数习俗中所见原始思维 …………………………………… 239
猪与古代文化 ………………………………………………………… 245
汉字中的"猪" ……………………………………………………… 256

洪水滔天话远古——说"昔" ………………………………… 257

"白"与殷人的白色崇拜 ……………………………………… 258

古人是如何"休闲"的……………………………………… 259

"龙",你到底是什么? ………………………………… 261

说"犬"侃"狗" ………………………………………… 263

# 第六篇　书评与序跋

《纳西象形文字谱》评介 ………………………………… 269

读《汉字文化学简论》 …………………………………… 276

洛克《纳西语英语百科词典》简评……………………… 277

评黄思贤《纳西东巴文献用字研究》

　　——兼论东巴文研究中用字研究的意义 …………… 286

郑飞洲《纳西东巴文字字素研究》序……………………… 292

周斌《东巴文异体字研究》序……………………………… 294

高慧宜《傈僳族竹书文字研究》序……………………… 297

黄思贤《纳西东巴文献用字研究——以〈崇搬图〉和〈古事记〉

　　为例》序…………………………………………… 300

刘悦《纳西东巴文异体字关系论》序……………………… 302

俞允海、潘国英《中外语言学的对比与研究》序……… 305

《汉古文字与纳西东巴文字比较研究》后记 …………… 307

《普通文字学概论》后记………………………………… 309

《比较文字学》后记 …………………………………… 311

《学生常用古代汉语词典》序…………………………… 312

# 第一篇　文字发生与发展

# 北美印第安文字对文字源泉
# 研究的启发意义

## 一、引 论

北美洲某些地方与某些部落的印第安人，使用相当原始的文字来表词达义。虽然不同地方和不同部落的印第安人对文字的写法、用法不尽一致，但从性质来看，北美印第安人使用的文字，一般均可归入文字史上的早期文字（或称初期文字、原始文字或图画文字）之列。

历来的文字学研究者，往往对中南美洲的马亚、阿兹忒克等民族的古文字的破译与研究投入了极多的力量，而对于距今时代较近但性质更为原始的北美印第安早期文字却较少注意。然而，倘若我们站在文字发生史和文字发展史的角度上，又带着比较文字学的目光去细致观察和深入分析印第安人的原始文字，那么我们将会发现：这些看似不登大雅之堂的文字，对于早期文字的发生、早期文字的性质和早期文字向字词—意音文字的过渡等一系列文字学上的重要问题的讨论，具有极大的启发意义。

我国和世界的文字学者，对于文字的发生尤其是文字的渊源物和文字的发生过程问题，众说纷纭，至今尚未有定论。本文拟从北美印第安文字的一些例证出发，就有关文字渊源和文字发生过程中的符号的地位问题进行讨论。由于北美印第安文字的原始性格，以这种文字为出发点去讨论文字起源，必定会使我们得到一些有意义的启发。

## 二、对于早期文字来源的种种看法

关于"早期文字从何而来"这一问题，尽管文字学者们看法并不一致，但时至今日，否定图画为文字来源（至少是来源之一）的，几乎是没有了。然而，各家看法中的一个重要分歧在于：一些学者认为图画是文字的唯一源泉，而另一些学者则认为除图画文字外还有其他的源泉。

持文字仅来自图画的"一元论"说者，当以梁东汉先生为代表。梁先生在他的《汉字的结构及其流变》一书中，主张图画是文字的唯一源泉，余者皆非。① 除梁先生外，还有不少学者亦主此说，恕不在此一一列举。

唐兰先生似乎是从一元论转向二元论的。他在30年代所写的《古文字学导论》中持"文字的起源是图画"② 的观点。然而到他40年代所写的《中国文字学》中，他却指出："最初的文字，是书契，书是由图画来的，契是由记号来的。"③

郭沫若先生曾说过："中国文字的起源应当归为指事象形两个系统，指事系统应当发生于象形系统之前。"④ 看来，郭先生的二元论似与唐先生有所区别。不过从郭先生上面的话推测，很可能郭、唐二氏的观点在实质上十分相近，这是由于郭氏既然主张指事系统为文字的一源且比象形系统产生更早，则文字必有图画之外的其他源泉，因为按常理来说，以一群指事字构成的一个原始文字系统，不大可能直接来自图画。

伊斯特林先生亦主二元论。他认为"第二个（在原始艺术之外）形成原始文字的源泉是各种非书写的、'实物的'传达信息的方法"。⑤伊氏还指出这些"方法"包括某些符号如假定符号和记忆符号。⑥

汪宁生先生提出"文字是由三类记事方法（即物件记事、符号记事和图画记事——笔者按）引导出来的，而不是仅仅起源于图画"。⑦ 事实上，汪先生的三元论与伊氏的观点十分相似，因为伊氏所论及的"方法"中亦包括汪氏所论的"物件记事"。显然，汪先生的三元论亦认为图画并非文字的唯一源泉。

从上面胪列的各家说法中，我们可以发现，几乎每位主张二元论或三元论的学者，都提到了符号是文字的源泉之一。因此，如若我们可以判定符号确系文字的一个源泉，那么一元论便不攻自破了。以下，我们将对印第安文字中的符号的存在及其来源作一些讨论。在此项说明的是：广义地说，文字即是一个符号系统。而我们在下文中将提及的符号，一类是狭义上的，是指文字形成之前或进入文字之前人们用以记事的符号，

① 梁东汉：《汉字的结构及其流变》，26-33 页，上海教育出版社，1959 年。
② 唐兰：《古文字学导论》，71-83 页，齐鲁书社，1981 年。
③ 唐兰：《中国文字学》，63 页，上海古籍出版社，1979 年。
④ 郭沫若：《中国文字之辩证的发展》，载《奴隶制时代》，256 页，人民出版社，1977 年。
⑤ V. A. Istrin：《文字的发展》（杜松寿译），64 页，文字改革出版社，1966 年。
⑥ V. A. Istrin：《文字的发展》（杜松寿译），64-72 页，文字改革出版社，1966 年。
⑦ 汪宁生：《从原始记事到文字发明》，载《考古学报》，38 页，1981 年第 1 期。

如路标、结绳、非文字的刻划符号等等。另一类我们将要提到的符号，则是指文字中存在的指示性符号、抽象符号、连结符号等，这是从作为文字的意义上出发的符号。依据以上说明，读者将不难辨别下文中各处出现的"符号"的意义。

# 三、符号是文字的来源之一

如上文所述及，由于北美印第安文字是一种带有相当强的原始性格的文字，所以从一些印第安文字的构成中，可以发现关于早期文字来源的蛛丝马迹。

首先，我们可以发现，印第安文字中有许多指事字。如著名的印第安酋长华布其的墓志铭（见[图一]）①中,有一些实线与虚线。尽管各家对这一墓志铭的意义的考释不尽相同，用三条实线记录的"三"、七条实线记录的"七"和用九条实线记录的"九"，以及用两条垂直的长虚线记录的"二"，显然是表示"七"、"九"和"二"的四个指事字。又如，印第安人用 × 表示"第四"，用 × 表示"第一次伤敌"，②这二字亦当为指事字。至少后一字很难被看作是图画进入文字之后的进一步抽象。支持这一想法的是一些可以被视为早期文字的契刻。如[图二]③所示为我国傈僳族的传统木刻。据李家瑞先生释，它所记录的语言为："来的三个人，月亮圆时和我们会面了，现在送上大、中、小三包土物，分别送给大、中、小三位领导。"④这些文字，除〇（月亮圆）可视作早期象形字外，×、𝍸和𝍷均为指事字。很难设想要傈僳族更早期的契刻中这三个

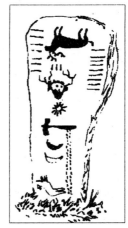

图一

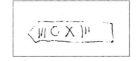

图二

① 采自 B. A. 伊斯特林：《文字的产生和发展》（左少兴译、王荣宅校），60 页，北京大学出版社，1987 年。

② George Fronval and Daniel Dubois：*Indian Signals and Sign Language*，PP. 68–69，Wings Books，1985.

③ 采自 B. A. 伊斯特林：《文字的产生和发展》（左少兴译、王荣宅校），8 页，北京大学出版社，1987 年。

④ 李家瑞：《云南几个民族记事和表意的方法》，载《文物》，12 页，1962 年第 1 期。

字曾用象形来写。

　　同样值得注意的是，印第安文字中还有许多以抽象符号为构件的文字。如"听"作[图]，"看"作[图]，"说"作[图]等等。① 发人深思的是，"看"、"说"二字与北美平原印第安手势语极为相似。"看"的手势语为：右手置于右目下方，食指与中指指向前方；"说"的手势语为：右掌置于下巴下方，右手五指向前上方伸出。② 可见，与其把这些符号的来源说成图画，还不如把它们视为手势语的书面符号记录。

　　无独有偶，带有相当成份的原始文字特征的纳西东巴文字中的一些字，同印第安文字一样，含有不少抽象符号。如"听"作[图]，"说"作[图]，与印第安文字相比，真可谓如出一辙。看来，我们也同样很难设想纳西东巴文字中的这些字中的抽象符号构件来自图画。

　　除此之外，我们还可以在印第安文字中找到许多连结符号。如"联盟"作[图]，字的下方连结二人者当是一个表示"联合"、"连结"之类义的连结符号；又如"谈话"作[图]，在象征谈话双方的二兽之间，以一直线系连，表"对话"、"沟通"之类意义。而［图三］③ 为著名的北美印第安文字样品——一封印第安人要求美国总统允许他们迁到三湖地区去的信，如果我们仔细对它加以观察，可以发现代表 7 个部落的 7 个动物的头部和心脏，都被一条条曲线连结起来了。又如印第安著名的结珠——四族联盟结珠（见［图四])，④ 可被视为一个原始文字图形，两侧的四个正方形象征四个部族，中间的"心"形当象征他们的一致。这一图形除"心"外，明显地均由符号构成，四正方形为抽象符号，而连结四正方形与"心"的四条线是连结符号。显而易见，这类连结符号在印第安文字中的存在，比抽象符号的存在更加雄辩地证实了符号是原始文字的来源之一。因为，如果说，那些文字中的抽象符号可以被假定为图画在进入文字之后的抽象化的结果，也就是这些符号在最初的印第安文字中并不存在，那么，我们仍无法设想那些意义本来十分空灵的连结符号也是来自象形符号或早期象形字，因为如上述表示"连结"、"沟通"

---

① George Fronval and Daniel Dubois：*Indian Signals and Sign Language*，P. 68，Wings Books，1985.

② 采自 B. A. 伊斯特林：《文字的产生和发展》( 左少兴译，王荣宅校 )，59 页，北京大学出版社，1987 年。

③ 采自蒋善国：《中国文字之原始及其构造》，18 页，武汉古籍书店影印，1987 年。

④ George Fronval and Daniel Dubois：*Indian Signals and Sign Language*，Wings Books，1985.

之类意义的一些线条，它们所表的词义或词素意义一直就是"连结"、"沟通"，我们根本无法设想它们有可能从某个象形符号进一步抽象化或简化而来。

图三

图四

　　通过以上的举例与说明，我们可以相信，文字前的一些符号，可能在印第安文字形成时，立即进入文字。这些符号有可能独立地成为指事字，有可能与其他符号合成复合指事字，有可能与一些象形符号或象形字合成在象形字上加指事符号的指事字（如汉字中的"刃"是在象形字上加一指事符号）。可见，文字的源泉绝不止原始图画一个，以上分析至少证明了符号亦为文字的源泉之一。

# 四、余　论

　　本文以上几节所论，实际上是以较为有限的材料和较为简捷的方法，证实了文字的源泉绝不是单一的。由于印第安文字使用离今天的绝对时差较短，而且海外还有较多的印第安文字资料可以作为我们的参考，所以，我们还可以通过对这些资料的广泛搜集与深入研究，解决更多文字史和文字学上的难题。

　　另外，我们在第三节的讨论中，较多地使用了世界各民族古文字的比较与综合的手段。由于世界上存在的文字多种多样，它们虽不同也不记录同一种语言，但很可能各自代表着文字史上的某一发展阶段的文字的共性。如果我们把它们综合起来，对它们的各自特性加以比较，无疑地会大大有利于对世界文字史尤其是文字发生史和早期文字发展史的构拟。

　　除此之外，本文的讨论还给我们一个启发：北美洲的一些印第安绘画，一般美国学者均称之为"印第安绘画"，但是它们往往又带有若干绘画不应具有的特征，其中包括上文论及的抽象符号、连结符号等等。对于这些文物的性质确定和类型划分，本文第三部分的讨论结果是具有重要参考意义的。

刊于《华东师范大学学报（哲社版）》，1995 年第 6 期

# 汉字发生研究目的论

若是我们向古往今来即便都是现代的汉字学者尤其是对汉字发生问题进行过专文论述的汉字学者进行发卷调查，以征求"什么是汉字发生研究的目的"的答案的话，我们毫不怀疑，收到的答案会不很一致甚至可能是五花八门的。我们在此为这些虚拟的学者们草拟几份可能的答卷：

A：了解汉字发生的时间。

B：了解汉字发生的地点。

C：了解汉字从何而发生。

D：了解汉字因何而发生。

E：了解汉字是何人所造。

F：了解汉字如何发生。

以上 6 个答案，正应了 when、where、what、why、who 和 how 这历史科学的 6 个 w 的分析。

当然还有：

G：了解祖国与汉民族文明历史之悠久。

显然，G 所答是一个间接的目的，并不与我们要研究的题意相符合。

那么，在上面的 A、B、C、D、E 和 F 中，究竟何者是最合理的答案？

其实，肯定会有一些学者在其答案中包罗了 A、B、C、D、E、F 或包含了 A、B、C、D、E、F 中的某几项。

因此，这答案应该说是比较完整了，至少是在理论上。

然而，问题在于：看看过去的学者们的研究，又有谁真的回答了以上 6 方面的问题或对以上 6 方面的问题作了细致的研究？

回顾以往的汉字发生研究，学者们确乎力图在以上 6 方面找寻答案，然而寻得的答案往往并不包罗以上这 6 个方面。

就以郭沫若的经典之作《中国文字之辩证的发展》①为例。该文的主要部分确乎包含了 when（时间）（讨论了半坡陶符的 C14 同位素测得的时间至今有六千年之久）、where（地点）（在西安半坡）和 what（什

---

① 郭沫若：《中国文字之辩证的发展》，载《奴隶制时代》，244-270 页，人民出版社，1954 年。

么）（讨论了最早的是什么样的），但是并未对 why（为什么）和 who（谁即是造字者）以及 how（如何发生）的问题提出答案。我们不能说郭沫若的这篇文章由于未对 6 个 w 作出讨论就是无意义的，甚至不能说它不完整，但是我们至少可以认为：对于汉字发生的研究是一个全面的系统工程，以前的专家未必能也未必曾在这种全面研究上做得很完美。

进一步说，若是一篇文章真正对上述的 6 个 w 进行了全面的研讨，也未必能认为它就是穷尽性地研究了汉字发生的所有方面。

先从纯理论或纯逻辑的角度来说明我们的思路。

应该说，任何一个小的课题，都有对它进行多次切分的可能性。拿汉字发生问题来说，上述的 6 个 w 的确是整个课题的第一次切分。然而，我们还可以把问题进一步进行切分。比如，对于 what（什么样），可以理解为最原始的文字从何而来（from what），亦可以理解为最原始的文字怎么样（what）。之所以产生这样的再切分，表面看来或是由于我们对 what 的理解不同，而且 what 本是一个动态的东西，但是不管怎么说，从实践上看，这 what 是可以再加切分的。

一种通常的认识认为，东方人的思想方法较重综合，而西方人的思想方法较重分析。尽管在文字发生的研究中西方人的分析方法并未体现得淋漓尽致，我们还是不幸地发现：至少在汉字的发生的研究中，东方人过于重视综合而相对地忽视分析的做法，确实是显现出来了的。

综观百年来的汉字发生研究，我们可以发现，一般学者特别注意的是讨论这样一些问题：（一）汉字发生离今天有多久；（二）最早的汉字是哪一种符号系统。固然，这些问题是值得讨论的汉字发生研究的目的，但是严格说来：（一）这两点并不是全部的目的；（二）就这两点而言，亦可分别进一步切分。如汉字发生的时代可能有几个，因为未必只有一种原始汉字为汉字之源；既然字源未必只有一个，因此对所谓"最早的汉字"亦须一种一种分开来研究。

如果回到研究实践中来，那么从汉字发生的实际状况来看，我们也确乎值得且必须重视重建汉字研究的目的。

从汉字发生的 what（什么）来看，至少这 what 可能意味着这么一些东西：指汉字的渊源物即汉字发生之前的东西是什么；指汉字原始的状态即汉字发生瞬间的东西是什么。另外，若换一个角度看，很可能这 what 是一个复合的东西。依郭沫若等不少学者之见，半坡和大汶口的文字分别为汉字之源，前者是指事字的源而后者是象形字之源，那么，汉字的来源至少有两个符号系统。再说开去，若是从文字作为符号系统的特征来看，也可以认为这是对汉字的渊源物是何类事物（如结绳、契刻乃至八卦）的认识，那么，也许其渊源物也是多种事物的合成。

以上的讨论可以总结为：如果我们全方位地从理论角度去切分汉字发生研究的目的，那么，这目的可以进一步分析。而这一点恰恰是我们先前做得不够的。

从另一方面说，随着对汉字发生问题的进一步研究，我们还了解了更多的东西也属于或可以属于汉字发生研究的目的。于是，可以认为，研究的目的不仅可以从内部再切分，还可以从外部再增益。

比如，上面所述的关于汉字可能产生于异时异地的认识，即认为原始汉字的状态不止一种。

又比如，随着咱们对汉字发生的研究的进一步转化，我们逐渐发现，汉字的发生并不应该是一个静止的瞬间而是一个漫长的动态过程，它至少包括准备阶段、发生阶段，而这发生阶段又不仅仅是一朝一夕可以完成的事。随着这一认识的建立，我们就必须把汉字的发生过程作为一个历史作动态的描述。再进一步说，如果认为汉字发生的瞬间不易探知但可以通过早期汉字的状态来回溯，那么，对早期汉字的研究，也可以作为汉字发生研究的一个部分了。

再比如，对于汉字发生动因的研究，也在不断地取得深入的理解。传统的说法往往认为文字产生的充要条件就是奴隶制国家的产生。然而，用这一学说简直无法解释为什么在世界上的某些古代民族（如马亚）中文字产生于具某一性质社会而在另一些与之社会条件相似的古代民族中（如印加）却未产生文字。

这样的历史事实至少启发我们：社会历史条件并非是决定文字产生的唯一条件，文字产生的原因和动因，需向多方面去寻觅。

还有，即便就分析而言，随着文字发生与汉字发生研究的进展，原先看似毋须分解的一些有关汉字发生的问题，也必须分析开来才能去做好。比如，关于书写工具与书写手法对于原始文字书体的影响，以前是一个汉字发生研究者几乎从不涉足的问题。然而，苏美尔文的研究史告诉我们，正是由于泥版烘焙工艺的开始，苏美尔文从其发生后的较早期就进入了笔画较简单的时代，楔形文字的发生正是这一广义书写工具与书写方法的必然结果。那么，与之相应，我们亦应该去研究原始汉字的书写工具与书写方法对原始汉字书体的影响。

此外，某些在汉字发生研究中经过多次尝试而仍得不出仔细结论的题目，也促使我们把相关的题目研究得更细更深更透，非如此便无法解决一些"千古谜团"。举例来说，对于汉字的发生前瞬间的状态的描写，尤其是动态描写，一直是研究者们希冀做到但不易做到的事。因此，我们必须指望与之有关的纵向与横向的研究的进展来启发这一谜团的解决：所谓纵向，即把汉字发生后的状态与过程弄清；所谓横向，即尽可能取得国内少数民族或国外民族有关文字发生的状态的材料，再来启发汉字发生研究中对相应问题的认识。

最后，还可以认为，与汉字发生研究相关的学科的发展，给了汉字发生研究许多材料上的依据、方法上的启示和观点上的指导，从而拓展了汉字发生研究的视界并增益了其研究的对象。比如，比较文字学就在上世纪 80 年代被引进了汉字发生研究。裘锡圭先生依据纳西东巴文这种较为原始的文字的状态来推测早期汉字的某些特征，[①] 王元鹿亦在依据东巴文字拟测早期汉字状态上做了若干尝试，[②] 尤其是在早期汉字一字多音节的问题上，裘锡圭和王元鹿二人所依据的材料的类型和性质不同，论证的过程不同，但殊途同归地取得了几乎同样的结论。这些工作使得上古汉字在出土资料不多、典籍记载简略的情况下，依然得到了概貌构拟的可能。这样的研究就使得概貌拟测、系统重建的工作也归入了汉字发生研究的范畴中去。

总结以上关于汉字发生研究的目的的讨论，我们达到了以下的初步认识：

（一）以前的关于以 6 个 w 为研究目的认识，失之分析过粗和视野过狭。

（二）随着对汉字发生研究的目的的认识深化和对每一相关课题的研究的深化，我们有可能把以 6 个 w 为分析依据的各个分领域的目的进一步分析，得到在这 6 个 w 以下一层的若干"分目的"。

（三）随着对与汉字发生研究相关的若干领域中的研究成果的取得和资料的获得，汉字发生研究的视野可以进一步扩大，从而有些在 6 个 w 之外的目的可以得到增益。

（四）由于汉字发生研究的某些难题总是得不到解决，就必须进一步分析和进一步增益若干新设目的以求为这些疑难问题的解决创造条件。

总括以上几点，我们可以相信，汉字发生研究的目的的设立必须也正在走向对每个目的分析更细并设立更多的目的的阶段。

---

① 参见裘锡圭：《汉字形成问题的初步探索》，载《中国语文》，162-171 页，1978 年第 3 期。

② 王元鹿：《汉古文字与纳西东巴文字比较研究》，华东师范大学出版社，1988 年。

　　就目前的研究水平的现实，我们可以把汉字发生研究的传统上的 6 个 w 的目的作如下新的分析：

　　（一）when（时间）：

　　（1）从大致上探求汉字发生的朝代与时代，包括该朝代与时代的社会历史状况。

　　（2）探求每一种可能为汉字原始状态的出土文物所处的时代，包括该时代的社会历史状况。

　　（3）探求与汉字发生相对应的我国少数民族与外国古代民族和原始民族文字发生的时代。

　　（二）where（地点）：

　　（1）探求汉字发生地点大致可能处于的范围。

　　（2）探求汉字发生于一处还是多处。

　　（3）探求原始汉字出土文物所处的地点。若地点为多处，则进而研究它们的系列或序列关系。

　　（三）what（什么）：

　　（1）研究汉字发生之前的准备状态，主要是作为原始汉字的渊源物的状态。

　　（2）研究可能作为原始汉字的符号系统的性质与状态；如有多种，研究它们间的联系、关系与区别。

　　（3）研究早期汉字乃至进入表词—意音文字阶段的汉字的状态，找出它们与原始汉字之间的联系、关系与区别。

　　（4）构拟和重建原始汉字系统。

　　（四）why（为什么）：

　　（1）研究汉字发生的社会条件和历史动因。

　　（2）研究一般文字发生的社会条件和历史动因。

　　（五）how（如何）：

　　（1）比较汉字发生准备阶段与汉字发生瞬间之间的异同，从而对汉字发生的瞬间进行描述。

　　（2）比较汉字发生准备状态与原始汉字状态，从而发现汉字发生时的状态并进行描述。

　　（3）研究我国少数民族和国外民族文字发生的过程并在汉字发生过程中寻觅相对应的现象与特征。

　　（六）who（谁）：

　　（1）研究汉字创始者是个人还是集体。

（2）探求创始汉字的古代民族的族属。

（3）依据出土原始汉字文物探寻其作者。

虽然上述讨论及其结果可能有失之空泛之处，但是依据上面设立的6项中可分若干小项的事实即可发现，以前对于汉字发生研究的目的的设立是注意得不够的。尽管我们绝不可要求每一项研究、每一篇论文都对这些小项进行周密的讨论，但我们至少可以希冀每一位汉字发生的研究者必须顾及和重视每一小项中的内容。也就是说，每一位研究者的每一项研究尽可以从他的独特的视角、独有的兴趣与材料及他个人企图解决的独特问题进行研究，但是汉字发生问题的全面突破，恐怕尚需期待许多研究者的各自独特研究的综合结果。换言之，汉字发生研究问题绝不是一个只凭一二篇论文可以解决的问题。同时，即使把以上各项与各小项所设的目的研究清楚了，也不意味着我们已经把汉字发生问题研究透彻了。这是由于：

（一）以上各小项是举例性的而非穷尽性的。

（二）以上各大项只是传统的与逻辑的分类，我们尚未把由于各相关学科的发展而可以增益的研究领域补充列入。

（三）对以上各小项的研究尚需一个综合的过程。而这种综合绝不是一二个简单的结论。随着汉字发生研究的目的的分析和增益，它必然发展成为一门汉字学的子学科或文字发生学的子学科，这门学科的基本观点将会不断增加，其基本内容将趋于愈来愈丰富。

（四）以上各项与各小项的开列，作为体系来说，不是封闭的和静止的，而是开放的和流动的。换言之，这些项和小项绝不是穷尽性的和一成不变的。至少，这些小项是举例性的，而且在所列的大项之外也有可以讨论的种种课题。随着汉字发生研究的深化，各小项的进一步分析和其他课题的进一步增益乃至各大项间，各大项的下位小项间的结合研究，将成为新的研究课题。

以上的讨论，可以说是对汉字发生研究的目的的理论上的分析。然而已往的汉字发生研究实践往往并不如此理想化，即使今后的汉字发生研究领域中的论文也不可能写得如此教科书式。因此，我们也不妨在本节之末依据已往汉字发生研究所讨论的问题，开列出在目前状况下需要解决的或彻底解决的一些理论问题。

（一）汉字的发生时间（朝代和年份）。

（二）汉字发生于一地区还是发生在多地？若发生在多地，则它们之间的联系如何？

（三）汉字的渊源物是哪几类？它们之间关系如何？

（四）汉字是在什么社会历史条件下发生的？

（五）原始汉字（即处于发生瞬间的汉字）是什么样的？其主要特征是什么？

（六）汉字发生的过程是如何？

（七）汉字的创造者是个人还是集体？

如果结合以往百年的汉字发生研究实践，我们也可以列出以下一些相当实际并更为具体的问题来，这些问题可以说是被热烈讨论又亟待解决的问题。

（一）汉字的发生时间是否确在夏代？

（二）如何看待仰韶文化中的陶器符号的性质？这些符号之间的关系与联系是什么？

（三）如何看待大汶口陶器符号的性质？它们与良渚文化玉器上的符号是否属于同一系统？

（四）仰韶和大汶口的陶器符号能否被考释？应如何考释？

（五）除仰韶和大汶口陶器符号之外，另外一些夏代的陶器符号系统哪些属于文字，哪些属于前文字？

（六）长安花园村出土的夏代骨器上的刻划符号是否是文字？

（七）贾湖刻符是否是文字？

（八）商代前期的江西吴城陶器符号和河北藁城台西陶器符号是否是文字？它们与甲骨文和西周金文有何联系？

（九）陶符与陶文是否有绝对的界限？

综观以上所论，我们在讨论中把汉字发生问题列表 3 次。事实上，这 3 张表中的每一张表的问题的总体，基本上是相等同并相一致的。其区别在于：第 1 张表是理想化和理论化的，第 2 张表同样比较理想化和理论化，但是可以说是抽取了第一张表中所列问题中的一些关键和困难问题；第 3 张表则是相当具体的问题的罗列。可以说，在现时的研究条件和研究水平的限制下，既不可能在一朝一夕间解决理论上的所有问题，亦不可能解决所有实际的问题。我们的讨论既可以从理论问题入手，亦可以从实际问题入手，但其终极的结果无论在理论上还是实践上均使种种问题得到答案。当然，相应的研究过程必然是一个理论与实践结合的过程。

刊于《中国文字研究（第 5 辑）》，广西教育出版社，2004 年

# 汉字发生研究材料论

　　汉字发生研究是当前文字学领域中的一个既十分重要又研究不足的一个课题，而有关汉字发生的材料可以说是这一课题的起始点。随着汉字发生研究成果的取得、方法的改进和视野的扩展，现在所论汉字发生研究的材料正向着类型的增加、内容所属领域的扩大的方向发展。

　　汉字发生研究的材料是一个十分复杂的问题，本文仅拟列举各种我们视野中有助于汉字发生研究的原始材料的类型并对它们逐一进行讨论。即便这一课题的研究一日千里、日新月异地进展，这几种类型的材料将一直是我们研究这一课题的重要依据。它们大致可分析为以下八类：

## 一、传世文献中关于汉字发生的记录及其注释

　　这些材料虽然流传并被（广义上地）研究了两千余年至一千余年，但是仍不失其相对的可靠性。事实上，离今天愈远的材料，则离汉字发生愈近。现代的文字学研究与汉字学研究乃至整个社会科学研究所揭示的若干事实告诉我们，传世文献在反映史实上有相当的相对可信度。从这个意义上来说，传世文献至少可以为汉字发生研究提供佐证。

　　事实上，我们亦可以举出许多这样的例子来。就拿汉字发生的时代来说，史籍的记载给我们的启示和帮助相当之大。依据大量史籍的记载，汉字是黄帝的史官仓颉所造。虽然后世的研究家们认为此说可信度甚低且与近现代流行的"奴隶社会产生文字"的说法相矛盾，但是愈来愈多的新石器时代的出土文物上的刻符不断地告诉我们：夏代确有文字。

　　当然，典籍记载反映的史实可靠性往往是局部的和相对的。如汉字是夏代所创这一牵涉到时代、朝代的大问题，所记当不会有明显误差。至于"黄帝之史仓颉作书"的说法，把文字的创造者归为一人，自然有悖于常情。因此，我们在运用有关古籍的记载时，就需要严格地找寻其他依据。

　　事实上，有些典籍不仅记录了汉民族造字情况，亦记载了汉民族乃至其他中国古代民族无字时代的情况。有字和无字本是一对矛盾，我们在研究中必须注意这两方面的记载，让它们互相比较、互相发明。如

《老子》："使民复结绳而用之。"这一段记载至少向我们反映：古人心目中的"文字"的概念并不包括结绳，结绳应是前文字的东西。这一段记载亦反映了古人认为结绳先于文字而文字先进于结绳的意识。值得注意的是，这一事实是我们把文字与非文字视为对立物的前提下，才能有所发现。

又，王充《论衡》虽是汉代子书，但也不失有委婉地反映与造字有关史实的内容。《论衡》："仓颉四目。"看似荒诞不经，其实正反映了古人视造字者为神的意识。又，《论衡》："仓颉起鸟迹。"这里则是把鸟迹与文字联系起来，显然与《说文解字·叙》开头讲述文字发生一段话中"见鸟兽蹏迒之迹"密合，反映了古人就意识到文字的起源与鸟兽足迹所构成的符号不无关系。

另外，典籍中还有若干关于无文字民族的记录，会给我们以文化人类学方面的启发。《北史·魏本记》："（魏先世）射猎为业，淳朴为俗，简易为化，不为文字，刻木结绳而已。"《隋书·突厥传》："无文字，刻木为契。"《旧唐书·南蛮传》："（东谢蛮）俗无文字，刻木为契。"这些记载一方面说明了自南北朝到隋唐我们的祖先也一直是把结绳和契刻对立于文字；另一方面，也向我们提供了作为处于原始游牧时代的民族往往处于无文字社会这一人类学上的例证。如果我们依据这些记载，对照古籍中所记仓颉造字这一史实，那么很容易得出这样的结论：黄帝时代的汉民族无论在社会发展史还是在文化史上，都处于一个较后世游牧或射猎少数民族为先进的时代，这一认识无疑是文字与汉字发生的研究者值得重视的。

## 二、刻有符号的出土文物

刻有符号的出土文物尤其是经科学发掘的这类出土文物，自然比传世典籍更直接地向我们提供了汉字发生的信息。

在上世纪 30 年代，可以作为汉字发生的研究材料的刻有符号的器物，主要有城子崖下层的陶器符号、良渚陶器上的符号、甘肃半山与青海马厂的陶符以及安特生《甘肃考古记》中辛店期的陶符，其中颇有并非出自科学发掘出者。上世纪 50 年代之后，科学发掘出土的陶器符号最为引人注意。此外，至少还有以下一些文化符号亦在汉字发生研究上具有重要价值：湖北宜昌杨家湾出土的陶器符号，河南舞阳贾湖出土的陶器符号，良渚陶器与玉器上的刻划符号，山东丁公村龙山时期的陶器刻划符号，河北藁城台西村出土的陶器符号，江西吴城出土的陶器刻划符号，河南偃师二里头的陶器符号，以及长安花园村出土的兽骨、兽牙与骨笄上的刻划符号。以上所列的各种符号，尽管它们的时代、特征、形制并不相同，它们之间是否有系统上的关系亦未完全查明，但是都为文字学者所密切关注与热烈讨论。

从理论上来说，这些符号及作为其载体的文物，显然是至少与传世典籍同等重要的汉字发生研究的依据。又由于这些符号分布地域的广阔、跨越时间的悬殊、数量的众多及其形态的直观性和所处时代（凭借发掘地层及 C14 同位素测试）的可测知性，它显然地取代了 19 世纪末之前几乎唯一可用的材料——传世文献，成为汉字发生研究的重要依据和主要对象。

在研究实践中，文字学者们也正是这样做的。由于上述不少符号均为夏代器物，所以一旦确定了它们具有文字的性质，那么夏代有文字一说也就得以成立。

在过去的研究中，以对半坡与大汶口的陶符的研究文章为最多。由于半坡的陶符和与之相邻的姜寨、柳湾等多处的孤立符号显然属同一系统，所以有关的讨论文章往往把整个仰韶文化的陶符作为一个系统来讨论。而李学勤又注意到大汶口陶符与良渚玉器的联系，并写了论证这种联系的论文。[①]而大量的通过出土器物上的符号去研究汉字发生的文章，尚停留于限于某一种符号的讨论中。由出土文物上符号的研究来看，这几十年来的研究的大趋势是：（一）逐渐注意到了各系符号间的综合研究；（二）逐渐注意到了对各个符号的考释；（三）逐渐注意到了对各系符号的定性即甄别其是否为文字；（四）逐渐注意到了把它们同甲骨文、金文这些肯定为文字的系统的比照；（五）逐渐注意到了把它们同若干文化人类学方面的资料尤其是我国少数民族近现代的相应材料的关系。

可以说，只要我们以比较正确的方法并不断地用新的方法或结合新的方法与材料去处理出土器物上的符号，那么，这些出土器物必然不断地且更多方面地为我们的研究所利用。而且，随着更多的新器物的出土，这类材料将不断地增加。我们相信，出土器物上的符号将在今后一个比较长的时期内仍然是汉字发生研究的最为重要的材料和最为重要的依据。

---

① 李学勤：《考古发现与中国文字起源》，载《中国文化集刊（第 2 辑）》，146–157 页，复旦大学出版社，1985 年。

# 三、其他汉古文字的材料

从这一项开始的各项，是文字学者在汉字发生研究中未能较多并较系统使用的材料。

第二项中的刻有符号的出土文物，由于它是反映汉字发生状况的直接依据，当然在研究中易被使用亦易于使用。然而，正是由于这些材料毕竟只能从一个方面反映原始汉字的状况，加之这些符号往往不易在是否为文字的定性上有不确定性，所以，面对诸如半坡、大汶口之类陶符是否属于文字范畴的无休止的争论，我们不得不从其他汉字材料中去寻找旁证。

所谓"其他汉字材料"，简言之即是指在上述种种刻划符号之外所能得到的往往是晚于原始汉字的资料。依据这些资料，同时参照文字发展的历史的某些规律，可以上溯比它们早一些的原始汉字的概貌。

姜亮夫就曾在《古文字学》中举了一些甲骨和铜器的刻辞，指出它们在特征上具有若干原始汉字的残余。[①] 王元鹿曾以姜亮夫所举的两片甲骨为出发点，指出了原始汉字的特征包含大小不整齐、多象形字、含方位表义特征等，并对其中一片图画性特征极强的进行了考释。[②]

一般来说，甲骨文与西周金文虽已经是相当成熟的意音文字系统，但其中还是保存着某些原始汉字的残余。而且，对甲金文的研究与考释已取得了足够的成果。因此，如果从甲金文中去寻觅更原始的汉字的状态，显然是一条探寻原始汉字状况的可行之路。更由于以陶器刻符为主体的原始汉字材料毕竟大大少于甲骨文和金文中的相关材料，因此，探寻汉字源，尽可以到甲金文这一取之不尽、用之不竭的宝库中去寻觅材料。

# 四、《说文解字》中的有关材料

《说文解字》及其《叙》，作于东汉。虽然在时间上比殷周的甲金文迟得多，但作为汉字的第一本工具书，其中所保留的对上古汉字的理解得到了较充分的反映，只不过我们的爬梳挖掘工作做得不够或未能从汉字发生角度去做罢了。

---

① 姜亮夫：《古文字学》，13-16 页，浙江人民出版社，1984 年。
② 王元鹿：《普通文字学概论》，5-6 页，贵州人民出版社，1996 年。

　　《说文解字·叙》的开头论述了汉字的起源问题，至今仍是大可研究的重要文献。

　　《说文解字》全书中对 1 万来字的字形展示和字义说解，更不时地透出关于汉字发生和早期汉字的信息，颇值研究。

　　例如，从甲骨金文开始，"人"已写作"人"，作侧面的人形，然而，在《说文解字》对若干文字的说解中，当不时露出早期汉字"大"字作正面人形的信息，只不过需要我们仔细提炼而已。《说文·十下·大部》："天大地大人亦大，故大象人形。"前一句是附会或臆说，但后一句确乎保留了东汉时人对"大"字早期意义和"人"字早期写法的记忆。其旁证有《说文·十下·亦部》："亦，人之臂亦也。从大，象两亦之形。"《说文·十下·立部》："立，住也。从大立一之上。"《说文·十下·矢部》："矢，倾头也。从大，象形。"《说文·十下·夭部》："夭，屈也。从大，象形。"《说文·十下·交部》："交，交胫也。从大，象交形。"这些说解字里行间都透出上古"人"字作"大"的信息。事实上，这一信息的意味是深长的。它至少告诉我们，甲骨文与西周金文并非最早的字，因为甲金文中的"人"亦均作侧面人象。所以，如果能以汉字发生与上古汉字状况为标的，对《说文解字》的人部内容作一次调查，我们必能找出许多在其他材料中未必反映出来却在《说文解字》中得到明确显示的重要消息。

# 五、典籍中对汉字生态环境的记录

　　一般意义上的对汉字发生的研究，往往调查的对象只限于对原始汉字的形体与意义，而不注意调查它们作为文字被使用时的生态环境。而关于汉字发生和早期汉字的研究，只有真正进入了"早期汉字如何被用"、"早期汉字所处的环境"的研究阶段，才能是完整的和不孤立的。由于与原始汉字同时代的关于汉字生态环境的记录难以觅得，所以，我们须向传世文献中去寻觅有关的材料。因此，只要是传世文献中有关汉字用字的材料，均可能对追溯早期汉字的生态环境有所启发。

　　这类传世文献，保留有最多的有关记录的无疑是《左传》、《战国策》、《国语》之类的叙事典籍。

　　近年来，刘志基在《左传》方面的有关工作，大大促进了这一工作的进展及其科学化操作。刘志基的工作也明确说明了：传世典籍中不仅关于造字而且关于用字的记录，都可对回溯汉字的发生有所启发并提供证据。

## 六、汉民族前文字阶段的资料

上述第一、二项可以视为文字发生时期的材料是文字发生过程的直接文献，而三、四、五三项则是文字发生之后的文献，用于回溯文字发生时的状态。因此，我们在获取并使用材料时，还可以从文字发生之前的资料去下推汉字发生时的状态。

一般认为，结绳和契刻大致不属于文字范畴，因此可视作前文字阶段的材料。只是结绳与契刻在早已进入文明社会的汉民族中现几乎已经无所保留。尽管如此，还是有部分典籍谈到了史前的结绳与契刻。此外，由于结绳与契刻在中国乃至世界各原始民族中较为常见且大同小异，所以亦可依据其他民族的结绳、契刻来研究汉字发生。

徐中舒在研究结绳的基础上，从金文"卖"和"滕"二字中发现了结绳的记录。[1] 而更有学者认为"契刻"之"契"字本是契刻的摹状。因此，可以相信前文字阶段的材料研究对汉字发生研究是颇有助益的。

汉字与世界上其他许多民族的文字一样，其来源除了结绳、契刻之外，往往来自文字的另一重要渊源物——原始图画。然而由于汉民族的史前图画保留不多，这一方面的材料显得相当的贫乏。所以，纵观历来汉字发生的研究家，虽然在理论上常常以原始图画为汉字的主要源泉甚至唯一源泉，但在研究实践中却不能得到较多的原始图画作为依据。我们以为，解决这一问题可以从以下几方面出发：（一）尽可能发现汉民族原始艺术中的绘画或绘画成分。（二）我国许多地方的大量崖画可以用以研究，当然在研究时须注意甄别它们是否为汉民族物，是否与汉字有关。（三）对陶片上的刻划符号不可因其线条性强就把它们归入原始符号或原始符号的后代，应该承认并研究其中可能为原始绘画的线条代产物的那一部分并从中离析出来。

## 七、我国少数民族及国外的有关文字材料

"一"至"六"，是汉民族有关文字发生的材料。如果说它们提供了一个纵向地研究汉字发生的资料系统，那么，随着比较文字学研究的发展，某些学者已经开始通过横向的比较来构拟至今由于纵向材料有限而

---

[1] 参见汪宁生：《从原始记事到文字发明》，载《考古学报》，8 页，1981 年第 1 期。

研究进展较缓的汉字发生与早期汉字的状态。这种比较研究在很大程度上弥补了汉民族有关资料的不足。

这种比较的基本出发点是：世界上的各个文字系统尤其是同类型的文字系统，虽往往不同源，但有它们的许多共同性质与共同规律。从文字的发生等角度看，汉字是一种自源文字，而中国的纳西东巴文、彝文、尔苏沙巴文、水文中的自源字，亦均为自源文字，世界上至少苏美尔、埃及和马亚三大古典文字亦为自源文字。既然这些文字均同汉字一样是独自发生的，那么，它们在发生学上亦必须与汉字有可以互相启发之处。因此，这些文字就自然地成为汉字发生研究的重要参照依据。

# 八、文化人类学的材料

文字发生的时代，可以看作是一个从无文献到有文献的过渡时代。因此，在文字刚刚发生之时，是不可能以这种襁褓之中的文献去记录文字发生过程的。而对那种刚刚诞生的原始文字本身的观察，也不可能全面而准确地反映文字产生的一切情况。因此，在关于汉字发生的详细记录缺如的条件下，我们就不得不借用一些与汉字产生的时代社会历史条件大致相同的其他民族的状况来补充文献之不足。此外，文字发生时代的以口头语形式保留下来的记录往往流传至今并已书面化，亦足资参考。

因此，神话、传说和民间故事，亦尽可以进入汉字发生研究的殿堂。当然，从比较文字学的原则和方法出发，这些神话、传说和民间故事，亦可以是汉民族之外的民族的。

此外，神话、传说和民间故事所反映的状况，有一些是与文字发生直接有关的，当然最便使用，另一些是委婉曲折地反映人们对造字、写字、用字的观念的，亦可作为间接材料进行研究。

当然，文化人类学是一个极广阔的领域，在此领域内，与文字发生有关的东西，除神话、传说和故事外，还有原始图画、原始符号、结绳、契刻、文身等事物，因与"七"重复，这里不再赘述。

综上所述，汉字发生研究的材料是多方面的。如果我们只据一两方面的材料对这一课题进行探究，则或是无法得出结论，或是得出的结论不可靠。此外，即便从少数几方面的材料去研究，至少亦需要注意所用材料的可靠性与全面性，并注意使用材料时方法的科学性。

刊于《柳州职业技术学院学报》，2004 年第 4 期

# 汉字发生研究方法论

　　汉字发生研究的目的与材料，在广义上亦属于汉字发生研究的方法论。因为建立研究目的与搜集研究材料，前者为研究之标的而后者为研究之依据，二者当与方法密切关联。而本文所谈的方法论，则是较狭意义上的方法论，主要指在这一领域中经常用哪一些方法去取得研究的进展。也可以认为，从整个汉字发生研究进程而言，材料、方法与目的三者恰恰构成了三部曲：第一部是搜集和处理材料，第二部是进行研究，第三部是得出结论。因此，研究的方法可说是这一课题研究中特别重要的关键。

　　在讨论这一课题的研究方法之前，让我们先对已往此领域内的论文作一方法上的俯瞰。我们得出的结论是，先前的有关汉字源的研究的论文和论述，据方法而分，大致有这么一些类型：

　　（一）最常见的一类是先取得某一种或某几种出土文物资料（往往是刻划陶片居多），然后在符形上对陶符进行分析和研究，同时结合考古学的结论，确定它是文字并确定汉字发生的年代。

　　（二）另一种常见的论文或论述，则是纯文字学的理论讨论。这些论文往往先从某一些既得的有关文字发生的现有结论出发，着重讨论合于什么样的条件（包括器物上刻符本身、器物所处的时间、地点及环境〔含历史条件〕）下可能发生汉字，然后把一种或一些刻符去对照这些条件，以判定它们是文字或非文字。

　　（三）纯理论性的关于汉字发生的讨论文章。

　　可以说，通过这三条路写出来的文章均可能是有合理性和建设性的。然而，也往往各有其不足。

　　如果我们先封闭我们的思路即不引入其他的方法，那么，上述三类研究在方法上多少有其不足。

　　第（一）类研究往往在结论上以偏概全。这类文章最大的问题是，往往作者所占有、所熟悉、所研究的仅仅是部分甚至往往是一种出土器物上的符号，对它的研究就不可能有充分的背景，更不可能由对它的文字性质的肯定就得出这是最早和唯一的原始汉字的结论。何况，这种缺乏背景研究的孤立研究，所得出的关于它属于文字范畴的结论，也往往不牢靠。

第（二）类研究比（一）类研究易避免结论上的误差。由于这类研究的结论具有带普遍意义的规律作依据，所以，往往带有较大的合理因素。然而，值得注意的是这类研究容易走向与（一）相应的另一极端即过分地依靠理论指导，但文字发生与汉字发生地理论本身并不完整与健全，因此这类研究的结论，同样可能出现一定的误差。同时，若对对象物的分析不充分或不透彻，则其误差就愈大。

第（三）类研究其实是需要在现今条件下得到提倡的。这一类研究的特点是不大涉及许多具体问题，也不大得出关于汉文字源的具体结论，仅仅讨论汉文字发生的可能的若干规律性的问题，这种讨论往往成为今后进一步研究汉文字发生的基础。而且，这类讨论往往只涉及关于汉文字发生的一部分问题（如叶保民的《略说文字的起源》主要讨论汉字的3 个来源而高明的《论陶符兼谈汉字的起源》主要讨论陶器符号与陶器文字不是一回事），因此它极有利于对整个汉字发生的理论大厦的构筑。

以上的讨论，似乎会导致一个结论：目下的汉字发生研究的当务之急是多作理论研究而少谈实际问题。事实上，与其说这种讨论是从理论角度进行的，还不如说是这种讨论充分注意到了对至今这一课题的研究实践的理论总结。由于（一）类和（二）类在客观条件及水平基础上的不足和在方法论上的若干缺陷，如（一）类所需的综合和系列研究的开展不够，如（二）类的关于普通文字学和文字史关于文字发生的研究水平的不足，我们不可能通过（一）和（二）类研究得出终极性的结论。尽管如此，这两类探究还是产生了许多有价值的文章。一般来说，这样的文章若是在结论上较有保留和严加限制（如认为某一种符号可能是最早的汉字或汉字体系之一），那么，它同样可能具有较大的合理性和开放性。我们只是认为，（一）和（二）类研究之所以难为，是由它们的思路的先天性不足和至今研究的客观不足造成的。

以下，我们对历来关于汉字发生研究常用的主要方法作分析性的列举：

（一）对传世文献的有关记录的深入研究；

（二）对出土文献作符号学与文字学的理论研究（内容和形式）；

（三）对出土文献作文字学的实践结合理论的考释；

（四）对出土文献作考古学的研究（包括地貌、坑位、所属文化类型、年代〔含 C14 同位素测试〕）；

（五）对出土文献作历史学的研究；

（六）对出土文献作人类学的研究；

（七）对出土文献作与他种符号系统的比较和系统综合研究；

（八）对出土文献作与他种文字的比较研究；

（九）研究汉字发生的必要历史条件；

（十）研究判定是否为原始汉字的基本原则。

总览以上 10 条，可以知道，过去的汉字发生研究在所使用方法上的特点是：

（一）往往以出土文献的研究尤其是考释直接判定这些文献是否属最早汉字为主要方法。

（二）已经注意到了进行与出土文献有关的综合研究与比较研究。

（三）已经注意到了某些相关理论问题和规律性问题的深入探讨。

通看以上两次对以往研究方法的列举，我们先就这些方法的使用指出其存在的方法上的主要问题所在：

（一）符号考释的不确定性：

对于出土文物的符号考释，是为不少专家所习用的研究手段。这种考释的目的大致有三：第一，由符号的可考释性证明这些符号是文字；第二，由符号的考释结果探究包含这些符号的文字系统的历史文化背景；第三，由符号的考释结果发现该系符号与其他文化的符号间的关系。

以上所列的第一点在逻辑上是有问题的。因为，若情况是倒过来，先确定了某系符号是文字系统，然后对它们一一考释，自然是较为合理的做法。现在工作顺序恰恰相反，就可能在两处显现矛盾：首先，可考释者未必皆为文字，因为许多原始符号亦可能有意义，但它们尚未进入文字范畴；其次，考释非文字的原始符号亦有极大难度。所以，此类考释的可行性、可信性本是问题。何况即使考释结果是正确的，也未必可以推得这系符号即是文字的结论。

带第二类目的的考释从目的本身来说是无可指责的。但是就这类考释对于汉字发生的研究目的来说，似二者间的必然联系有时并不存在。因为在文明较高的社会中照样可以不存在文字（如印加）。因此，我们很难从这类考释的结果中作出这些符号是否存在于一个文明社会的结论。何况如上述关于第一种目的所论，不知某种符号的性质而对它进行考释的尝试总是比较危险的。

带有第三类目的的考释工作无论如何是较有意义的。尽管考释的本身及其结果未必全部可信（理由已如前述），但是如果把这类考释的结果视为一个变数即不定值，则不妨拿它来作为一个虚拟的过渡性的过程来促进同另一系的符号的比较。如李学勤对于大汶口陶符与良渚玉臂圈上符号的关系的研究，就是用这一方法进行的。尽管我们目前无法确信李学勤对于大汶口陶符的考释是否是完全正确的，但至少我们相信其中相当部分的正确性，也相信大汶口陶符中的某些形体确与良渚玉器符号中的某些形体很有相似之处，因此，这种考释无疑可以在联系两系符号上有所启发。

考释工作本身的难度也将给考释带来困难。有一些形体因其所代表的较为明显，考释工作亦便于进行。如河北藁城台西陶符中的一个刀状字形，一般均认为它是"刀"；又如大汶口陶符中有两个器物状字形，虽各家所释未必完全相同，但它们大致是工具或武器则几无疑义。然而，另有一些符号，就有极大的难度。如半坡陶文的数十个符号，郭沫若认为它们均为指事字或指事符号，其实是仅据它们的符号形体得出的结论。但是半坡符号诸如较为复杂形与如一"矢"状字形，我们很难因其符号的线条线而断定它们是指事字或指事符号。由于半坡系陶符的（广义的）书写条件的限制，很可能把一个象形字或象形符号简化和线条化。甲骨文中已有一些高度简化、线条化的字，我们也很难断言在半坡陶符中一定无此现象。所以，考释工作的难度不仅在于考释的不定性（尤其是相对一个形体可能有好几个意义或词），还在于往往由书写条件确定的符号形态的可变性。

事实上，对大汶口这种陶符作考释的大家即有唐兰、于省吾和李学勤等多位，他们之所以对某些字的考释得出不同结果，并不能归因于他们的考释水平，而需归因于这种考释工作的客观条件和先天因素的限制。又如藁城台西的陶片上的刀状加二线的字形，季云认为是相同的"刀"，而王元鹿认为是"刀"上加抽象符号的"方"字。

总之，尽管看似对陶符的考释大有助于对陶符的定性，但是这一工作不易为之。

除此之外，特别需要指出的是：还有一种不甚合逻辑的做法，即在考释某种陶符或陶文时与甲骨文和金文相对照。由于考释者尚未能证明这种陶符或陶文与甲骨文和金文在系统上有关，这样的对照是十分危险的。若是一些形体简单明显的符号或字，则仅依托于甲骨文和金文，亦能基本确定其意义；若是一些形体复杂难测意义的字，则其字形与其字义联系的迂曲性造成了考释的不定性，若以甲骨文的相似字形为依托，得出的结论很容易发生错误。在根本不知它们与甲骨文是否同系、同源或有前后承袭关系的情况下，这种考释的危险度是极大的。甚至我们至

今无法判定半坡符号中的 | 是否为"一"而 || 是否为"二"。

总之，考释虽是今天的古文字学研究中的一项最重要的工作，但它在研究汉字发生工作时，必须谨慎为之。

（二）对出土文献的孤立研究：

纵观这一百年来的有关汉字发生研究尤其是具体探索汉字源的文章与论述，很容易发现一种倾向，就是研究者往往从对某一或某几个汉字可能发生的地方的文献作了比较深入的研究，然后得出了某种出土符号为最原始的汉字的结论。

这样的结论往往经常地出现在一些新闻报道中。如《文汇报》1994年 8 月 3 日题为《我国文字起源推前 2000 年宜昌发现最早象形文字》，该文报道了宜昌县杨家湾遗址发现了我国最早的象形文字，把文字起源推到 6000 年前，比商代殷墟甲骨文还早 2000 多年。专家们认定，这些符号是迄今为止我国发现的最早象形文字。且不说殷墟甲骨文至今早已不被认为是最早的汉字，即便从杨家湾出土的符号看，与之时代相仿的就有河南郑州二里头、山东大汶口、陕西半坡等一系列出土陶符，同样可能为代表汉字发生状态的符号。又，贾湖陶器符号和陕西长安花园村符号的时代更早一些，至今也很难认为它们是汉字以前的非文字符号。

另一个研究者的思路与《文汇报》的报道有相似之处，他提出河南舞阳县贾湖出土的龟甲和石刻上的符号是"中国汉字的正源"和"汉字的始祖"。不可否认，贾湖刻符的时代较半坡符早 2000 年，而该书中也论述了此种刻符作为汉字始祖的某些依据。姑且不论把贾湖刻符与现代汉字的相似之处作为依据是何等肤浅，也不论把它们同甲骨文相比较亦不足征信，我们应该注意的是，该书在肯定贾湖的刻符为汉字"正源"时，忘记了或没有注意到，其他一些出土符号亦有着同样长久的历史。

其实，与上述孤立研究一种文字的结论不足征信密切相关的还有一个问题，那就是我们必须注意：历史最久远的汉民族符号系统，即使是文字亦未必即可视为后世汉字的来源。因为，对这样的系统来说，它具有两种可能性：或者它是后世甲金文之类汉字之源，或者它在它的使用过程中并未得到进一步发展就自行死亡了，它充其量只是汉民族文字的最早形态或最早的一种汉字，而非汉字之源。因此，我们在研究汉字发生时，必须要注意真正可以被称为汉字源的东西，必须有足够的文字史与民族文化史的旁证，证实它有与后世公认的汉字相当多的联系。况且，由于上古中华民族的族属并不严格与今天的族属对应，所以，在称一种符号系统为"汉字源"时，更需倍加谨慎。

　　总之，我们可以相信，时至 21 世纪之初的今天，对汉字发生的研究如果孤立注目于一两个符号系统，是绝不会得出合理的、有说服力的结论来的。

**参考文献：**

［1］王元鹿：《汉字发生研究目的论》，载《中国文字研究（第 5 辑）》，广西教育出版社，2004 年 11 月。
［2］王元鹿：《汉字发生研究材料论》，载《柳州职业技术学院学报》，2004 年第 4 期。

刊于《黔南民族学院学报》，2005 年第 2 期

# 十九世纪末以前汉字发生
# 研究的历史回顾

## 一、引　言

关于汉字发生的研究，我们至今所做的工作和取得的相关成果还嫌不足。因此，过去我们关于汉字发生做了哪些工作，是一个值得总结并研究的问题。即便是从先秦到清末甲骨文发现这一阶段中，亦有许多可贵的文献记录对我们认识汉字发生问题有助益或有启发。本文即是对 19 世纪末甲骨文发现之前的汉字发生研究状况的简要回顾。

需要首先申明的是，本文的回顾是鸟瞰性的。然而，这一回顾实际上是对两千余年中关于汉字发生问题研究过程的总结，20 世纪中的相关研究及我们今后的相关研究当是在前人的研究的基础上才能更广阔更深入地展开的，因此这一总结又是关于汉字发生研究的一个重要部分。

其次，需要说明，之所以说本文的回顾是一种鸟瞰，是因为我们不将在本文中过于经院地汇集历代学者关于这个问题的所有说法。我们将从古往今来的有关研究中，抽取出那些在结论上具重要意义或在方法上具启发意义的进行介绍，而对仅仅因袭前人结论或纯粹沿用前人方法的研究将尽可能忽略不谈。

汉字的产生，至少在距今 3 500 年以远。然而，咱们今天能够见到的最早的关于汉字发生的论述，当至远推至距今约 3 000 年以近的春秋时代。

19 世纪末之前的汉字发生研究有三个不足：一是在那个漫长的历史时段中相关研究长期不受重视与不易进行；二是在甲骨文发现之前，由于考古材料尤其是科学考古材料的缺乏，那个时段中的有关汉字产生的研究工作缺乏足够的考古实证的依据；三是由于古代文化交流的不发达，这项工作缺乏足够的比较文字学方面的依据。综合以上不足可知，其实，汉字发生研究在两千余年中，基本上处于除传世文献之外尚无较充分材料依据的状态，所以，到约 1 900 年之前，从总体上而言，汉字发生研究进展不快而成果有限。

在严格意义上讲，从先秦到甲骨文在 19 世纪末，可以说几乎是没有真正科学意义上的关于汉字发生研究的。具体来说，关于汉字发生问题，从春秋战国到清代，确乎有许多传世文献有所记录，从这些文献中，只能看到历史的记载而看不到有价值的研究及研究成果。然而，由于这些记录对后世的研究提供了宝贵的材料，我们还是必须对它们作较为详尽的叙述。

# 二、先秦文献对汉字发生的记录

可以认为，最早的一批对汉字使用状况进行记录的是春秋至战国时代的典籍。

在一些先秦经书中，就讲到过汉字的使用。

　　《尚书·多士》："惟殷先人，有典有册，殷革夏命。"
　　《诗》："爰契我龟。"
　　《左传》："……远方图物……铸鼎象物。"

《尚书》、《诗》与《左传》是我国较早的典籍。

从以上第一则记载，可以看出，商代已经有了文字记录，否则，无从谈到"典册"；从第二则看，则可知在龟上刻字已经记入《诗经》；而第三则则记录了上古存在用"图画"及铜器铭文记录事物之事。即使把二、三两则看作是前文字的东西（契刻、原始图画与铜器纹样），至少亦属对于文字发生的记录。

成书时间略迟的《周礼》中，也有多处关于文字使用的记录。如：

　　《酒正》："凡有秩酒者，以书契授之。"
　　《司会》："掌国之官府郊野县都之百物财用，凡在书契版图者之贰。"
　　《周礼·质人》："掌稽布之书契。"

以上三则，均把"书"与"契"并称，其中第二则又把"书契"与"版图"并称。又，

　　《司约》："掌邦国及万民之约剂……凡大约剂书于宗彝，小约剂书于丹图。"

这一段中，"书"、"图"、"约"等均出现了，当是记录当时或更早时代文字使用状况的内容十分丰富的记录。

此外，经书中，《左传》已有"止戈为武"、"反正为乏"与"皿蟲为蠱"的说法的记录。可知在春秋末，已有对造字问题的注意乃至研究的萌芽。

应该认为，以上所引，除《孝经》可能时代较迟之外，余者均属时代较早的经书。而值得我们注意的是，在这些时候的经书中，尚未见到对"仓颉作书"的叙述。直到产于战国时代（尤其是战国末年）的一些子书里，才明确地记录了"仓颉作书"。

《老子》在子书中属最早期者，虽提到"使民复结绳而用之"，又说到"圣人执左契而不责于人"，但未述及仓颉。

时间晚于《老子》但尚属战国时期的《庄子》，亦未提及"仓颉"之事。

> 《庄子·胠箧》："昔者容成氏、大庭氏、伯皇氏……祝融氏、伏羲氏、神农氏，当是时也，民结绳而用之。"

可见老庄之书，只记载了结绳。而时间可能早于战国末年的《列子》，则记录了"契"：

> 《列子·说符》："宋人有游于道，得人遗契者，归而藏之，密数其齿，告邻人曰：'吾富可待矣。'"

真正频繁记录"仓颉造字"之说的，始于战国时代的一些子书。例如：

> 《荀子·解蔽》："好书者众矣，而仓颉独传者壹也。"
> 《韩非子·五蠹》："古者仓颉之作书也，自环者谓之厶，背厶谓之公。"
> 《吕氏春秋·勿躬》："史皇作图。"
> 《吕氏春秋·情势》："周鼎著象。"

这里，《吕氏春秋》中的"仓颉作书"，当是第一次把仓颉是汉字的创始者这一可能是史实的情况提出来。此外，战国时所传的《世本》，亦记录了造字：“仓颉作文字。”到秦代，李斯《仓颉篇》中有：“仓颉作书，以教后诣。”（居延汉简）可以认为亦为较早的关于“仓颉作书”的出土文献。

而更早的出土文献，周代《散氏盘》有“厥左执要史正中农”。

此外，《淮南子》当是西汉人所作，其中亦有关于“仓颉作书”的故事。如：

> 《本经训》：“昔者仓颉作书，而天雨粟，鬼夜哭。”

这里，不仅记载了仓颉作书，还具体描绘了作书时的情境。又，

> 《淮南子·修务》：“史皇产而能书。”

后人有以“史皇”即“仓颉”的看法。

总结以上叙述，我们大致可以认为：

（一）先秦的关于文字及文字渊源物（结绳、刻契、图画等）的记录，在春秋时代即已有之。

（二）对先秦的关于造字的记录，是战国后期才出现的。虽然说法众多，但以“仓颉”为文字创始者几乎是一致的看法。

# 三、西汉之后对汉字发生的记录

从西汉开始，关于上古文字起源的种种说法则愈来愈多。上文所述的《淮南子》当为西汉人所著。这方面的说法，在汉代人手中，逐渐趋于具体化、理论化和细节化。

这种记录首先多出于汉代人对经书的解说。如：

> 高诱注《淮南子》：“史皇仓颉，生而见鸟踪，知著书，号曰史皇，或曰颉皇。”
> 郑玄注《易》：“结绳为约，事大，大结其绳，事小，小结其绳。”
> 《易·系辞下》：“上古结绳而治，后世圣人易之以书契，百官以治，万民以察。”

对于经书的注文，还有注于唐代的。如：

贾公彦《周礼·地官·保氏》疏："案《孝经纬·援神契》'三皇无文'，则五帝已下始有文字，故论者多以仓颉为黄帝史，而造文字起在黄帝，而后滋益而多者也。"

贾公彦《周礼·质人》注："书契取予市物之券也。其券之象，书两札刻其侧。"

此外，《鹖冠子》虽可能为伪托，但其时间当亦不迟于汉代。

《鹖冠子·王钺》："古史仓颉作书。"
《鹖冠子·近迭》："仓颉作法书从甲子。"

除此之外，主要是汉代所出的一些纬书，亦不乏论及汉字发生问题之处。同上述一些子书及经书注疏一样，似在仓颉其人及造字过程方面，叙述得更为具体化和细节化。如：

《春秋元命苞》云仓颉："龙颜侈侈，四目灵光，实有睿德，生而能书。于是穷天地之变，仰观奎星圆曲之势，俯察龟文鸟羽山川，指掌而创文字，天为雨粟，夜为鬼哭，龙乃潜藏。"
《孝经授神契》："仓颉神龟而作书。"

另有一些纬书，提出了八卦为文字源的说法。如《易纬·乾凿度》以八卦的八个爻为天、地、火、水、风、雷、山、泽。

此外，汉代子书类作品中对仓颉其及作书，亦有较详记录。如王充《论衡》记载：

"仓颉四目。"
"仓颉以丙日死。"
"仓颉起鸟迹。"
"仓颉作文字，业与天地同。"
"仓颉作书并非凶兆。"

除上述种种之外，我国的两部极早的工具书，亦有关于汉字发生的说法：

《释名》："契，刻也，刻识其数也。"

《说文解字叙》作为我国最早的字典和最早的文字学专著，说明汉字发生的内容尤其详尽：

"古者庖牺氏之王天下也，仰则观象于天，俯则观法于地，视鸟兽之文与地之宜，近取诸身，远取诸物，于是始作《易》，八卦以垂宪象。及神农氏，结绳为治而统其事。庶业其繁，饰伪萌生，黄帝之史仓颉见鸟兽蹄迒之迹，知分理之可相别异也，初造书契，百工以乂，万品以察。盖取诸夬，夬扬于王庭，言文者宣教明化于王者朝廷，君子所以施禄及下，居德则忌也。仓颉之初作书，盖依类象形，故谓之文，其后形声相益，即谓之字。文者，物象之本；字者，言孳乳而浸多也。著于竹帛谓之书。书者，如也。以迄五帝之王之世，改易殊体，封于泰山者七十有二代，靡有同焉。"

在 19 世纪之前的东汉，许慎在《说文解字叙》中所说及汉字发生问题时，是相当详尽的。至少，这一段二百来字的文字，至少提供了关于汉字发生的这样一个方面的信息：

（一）汉字产生的准备：易、八卦和结绳。

（二）汉字产生的准备的时代：庖牺氏时代和神农氏时代。

（三）八卦的依据：取于身和物。

（四）造字的原因与目的：庶业其繁，饰伪萌生。

（五）造字者：史官仓颉。

（六）造字的时代：黄帝时代。

（七）造字的依据：鸟兽蹄迒之迹。

（八）早期汉字的发展过程：从独体的文到合体的字。

（九）早期汉字的书写工具：竹和帛。

（十）文字起始的大致时代：五帝三王时代；从秦上推七十二代。

可以认为，《说文解字叙》至少是我国上古与中古这一漫长阶段中最为多方面地记录汉字起源相关信息的文献资料。《说文解字叙》所记者，多采自先秦及秦汉时文献，另外亦有若干其他文献所不具备者及与其他文献所记有关者。

后汉以降的近 2000 年中，罕有与先秦与汉代典籍所计迥异的有关记录，更罕见新的有关见解。尽管如此，我们还是把前文所未提及的一些有关记载一一提出，以资参考：

> 《韩诗外传》："古封太山禅梁甫者万余人，仲尼观焉，不能尽识。"
>
> 郑玄注《易》："结绳为约，事大大结其绳，事小小结其绳。"
>
> 《九家易》："古者无文字，其有约誓之事。事大大其绳，事小小其绳。结之多少随物众寡，各执以相考，亦是以相治也。"
>
> 《易林·大畜之未济》："符左契右，相与合齿。"
>
> 孔安国《尚书序》："古者伏羲氏之王天下也，始画八卦，造书契，以代结绳之政，由是文籍生焉。"
>
> 郭象《庄子注》："（结绳）是以纪要而已。"
>
> 孔安国《尚书正义》："其仓颉则说者不同。故《世本》云'仓颉作书'，司马迁、班固、韦诞、宋忠、傅玄皆云仓颉黄帝之史官也。崔瑗、曹植、蔡邕、索靖皆直云古之王也。徐整云：'在神农、黄帝之间。'谯周云：'在炎帝之世。'卫氏云：'当在庖牺苍帝之世。'慎到云：'在庖牺前。'张揖云：'仓颉为帝王，生于禅道之纪。'如揖所言，则仓颉在获麟前二十七万六千余年。是说仓颉，其年代莫能定。"

此外，南宋郑樵《六书略》之《起一成文图》与《因文成象图》中，分别认为汉字由一笔和绳形而来，其意义在于析文字源为笔画和结绳两端，且有较多的论证。

还有，《经学六变记》则以孔子为文字的创始人。

# 四、小 结

总结本文，我们可以对先秦起至1899年间的汉字发生研究史作以下几点总结：

一、严格意义上的汉字发生史的研究尚未产生，但是关于汉字发生的各种说法得到了较为全面的记录，这一工作大致到汉为止。

二、由记录的对象而言，大致上涉及了以下一些问题：汉字的创制者，汉字的创制时代，汉字的渊源物，汉字的早期形态，汉字的创制动因，汉字的书写工具。

三、由记录的观点而言，多种典籍虽有区别，但是在汉字的创制者是仓颉、其创制年代在夏代、结绳与契刻为文字渊源物等方面，多数记录是一致的。

《说文解字叙》代表了文字起源的主流观点，且所记详尽而全面。在近两千年的时间里，汉字起源的新的记录极为少见。即使在小学发达的清代亦是如此。显然，这在科学史上是一个极为罕见的现象。然而，与之形成强烈对比的是，对文字结构的研究却不断继续且有较大进展。

我们以为，对上述现象的解释，大致可从以下两个方面出发：

一、从研究的难度看：由于文字发生比文字使用更为古远，且使用文字是代代相继而创始文字就理论而言是一瞬间的事，二者的研究孰易孰难当不难判定。何况《说文解字》等书提供的关于文字结论的材料当远远比文字发生的材料来得丰富。

二、从研究的需要看：由于文字发生似在实践上的意义不及文字结构为重，所以后来的学者易在研究上专注于后者而忽略前者。

刊于《中国文字研究（第6辑）》，广西教育出版社，2005年

# 十九世纪末以来的汉字发生
# 研究的历史回顾

## 一、楔　子

　　本文将对甲骨文发现之后汉字发生研究的历史作一回顾。可以说，狭义的"汉字发生研究史"，也仅以这一时期为对象。之所以这个时期才有了真正意义上的汉字发生研究史，原因可归为以下两方面：

　　（一）科学的汉字学的诞生：19 世纪末甲骨文得以重见天日与西方考古科学的流入，大大推进了汉字学的发展。从此之后，汉字学由一门主要目的在于诠释《说文》的科学进展为用考证科学的目光去研究《说文》及《说文》之外的一切关于汉字的文献资料，尤其是学者开始以真正科学的态度去看待和处理这些材料。这一进展的动力同时还来自西方其他门类科学的传播。而甲骨文的发现，更直接地提供了汉字的出土材料，向研究者揭示了更多、更古远的汉字的面貌。在这一基础上，对于汉字尤其是汉字起源的研究工作得以在使用新方法研究新材料的基础上获得新的成果。

　　（二）我国少数民族和世界各民族文字研究的发展及有关材料引入汉字研究：埃及、苏美尔与马亚等世界上若干古老民族的文字，在甲骨文发现之前或之后，也得到了破译。而我国少数民族的古文字类型多种多样，其中不乏与汉字非出一源但源异理同或由汉字传播而产生者。将这些文字的研究成果的引入汉字研究，大大促进了与汉字的比较研究，这种比较又有助于通过推理对汉字取得更深刻的理解。同时，由于对这些文字（包括汉字）的综合研究，又有助于世界文字史和普通文字学的两门学科的诞生与成长。以上进展当亦在相当程度上推动了汉字学尤其是汉字发生研究的发展。

　　综合以上两点，可以认为：如果说汉字发生学在约 1899 年之前尚未成为一门真正的科学，那么，在此后的 20 世纪中，它已成为一门真正的科学并得到了相当的发展。

本文仅可能对此作一扼要的回顾。由于这一回顾的对象在时间上仅限于一个世纪之内，所以，我们似不需严格地把它作分期叙述，而是以研究者为纲，结合研究材料、研究方法与研究成果进行述评。这是由于我们考虑到上述四端实际上存在着紧密的内在联系——材料与方法互为因果而成果则由材料与方法决定，而每一研究者又都有其若干独特的方法（这些方法需要独特的材料），且他们的成果也同他们的材料、他们的方法有关。又由于文字起源的研究者较多但真正专注于该项研究且卓有成果者毕竟有限，所以我们在此仅列出一些重要的研究者进行分类阐述，然后再把他们所做的工作进行归纳与总结。由于各家基本上都使用了传世文献的记录为依据，同时他们研究的出发点又各有侧重，所以我们权且把他们分为重实践与重理论二大派系。

## 二、以考古学实践为出发点者的研究

第一类学者是以考古学实践为出发点进行汉字发生研究的。

此类学者由于甲骨文的发现，甲骨、金文研究的进展与考古成果的增加，便特别在考古成果上下大功夫探寻汉字的起源。这类研究的优越性至少在于以下几方面：（一）由于这类研究以实物为对象，因此它从根本上摆脱了过去的学者仅凭记录文字发生的典籍为依据（即使用第二手材料）所导致的"隔靴搔痒"的不足（《说文》毕竟亦为第二手材料）。（二）由于这类研究可以以科学发掘的结果为材料，因此，在年代的确定上比较准确，这一优点对于探究时代古远的汉字发生和许多原始汉字特别有效。（三）由于甲骨文的出土及对遗址的科学发掘的施行又推动了甲骨学的产生与金石学的研究以及对陶符的科学研究，因此这种对考古资料的研究又得到了这些分支学科的支持。

这方面卓有成就的专家，有郭沫若、唐兰和李学勤等。

郭沫若在汉字发生研究中最主要的贡献，在于依据半坡和大汶口出土的陶器上的符号所作出的对汉字发生的推测。在《中国文字之辩证的发展》[①] 一文中，郭沫若至少提出了这样一些观点：

（一）依据同位素 C14 的测试，半坡遗址的年代距今有 6 000 年，而这也就是汉字发展的历史。换言之，汉字产生在距今 6 000 年前。

---

① 郭沫若：《中国文字之辩证的发展》，载《奴隶制时代》，244–270 页，人民出版社，1954 年。

（二）论证了汉字起源应当归为指事和象形二系统，而指事系统应当发生于象形系统之前。

（三）论证结绳与契刻当亦为文字的渊源，且它们发生于较原始图画发生为早的时代。

（四）认为殷代金文中的"图形文字"（我们称之为"早期金文"）可分为刻划系统与图形系统二类，前者早于后者。

一般研究者往往特别注意第一、二点，其实，后二点对我们深入展开文字及文字发生研究亦具十分重要的参考意义。

郭沫若对汉字发生的研究的贡献是不可磨灭的，其成果至少促使研究者们注意汉字发生问题的研究且告诉他们汉字发生的时代和早期汉字的特征至今已经是可以追寻的了。

由上述四点来看，即使并不完全可靠，但至少前二点在方法上是有合理因素的。郭氏的基本出发点有二：（一）同位素测试；（二）对陶符的形体分析。显然，二者均是汉字源研究的重要手段。

而之所以第一点结论并不可靠，是基于以下原因：首先是同位素测试有其误差。据郭氏文中所列测试的四个数据，则远者距今 6 200 年左右，近者距今 5 500 年左右，相差达 700 年左右。而且即便同位素测试无误，还需证明半坡陶符确实是文字。他虽说汉字起源"可以以西安半坡村遗址距今的年代为指标"，并说半坡陶符"可以肯定地说就是中国文字的起源，或者中国原始文字的孑遗"，但是郭氏还是缺乏确定半坡陶符为文字的充分证据。这还使他在此篇论文中的许多其他观点（包括何者为早期汉字、何时为汉字发生的时代）亦无法确证。其实，郭沫若的操作过程不仅忽略了这一点，还忽略了几乎同样重要但一直为后世其观点的支持者和批评者都同样忽略了的一点：要是半坡陶符确为文字，那么，在它之前和与它同时究竟有没有更原始的汉字？

总之，郭氏的方法确于我们有启发，但是其结论则需再进一步作研究。

至于后面三点结论，也是十分有创意的。第二点以汉字起源分为象形、指事二系统，并认为指事早于象形。但郭氏并未对此观点作详细的证明。他的主要依据是刻划易于绘图。另外，他未提出但可能成为他的观点的另一依据的理由是他认为可能为指事系统的半坡文字在同位素测试所得年代上早于可能为象形系统的大汶口陶文。第三点即以为文字的渊源物有结绳与契刻，这固然亦为某些学者（如中国的唐兰、法国的 Clodd）所注意到，但郭氏更进一步提出了结绳与契刻早于文字的另一渊源物原始图画，并阐述了理由。可以认为，这一点是四点之中唯一完全可信者。

郭氏所说的第四点也是值得注意并继续讨论的。自然，殷周金文中颇有原始文字成分，但是郭氏所分类的"刻划"与"图形"二者确切含义明确分界是什么，却是他未作说明的。

除了这篇文章之外，郭氏早年就在其研究中涉及了汉字起源与早期汉字。如他在《甲骨文字研究·释支干》① 一文中把汉字与巴比伦文字作了比较。

另一位十分注重考古学成果使用的是唐兰。唐兰亦是我国文字学者中对于汉字发生问题特别注意的学者，其主要有关研究在其专著《古文字学导论》② 与《中国文字学》③ 二书中有所表述，此外他还发表了一系列关于大汶口陶符的论文。

在《古文字学导论》和《中国文字学》这两部他的早期专著中，唐兰其实运用了典籍和考古成果两类材料进行了类似"二重证法"的工作。此外，唐兰理论能力很强，因之他能依据有限的材料得出往往有新意且有相当参考价值的结论。

唐兰的主要观点大致为：

（一）以年代学观之，汉字的历史有 6 000 年左右。这是依据大汶口陶符的 C14 同位素测试结果得出的。此前，唐先生曾在《古文字学导论》中指出：中国文字发生据辛店期陶片与甲骨文加上典籍推测，当在夏代之际，"象形文字"可能有万年以上。他认为"象形和象意文字"有至少五六千年的历史。在《中国文字学》中，他又依据出土文物、典籍等推测，中国文字的发生"总远在夏以前"。

（二）在二书中较早的《古文字学导论》中，唐兰认为文字产生于图画，而指事字来自象形字。但稍后的《中国文字学》，又改为以为文字有书和契二源，书来自图画而契来自文字。这一新结论，是唐氏据仰韶骨契等出土文物结合典籍推得的。

（三）认为大汶口陶符已是文字并对其中一些形体进行了考释。依据考释结果，他认为大汶口时代已有会意字、合体字和繁简字了。

总看上述观点，虽然唐氏对汉字的发生时代和汉字的渊源物等问题的观点不断地进行修正，但是其方法论是十分可取的。对传世文献的诠释与对出土文献的理解，加上其较为合理的逻辑推理，使得其论述较为

---

① 郭沫若：《释支干》，载《甲骨文字研究》，155-339 页，科学出版社，1982 年。

② 唐兰：《古文字学导论》，齐鲁书社，1981 年。

③ 唐兰：《中国文字学》，上海古籍出版社，1979 年。

合理。即便有些地方似略嫌武断（如所断定的汉字发生年代偏早，又如《古文字学导论》对汉字记号源的忽视及考释略嫌大胆），但他敢于不断修正自己的观点使之渐趋真理。

唐氏的观点的可取之处主要在于他在《中国文字学》中对汉字的源于"书"与"契"二物的看法是相当合理的，他不持前人那种"有史才有字"的看法，把汉字的发生定在夏代之前。此外，唐兰对于大汶口陶符的考释虽然亦过于大胆，但如对"斤"、"钺"二字的说解较为可信，把其中二字断为合体字的说法也是有一定道理的。

在方法上，唐氏之可取之处在于其深厚的典籍、历史和考古文物知识使其论证时的材料丰富而又精当，而其理论视野和理论能力及想象力更使他的研究较具科学性又不失创新精神。

此外，结合考古成果与典籍进行文字源研究的还有于省吾。

于省吾对大汶口的一些出土陶符亦进行了考释。虽然考释的结果与唐兰有所不同，但同样把大汶口陶符及半坡陶符看作了文字。

于省吾对于汉字发生问题的看法未有理论专书表述，这些观点在其论文《关于古文字的若干问题》[①]及收入《甲骨文字释林》[②]中的几篇论文中有所表述。于氏的观点，归纳起来有以下两方面：

（一）指事、象形为早期汉字之源，原始指事字先于象形字而产生，是汉字的"原始"。

（二）汉字最早当起于半坡和大汶口等文化的陶器刻划符号。

在汉字起源研究方面，结合考古成果和传世文献等因素进行研究且有独特创意的，还有马叙伦。马叙伦关于汉字渊源物研究的论文题为《中国文字之源流与研究方法之新倾向》。[③]马叙伦的主要观点是世界文字的发生有其共性，因而八卦与苏美尔计数符号有共同的功用和共同的性质。由此马氏还推断八卦自史前计数的土块演化而来，这一推断的佐证是马氏对"卦"字初文"圭"的认识。

李学勤充分利用考古成果与文物资料，对汉字发生与早期汉字作了微观与宏观相结合的研究。在他的专著《古文字学初阶》[④]和他的观点

① 于省吾：《关于古文字的若干问题》，载《文物》，1973年第2期。
② 于省吾：《甲骨文字释林》，中华书局，1979年。
③ 马叙伦：《中国文字源流与研究方法之新倾向》，载《马叙伦学术论文集》，科学出版社，1958年。
④ 李学勤：《古文字学初阶》，中华书局，1985年。

集录《失落的文明》① 及其一系列论文尤其是《考古发现与中国文字起源》② 中，均可见到他在相关问题上的见解。

李学勤的主要观点有：

（一）甲骨文字绝不是中国最早的文字。

（二）二里头刻划符号、河北藁城台西和磁县下七垣出土的陶器符号都是文字。半坡陶符尚不能定，但大汶口陶符已是文字无疑。

（三）从半坡陶符、仰韶文化陶符到甘肃仰韶陶器符号，再到龙山文化陶符，再到郑州二里冈和南关陶符，再到河北藁城台西、河北磁县下七垣符号，再到殷墟刻划陶符，可成一个序列并进行研究。

（四）我国东部即大汶口与良渚陶器符号更具文字性质且这二系文字有联系。

（五）埃及文字与汉字在发生学上有若干共同点，二者可以互相比较、互相发明。

以上五点，虽并非全是李氏首先提出，但使人感到李氏所用和所提供的方法较为独特且充满智慧。比如，对"甲骨文字绝非中国最早的文字"这一论点，李氏主要从字数上加以论证：甲文不少于 5000 字，东汉的《说文解字》有 9000 多字，而今天我们常用的汉字仍为 6000 字左右，于是可知，甲骨文并非最早的汉字。另外，李氏主张并尝试把中国古代几个文化的文字进行序列排比的方法和主张实行中埃陶器文字比较的想法，以及他对大汶口与良渚文化陶符进行考释并探索它们间关系的实践，均为既富想像力又具求实精神的尝试。

对汉字发生问题进行考古学方面的研究的还有王志俊，其主要论文为《关中地区仰韶文化刻划符号综述》。③ 王志俊的主要方法是：通过对半坡等地仰韶文化中的陶符进行形体上的比较来证明它们确属同一个符号系统，进而通过对这系符号的使用地理范围宽广程度考查来证实这是一种文字。可以说，这类做法是有相当合理性的。

王志俊在其论文后面，对某些半坡符号进行了考释。这一做法却可以看作是此篇论文的不足。因为如果半坡符号确是文字或很接近于文字，则完全可以对它们进行考释。但是王志俊许多考释的依据却是商周文字，

---

① 李学勤：《失落的文明》，上海文艺出版社，1997 年。

② 李学勤：《考古发现与中国文字起源》，载《中国文化研究集刊（第 2 辑）》，146–157 页，复旦大学出版社，1985 年。

③ 王志俊：《关中地区仰韶文化刻划符号综述》，载《考古与文物》，1980 年第 3 期。

这就使我们怀疑：是否仰韶符号与商周甲骨金文有系统上的联系。应该说，更可靠的方法是，首先离开商周金文考释仰韶符号，然后依据考释结果去研究二者之间是否属商周系统。事实上，唐兰和于省吾对大汶口文字进行的考释，在很大程度上是不以甲金文为依托的，这就使得考证较为可信并可能在考释的基础上进而追寻甲金文系统的汉字与大汶口符号之间的关系。

然而，王志俊的研究无疑有其合理性与贡献：

（一）对于关中地区多地出土的仰韶陶符进行形体上的比较，从而证明它们属于同一系统。

（二）在（一）的基础上考察这些符号在古代使用于3万平方公里的面积中，从而确定它们是文字。

（三）从仰韶陶符年代学结论出发，指出至少在夏初我国古文字的体系已基本完成。

王氏的以下两项工作则既有一定意义又必须辨证看待：

（一）把甲金文形体与仰韶文字形体进行比较，从而证实二者同源。

（二）用形体比较来考证陶符。

对于（二），前文已经进行过叙述。关于（一），王志俊仅举数字为例，显然理由不够充分。

从考古学实践出发对汉字发生进行讨论者，必需提及持另一种观点的高明。

高明的主要有关论文是《论陶符兼谈汉字的起源》。[①] 此文的重要性在于提出了同几乎所有的古文字学者不同的观点，即认为：陶符与陶文是两回事，陶符既非陶文，亦不可能发展为陶文。

高明的主要观点可归纳如下：

（一）新石器时代母系氏族内不可能产生文字，因此，仰韶文化陶符如半坡、姜寨等文化出土的陶片上的符号不是文字。

（二）陶符不能表达语言。

（三）文字随着语言不断发展，陶符孤立存在停滞不前。

（四）陶符与文字用途不同。

（五）某些学者对陶符的考释是不可行的。

可以说，高明的某些观点与论证如上述（一）、（二）还与近几十年来的中国早期文字研究实践有不太符合的地方，可作进一步研究。此外，

---

① 高明：《论陶符兼读汉字的起源》，载《考古》，1973年第2期。

虽然他明言陶符与陶文不同，但他并未指出二者在实践上的界限之所在。然而，高明的意见的最大意义在于：在普遍认为某些陶符是文字的情况下，指出了若干陶符与陶文的不同之处，这一认识是富有智慧和创见的，值得予以重视并极有研究上的启发。

另外，季云在对藁城文字研究上也作了较多努力。季云在《藁城台西商代遗址发现的陶器文字》①一文中，对藁城台西村出土的商代陶器残片上的符号进行了考释与研究，考证其中至少有"止"、"刀"、"臣"、"巳"、"鱼"、"大"、"矢"等一些字。然后，季云的文章还作了台西村陶文与郑州、安阳所出商代陶文的比较，其结论为："台西的陶文与殷墟的同类陶文之间，应存在一定的承袭关系。""台西时期的文字正是殷墟文字的前行阶段。"

河北省文物研究所编的《藁城台西商代遗址》②一书中，进一步对台西陶片上的几十个符号进行了全面的考释。此书对符号的考释与季云的考释结果大致相同。

我们以为，季云的文章和《藁城台西商代遗址》一书中对符号的考释未必完全正确，但是季云关于藁城台西符号的以下三个结论却是较为可信的：（一）台西符号是文字；（二）台西符号与郑州、安阳等地之商代陶文有系统上的联系；（三）台西文字是殷墟文字的前行阶段。

此后，也有学者在季氏材料和研究的基础上对藁城陶符进一步研究的，如王元鹿亦指出藁城陶符当为殷文字的前驱。

此外，徐中舒先生对于汉字发生问题亦发表过较为详尽的若干独到见解。其主要论文为他与唐嘉弘合写的《关于夏代汉字的问题》。③

徐氏的主要观点为：

（一）夏代无文字。

（二）一般意义上的"原始文字"，包括我国的纳西东巴文字与阿拉斯加的文字，都是打引号的文字，即非严格意义上的文字。

（三）夏代的许多符号，包括仰韶、龙山、二里头文字，乃至巴蜀文化中的"图象或符号"，也都还不算文字。

（四）认为商代吴城、藁城陶符亦非文字。

---

① 季云：《藁城台西商代遗址发现的陶器文字》，载《文物》，1974 年第 8 期。
② 河北省文物研究所：《藁城台西商代遗址》，文物出版社，1985 年。
③ 徐中舒、唐嘉弘：《关于夏代的汉字问题》，载《夏史论丛》，126–150 页，齐鲁书社，1985 年。

在科学研究上，采取什么样的定义，往往会决定或左右得出什么样的结论。徐中舒、唐嘉弘此文，既然在出发点上是以严格意义上的"文字"去定义文字，那么，如此说法就亦有其合理性。然而，徐、唐的论证中还存在着一些难以自圆其说的矛盾：

（一）全文对"文字"的涵义并无严格界定。

（二）仅由于"现在可供研究的材料还不够"而认为它们非文字。这在逻辑上显得不合理。因为：第一，既然可供研究的材料不够，那么它们的属性当尚不确知；第二，过去时代留下的文物，又如何能凭现在出土文物的多少改变其性质？

（三）在徐中舒《论巴蜀文化》①一书中，明确指出巴文和纳西东巴文是文字。

可以说，徐中舒、唐嘉弘的文章的基本观点是：在严格意义上来说，夏代并无文字。

另外，基于更新的考古成果的有关论文还有郑洪春、穆海亭的《试论花园村遗址出土的兽骨刻画文字》。②

该文除了提供较为详尽的 12 件出土骨器的摹片之外，所表达的主要观点为：

（一）花园村骨刻是殷墟甲骨文的始祖，是最早的原始文字之一。

（二）花园村骨刻的发展程度处于陶文与甲骨文之间。

（三）半坡陶符与大汶口陶符都不是文字。

（四）距今 4 000 余年的相当于夏代时期的龙山时代是我国文字的发生时代。

该文材料丰富但论证简单，何况不少地方只是引述或表达观点而缺乏充分的推理论证，这就大大影响了上述四个观点的可信程度。如该文引用了高明认为陶符非文字的观点来支持其认为半坡陶符与大汶口陶符非文字的观点，又在后面提出花园村骨刻处于陶文与甲骨文之间；又如该文在否定大汶口符号为文字的说法时，理由是所举"数量寥寥无几"、"是一种礼器"、"是一种刻画"等等，而且全文中对于"什么才是文字"这一问题也缺乏自己的明确态度。

以上是对以汉字发生为主题以考古成果为主要依据的各家的研究及

---

① 徐中舒：《论巴蜀文化》，40-47 页，四川人民出版社，1982 年。
② 郑洪春、穆海亭：《试论花园村遗址出土的兽骨刻画文字》，载《古文字研究（第 20 辑）》，1-10 页，中华书局，2000 年。

他们的观点的分别叙述、归纳和简要评论。总结以上各家纷繁复杂的看法，我们可以对研究者们所作的工作的结果作如次归纳：

所作工作的主要目的有三：（一）确定汉字发生的时代与年代；（二）对各种出土器物进行定性解释与考释；（三）梳理各种出土器物之间的序列关系。

虽然专家们对于以上三方面的观点有不同之处，还是不妨在此把他们的观点作一个总体的归纳：

（一）关于汉字发生的时代和年代问题：

占主流的意见是认为黄帝时代即夏代，已有汉字存在。也就是说，汉字发生，不晚于公元前 4500 年。至于部分持不同意见的专家的文章，或是对文字的涵义的理解不同（如徐中舒、唐兰），或是对部分符号文字性质的否定。

（二）关于符号的解释、考释和定性：

多数学者认为大汶口符号是文字，而对半坡符号则难以判断，但认为它至少比较接近于文字。至于对藁城符号，则倾向于它是与商代甲骨文有系统联系的文字。对大汶口陶符的考释或解释各不相同，但是由于大汶口某些符号形体简单又表义清晰，所以可以认为对某些符号尽管考释不一，但结论较为相近，各家对它们的意义的解释则较为一致，如对"斤"、"钺"的看法。

对于半坡陶符，由于其性质难定，所以考释者不多，考释的结果也多不可信。

对于藁城文字，则少数学者进行了考释，考释的结果虽少有人注意，但也少有人反对，这是由于它与殷墟甲骨文的关系使考释显得较为容易，又由于它时代较晚而几乎肯定非最早的汉字而不受重视。

关于花园村骨刻，可能由于材料的封闭使研究成果有限，但今后的研究可能有新的突破。

（三）各地出土的符号间的关系和序列问题：对这一问题所作的研究多属尝试性的，但已经指出某些出土符号之间有系列上的关系。

# 三、以理论文字学与比较文字学为出发点者

第二类学者则是以理论文字学和比较文字学为出发点和主要方法去研究汉字发生的。

从事有关研究较早的该类学者，当推蒋善国。在他的重要著作《中

国文字之原始及其构造》① 和《汉字学》② 中，充分展示了他的研究方法及所取得的成果。

蒋善国的主要研究途径为：

（一）分析文字的"成因"及未有文字之前的"替代物"并一一寻取中外各方面的例证加以研究。

（二）对国外古代民族的所谓"最早的象形文字"的材料进行收集，并把它们与相应的汉古文字进行对比，找出它们之间在文字结构上的共性。

（三）把前文字的事物分析为结绳、刻契与文字画并一一进行研究。

蒋善国关于汉字发生的研究的主要功绩在于：

（一）把国内少数民族文字与外国古代民族文字引入到汉字发生研究中，并得出了世界各民族文字发生有其共同规律的结论。

（二）对文字的渊源物进行分析从而得出了文字的渊源物不止一种的结论。

蒋善国有关研究的不足则在于：

（一）举例多而推理、说理少，因此有启发性又深刻的结论较少。

（二）由于所掌握与了解的各种文字的材料和性质较少，只能专注于寻找共同现象而未能寻找出较多的各种文字形成间的差异。

其次当提到裘锡圭的工作。他在《汉字形成问题的初步探索》③ 中，智慧地运用比较文字学的研究方法，得出了一些十分可贵的结论。

裘锡圭首先把原始社会晚期的仰韶、良渚等文化的记号与早期汉字中的某些形体作比较，得出了某些汉字来自记号的结论。接着，他又对大汶口文化的象形符号进行讨论尤其是把大汶口的几个符号与相应古汉字的形体进行比较，得出了以下结论："大汶口文化象形符号跟古汉字相似的程度是非常高的。它们之间似乎存在着一脉相承的关系。""大汶口象形符号应该已经不是非文字的图形，而是原始文字了。"

裘锡圭在这篇文章的后面，进一步用两种不同源文字比较的方法去研究早期汉字的状态。通过对汉字与纳西东巴文字的某些特征的比较，裘氏找出了商代甲金文系统的古汉字可能存在过的一些特征：（一）一个字形含两个或两个以上的音节；（二）文字排列不严格合于语序；

---

① 蒋善国：《中国文字之原始及其构造》，28—51 页，武汉古籍出版社影印，1987 年。
② 蒋善国：《汉字学》，上海教育出版社，1987 年。
③ 裘锡圭：《汉字形成问题的初步探索》，载《中国语文》，1978 年第 3 期。

（三）行款较乱。而裘氏又从这些结论进而得出结论："商代后期距离汉字基本形成完整文字体系的时代似乎也不会太远。"换言之，我们可以认为，裘锡圭的结论的重要性在于：证明甲金文之前的汉字是一种原始文字，它不仅必然存在，还必定可以被推测。

使用文字学理论和比较文字学的方法在汉字发生方面做过较多工作的还有王元鹿。

王元鹿在其著作《汉古文字与纳西东巴文字比较研究》①、《普通文字学概论》②和《比较文字学》③及其不少论文中，多次对汉字发生问题进行了研究。

王元鹿所用的研究方法主要是：

（一）通过各种不同源文字的比较来研究文字与汉字的发生。

（二）强调汉字发生是一个多方面的问题从而需从多角度进行研究。

（三）把汉字发生视为一个历史过程来加以详细考察。

王元鹿的研究的主要结论为：

（一）汉字的渊源物有多种。

（二）汉字的渊源地有多处。

（三）对汉字发生的过程进行了较为详细的描写。

（四）对早期汉字的概貌作了若干推测。

由于王元鹿又关注和参与少数民族文字及外国民族古文字的研究，所以他在通过综合进行对中国与世界文字的起源的共性的研究及通过比较进行对这些文字的起源的不同特征方面的研究，亦作出了不少努力。与此有关的若干研究成果，亦将有助于在更广阔的视角中对汉字发生问题研究的深入理解。

汪宁生对于文字发生的研究作过相当的努力，并取得了相当独特的成果。

汪宁生的有关论著，主要是他的论文《从原始记事到文字发明》。④汪宁生的研究特点是：

（一）研究的材料，不仅取诸古文字与传世典籍及出土文献，更注重于获得文化人类学方面的材料进而研究，即使其所用的出土文献，亦多

---

① 王元鹿：《汉古文字与纳西东巴文字比较研究》，华东师范大学出版社，1988 年。
② 王元鹿：《普通文字学概论》，贵州人民出版社，1996 年。
③ 王元鹿：《比较文字学》，广西教育出版社，2001 年。
④ 汪宁生：《从原始记事到文字发明》，载《考古学报》，1981 年第 1 期。

出于少数民族地区者。

（二）研究的目的，重在发现一般规律。

（三）研究的方法，尽可能结合传世文献、出土文献与民族学资料这三方面的内容。因此，汪氏的研究常给人以耳目一新之感。

汪宁生有关研究的主要结论是：

（一）文字的渊源物有物件记事、符号记事与图画记事三类。

（二）三类记事方法并行发展、交错存在。

（三）从原始记事到文字发明过程中，表音字的出现才标志着文字的正式开始。

汪宁生的前两个说法均得到了比较一致的认同，其证据即是大致上无人撰文反对其观点而只有引用者。关于第三点，有人诟病其对文字理解不够，认为文字不必进入表音字状态即可算文字。细察汪文，可以发现汪的本意是认为有些原始记事符号或图形并非文字。但是汪文亦难免有不足之处：一是认为半坡和大汶口陶符不属文字范畴，其论据是无从证明它们已是语言的符号；二是汪文多少显示了他认为必须进入阶级社会才有文字的看法。

汪宁生在另一篇笔名为"林声"的文章《试释云南晋宁石寨山出土铜片上的图画文字》① 中，对石寨山出土的铜片上的图形进行了精采考释。这一考释可以认为是破译并考释一种中国历史上的少数民族文字的经典之作，也是汪宁生文字发生和早期文字理论的卓越实践。然而，汪氏既然认为该铜片上的刻画是文字且可以考释，则难免多少与他的上述第三点观点即认为原始符号或图画非文字尤其认为进入国家和阶级社会之前无文字的观点自相矛盾。

以上是对从理论文字学和比较文字学角度出发对汉字发生进行研究的学者们的研究的举例性的介绍。我们可以把他们的主要方法和结论归纳如下：

（一）在方法论上注意求新，即尽可能利用种种以前不曾被注意或使用过的材料及综合与比较的方法去解决汉字发生问题。

（二）在研究目的上有所扩展和转移。他们似乎不似前一批那样把主要的目的定位在汉字发生的时间和地点以及对汉字进行考释上，而是重视研究文字发生的一般规律、原始汉字宏观状态的构拟，而在这些宏观问题的研究上，他们又注意把一个大问题分解为若干个小问题

---

① 林声：《试释云南晋宁石寨山出土铜片上的图画文字》，载《文物》，1964 年第 2 期。

进行研究。

（三）在研究成果上取得了若干带普遍性和有用的新结论。如：若干关于文字发生的一般原则；中外文字发生有共性的结论；对原始汉字概貌的构拟。这些结论都对汉字乃至对各种文字的发生的探索有启发性乃至有指导意义。可以预计：一方面，以这些结论去启发和指导汉字发生的研究，必会有更新更多的新发现且解决一些以前从未解决过的老问题；另一方面，正是这些学者的不懈努力和大胆尝试，使得整个汉字发生研究工作在领域上得到开拓，从而逐渐成为一门汉字学的分支学科。

# 四、结　语

可以把这百年来研究这一问题的学者在研究中所采取的方法分析并归纳如下：

（一）主要依据为传世文献的记载和出土文献的内容。

（二）主要方法为：（1）传世文献与出土文献的对照，让二者互为佐证并求得二者之间的相合与相近点；（2）除（1）所提及的二者之外再引入另一领域中的材料与方法，以此构成三重证据，使思路更阔大且证据更可靠；（3）用归纳、比较等一系列方法对文字发生的共性进行研究，得出带普遍适用性或普遍启发性的结论之后，再进一步以此指导相关研究；（4）用比较方法，在相应的我国少数民族或国外古文字发生史中取得在汉字发生材料中得不到的证据，再回到汉字发生研究中去寻找是否有当与之对应的现象。无论我们在上文所回顾的学者们在相关研究中做了什么、如何去做、得出何种结论，他们所采取的方法，往往离不开上述四种类型。

一百年来的汉字发生研究，确乎取得了一定的成果。我们若归纳这些研究得到的成果的境界，大致可以分列如下：

（一）确定夏代为汉字发生的时代。

（二）对一部分出土古代文献在是否为文字的鉴定方面取得了某些接近于共识的意见。

（三）在原始汉字概貌的认识与构拟上取得了若干成果，这也证明了原始汉字的可构拟性。

（四）较多领域中的知识和方法在汉字发生的研究中逐渐得到使用。

（五）开始认识到：汉字发生研究是一个内容丰富且可切分的课题，这一课题除了包含汉字发生于何时这一问题外，还包含着多个其他问题。

　　在总结上述成果的同时，我们也必须看到，相对于对汉字其他方面的研究而言，汉字发生研究还是一个有待进一步开展并加强研究的课题。这是由于：

　　（一）学界乃至社会重视不够，研究者人数、相关专书与论文数量不多。

　　（二）研究的视野不够开阔，这具体又体现于：（1）若干新材料未得到广泛使用；（2）若干学者往往拘于所熟悉或便于他使用的一两种新材料来讨论汉字发生的整个课题；（3）若干新方法只为极少数学者所掌握并使用；（4）若干学者只掌握并使用一种方法来从事研究；（5）某些学者在研究中仍教条地使用某些现成结论的现象而不是以现象说明问题、以说理得出结论；（6）某些学者在推理中不能正确进行逻辑思维；（7）就事论事地研究，忽视了中国文字是世界文字大背景中的一个个例这一事实；（8）未能用先分析后综合的方法去规划课题研究的过程，也就是说，未注意"汉字发生"这一课题所包含的丰富的多方面的内容，而单纯地认为这一课题仅是对汉字发生的地点和时间的考查。

刊于《内江师范学院学报》，2006 年第 5 期

# 关于民族文字发展研究若干问题的思考

## 一、楔　子

从哲学角度来说，任何事物都是发展变化着的，静止不变的事物是不存在的。文字当不例外。可以说，几乎任何一个含表意成分的文字系统都不是凝固不变的，而是一直处在发展的过程之中。但是，有关这一观念，我们除对汉字有较为充分的认识外，对于我国其他的民族古文字，相应的认识和研究却十分不够。这主要是由于汉字的发展历时数千年，流通地域极其广阔，我们对汉字材料的占有与相应的研究又足够充分，于是，对它的一直处于发展过程之中的认识自然是充分的。而对于我国少数民族的古文字，由于它们自身的历史较短，使用范围也较小，我们对相应材料的把握与研究又较为有限，所以在对它们的研究中，往往是把几乎每一个文种处理为静止不变的事物。

由于上述的种种客观原因，这种处理方法本有其无可指责的一面，并且这样的处理在研究实践上也不会带来什么太多的错误结果。但是，作为理论研究，则又是另一回事。对于汉字的发展历史，我们已经作了成效甚多的研究。很自然地，我们也有必要弄清各种含表意成分的民族文字系统是否有其发展过程中的变化，并尽可能仔细地把握此种变化的共同规律与各文种间的差异。显然，这样做不仅有利于对文字史与普通文字学的深化研究，也是深化研究各个民族文字所必需的工作。在普通文字学与比较文字学以及我国民族文字学得到较大发展的今天，此项课题的进行既有必要性又有可能性。

关于汉字之外含表意成分的我国民族文字的发展问题，过去实在是研究得不够。再说得直率一点，几乎极少有研究者考虑这一问题。在本文中，我们将说明研究这个问题的可能性与必要性以及一些与之相关的值得讨论的问题。

## 二、进行讨论的可能性

如果仅仅如此去证明我们的讨论的必要性，显然是意义有限的。因为我们要讨论的问题实际上是：这些民族古文字自发生开始究竟有没有一个或一些较大的进化或演变的过程，尤其是在其内容上的明显的进化或演变，也不排斥明显的形式上的变化。因为，如果这种变化若是小到可以忽略不计，那么显然既难判定又无进行讨论的必要。

我们以为，虽然我国的民族古文字相对汉字的内容与过程要简单得多，但有一些文种至少是有较长历史的，这一事实提供了这些文种在其历史上发生过较大发展变化的可能性。

如：关于纳西东巴文的发生时间虽有种种说法，但一般都认为它决计不是很晚发生的。并且，从其目前的性质特征来看，可以把东巴文视为一种介于早期文字与表词—意音文字之间的文字，而且是一种与汉字无渊源关系的独立发生、独自发展的文字。那么，此种文字在其发生初期必有其作为原始的早期文字的阶段。①

又如水文，迄今的相关研究已经告诉我们：作为一个文字系统，这一文种至少包含着水族人自造的字、借用汉字的字与汉字流入之后的"新造字"这样三个类型的字，这样一个以其丰富的内容呈现在我们面前的"拼盘文字"，显然不是从其发生时即是如此的。

再如遍布我国四省区，且有较长历史的彝文。依据我们的研究，彝文是一种相当复杂的文字。应该说，同样记录一个词，各地彝文的用字与写法大不相同。这样一种文字，自其发生开始至今没有极其复杂的发展和变化是不可能的。

可见，我国不止一种民族古文字存在着发展的历史，这是可以断言的。这一事实说明，我们对我国的民族古文字进行发展方向与发展过程的讨论，是完全可能的。

# 三、讨 论 的 意 义

这一课题的讨论的意义或目的是什么呢？

我们知道，任何事物都可以被看作是一个过程。文字亦不例外。因此，如果是把在运动中发展的文字看作静态的、凝固的东西，那么至少在对它的研究上是不够完整、不够精确的。从这一意义上来说，用发展

---

① 参见王元鹿《由若喀字与鲁甸字看纳西东巴文字流播中的发展——兼论这一研究对文字史与普通文字学研究的意义》，载《华东师范大学学报（哲社版）》，2001 年第 5 期。

的目光来研究文字——无论是一种文字还是一类文字，都可以被看作是还文字以更真实的面貌的做法，这一做法也可以使我们对文字的了解更加接近于事实。我们已经从甲骨文的断代研究中充分认识了这一点。

　　以上仅仅是一种理论上的论证。从实践方面来看，在把文字看作是一个过程前提之下的文字研究工作，亦更可能促使我们对文字的方方面面尤其是其被掩埋的往日面貌有更深入的理解。比如对东巴文的研究，由于关于此种文字的材料的丰富性与研究者的代复一代的辛勤工作，近年来对它的面貌和性质的了解已达到了相当准确的程度。而如前文所论，东巴文的昔日面貌又是怎样的呢？这就有赖于以发展目光出发的研究了。从这种意义上来说，这种研究有点像历史语言学视角下的对某种语言的母语或原始语的拟测。从一个角度而言，由于文字研究对于语言研究的相对滞后，这种拟测往往是极为困难的；但是从另一角度而言，这种不易为之的尝试更显出其珍贵的价值。

# 四、有待解决的具体问题

　　下面，我们举例式地提出一些需要解决的关于文字发展的具体问题。

　　以下问题是民族古文字研究者迄今尚未解决或尚未完全解决的问题中，尤其值得关注的是这样一些问题：

　　（一）纳西族东巴文的早期面貌与发展历程：

　　虽然我们对纳西东巴文有了比较充分的研究，但是这种研究往往是立足于把它视为一个静止的文字体系。至于我们对于纳西东巴文的创始过程和创始时的面貌的认识则是很不清楚。而一些初步的研究尝试也告诉我们：至少不同地区使用的东巴文，它们的性质不尽一致，而这又与不同地区的东巴文产生于不同时代有关。所以，探寻东巴文的原始形态与发展脉络，应是当前东巴文研究者的重要任务。

　　（二）彝文的早期面貌与发展历程：

　　对于彝文的发生与发展，我们的认识比对于东巴文的相应问题的认识更少。但是如上文所说，既然这种文字用于四个省区，在各地的状态又有不同，那么，其早期状态与发展历程的探索，绝对不是一件一蹴而就的工作。

　　（三）水文尤其是其自源字的早期面貌及水文自汉字进入之后的运动过程：

　　水文是一种由水族人民自造的一批字与汉字流入后增益的一批字联

合构成的一种"拼盘文字"的文字系统，① 大致已经是没有疑义的结论了。然而，这些自造字的创造过程，汉字进入水文的整个过程，尤其是自造字与汉字之间的互相作用，都是我们还没有完全弄清楚的问题。

（四）壮文的早期面貌：

对于壮文，我们往往只是认为它是汉字流入壮族后发生的一种文字。但是，壮文中至少有几百个与汉字并无关系的由壮族人民自己创造的自造字。因此，壮文其实与水文一样，也是一种"拼盘文字"，只是它的自造字相对较少罢了。对于这批自造字的研究，无论是其来源、其与汉字的关系、其发展历程，都是很不够的。

（五）此外，以上实践问题的解决或部分解决对汉字研究的启发，更是至今研究不够的课题。

# 五、有待解决的理论问题

以下理论问题是民族古文字研究者迄今尚未解决或尚未完全解决的关于文字发展的问题中特别值得关注的：

（一）一民族多文种的现象是文字的发展还是文字的传播：

纳西族至少有东巴文、哥巴文、玛丽玛莎文与达巴文四个文字系统。除达巴文与其他系统的关系尚未明确以外，其他三种文字之间都有着较为密切的关系。具体来说，哥巴文与玛丽玛莎文都借用了东巴文。这种文字之间的借用，到底是看作文字的借用还是看作一种文字的发展呢？

（二）一种文字的记录语言的方式同其文字符号与语言单位的对应关系是否是同步发展的：

一种文字的文字制度的发展往往包含着其记录语言方式的发展与其记录语言单位的发展。那么，在一种文字的发展中，这两方面的发展是否是同步的呢？比如说，一种文字其记录语言方式如果是图画文字，那么，它与语言单位的对应关系是否必定是语段文字呢？

（三）一种文字的文字制度同其符号体态是否是同步发展的，二者何者是文字发展的原动力：

一种文字的文字制度与它的符号体态的特征到底是不是同步发展（或称成正比），亦是一个在文字史上迄未解决的问题。我们只是模糊地

---

① 参见王元鹿：《水文中的数目字与干支字研究》，载《华东师范大学学报（哲社版）》，2003 年第 4 期。

知道，一般来说，文字愈是发展，其符号体态就愈是简化与符号化。然而，是否这是一条普遍适用于一切文字的规律呢？我们还可以进一步思考这样的问题：文字在其发展过程中，其原动力到底是文字制度还是符号体态？也可以说，到底是文字制度引起了符号体态的发展，还是符号体态引起了文字制度的发展？

以上一些问题，一部分是较单纯地属于文字发展范畴的，另一部分是与文字传播和文字发生等问题相关的。因此，讨论和解决我们以上提出的所有问题，不仅需要我们对文字发展的认识的加深，而且需要关于文字的其他方面研究的加强。

刊于《中国文字研究（第 11 辑）》，2008 年

# 汉字异体流变说

关于异体字，学术界向无争议，似乎问题都已解决，再无进一步探讨的必要了。但是，只要我们比较认真地实际接触一下汉字异体问题，就会发现事情并不那样简单。

《辞海》："异体字：音同义同而笔画不同的字。即俗体、古体、或体、帖体之类。"诸多文字学理论专著对异体字的说解也多与此类似，显然，这一定义是在当前异体字理论研究的基础之上形成的。然而，这一定义却往往不能解释或不能精确地解释某些汉字异体现象。如"西"字小篆象鸟栖巢上之形，《说文》以"棲"为"西"的或体，显然不为无据；而在今天来看，"棲"与"西"音、义均不相同，似又不应视为异体。又如"强"与"彊"今为异体，但是原先却并不具有这种关系，"彊"字从弓畺声，属《说文》弓部，训"弓有力"；"强"字从虫弘声，属《说文》虫部，训"蚚也"。据此又可定"彊"与"强"为两个字。再如艹（草头）在甲骨文、金文及小篆中均写作 𝍣，这与楷书的草头确属"笔画不同"之列了，但是应不应该把所有草字头的小篆以前的写法统统当作它的楷书的异体呢？大约很少人会贸然作出肯定的回答。诸如此类似是而非、似非而是的异体现象俯拾皆是，不胜枚举，而现有理论面对这些实际问题却显得无能为力，甚至有的专书在对类似问题的处理上也犯了明显的错误（详见后文）。

显然，问题的关键在于，异体字是一种随时迁移，不断演变的历时现象，而我们却习惯于以平面的共时眼光去观察和分析它，因此方枘圆凿，认识上的片面和误差便在所难免了。

为了改变这种状况，有必要对汉字异体现象作进一步的分析和认识。而这种分析角度应当是历时的，认识的着眼点则是汉字异体的流变。

一

汉字异体的流变，既有文字发展的自身内部规律发生作用的原因，又有文字发展的外部规律影响的原因；就变化的方式而言，更有种种不同的情况。下面择其大要，略作说解。

**（一）老异体的消亡和新异体的出现**

字有异体，于写者读者都有不便，有悖文字记录语言的交际职能。因此，在社会的约定俗成过程中，异体有被逐渐消灭的趋势。与此同时，社会的发展变化，人的观念更新，又不能不对文字发生影响，这种影响的一个重要后果，就是异体的不断增加。另外，汉字的造字，不限于一时一地，而汉字的造字方法亦有多种多样，由于这种特点，异体的新增便难以避免。在以上因素的交互作用下，许多异体忽生忽灭，流行一时即被淘汰。因此，在今天它们已经鲜为人知了。下例中的异体就属此类：

羴，甲骨文有从二羊（《殷墟文字乙编》四五三一）和从四羊（《殷墟书契前编》四·三六·五）两个异体；

姓，金文有从人从生的写法（素命镈）；

阳，《三体石经》写作从山从易；

楚，《侯马盟书》写作从木从疋；

动，《楚帛书》作从辵从童；

退，《银雀山汉简》作从辵从畏；

钱，《居延汉简》作从金从乙；

高，《说文》或体从广从顷。

以上仅仅是截取一个时间断面的观察，如果纵观一些汉字发生发展的全部历史过程，便可发现，异体的兴废是一种持续不断的现象。下面仅以两个字为例作些分析。

"会"字，甲骨文从"辵"从"合"（《殷墟萃编》一〇三七）；周金文中增加了一个形体，即现今"会"的繁体写法；战国文字中，从"辵"从"合"这个形体消失了，而新出现从"彳"从"合"（三体石经），从"辵"从"會"（治儿钟），从"金"从"会"（陈財簋）这样三个异体；到汉代，战国时新增的三个异体都已不再被人们使用了，但又出现了一个从"合"从"曰"的新异体（孔宙碑）。这个异体似乎也不长命，因为梁人编的《玉篇》已经以它为"会"字古文，可见当时已不流行。

"宝"字，殷商文字中三个形体，一个从"宀"从"王"从"缶"从"贝"（戍嗣子鼎），一个从"宀"从"贝"从"王"（后下一八·三），另一个从"宀"从"王"从"缶"（宰甾簋）；在两周金文中，殷商时期"宝"的三个形体只留下了一个"寶"，同时新增加了四个异体：一个从"宀"从"王"从"缶"从"鼎"（徥盨），一个从"宀"从"畐"从"王"从"贝"（转盘），另一个从"宀"从"王"从"畐"（周笔匜），还有一个从"宀"从"缶"（仲盘）。而后面这三个异体到战国时已经消失，前面的一个到汉代也了无踪影。汉代出现的从"宀"从"王"从"尔"从"貝"的"寶"（夏承碑）和晋代出现的从"宀"从"珏"从"貝"的"寶"（辟雍碑）也同样都是昙花一现。

由此可见，异体与正字，异体与异体一般都不是同生同灭的，因而它们之间的同字异形无条件的相互替代的关系往往只存在于某个特定时代。

**（二）原先的异体分化为音义不同的别字**

分化的原因也是多种多样的，字义的引申可以造成分化，如：

甲骨文的"月"和"夕"是同字异构，在字形上，它们都是月亮的象形；在意义上有完全等同，卜辞云：

王占曰：今月不雨？（《殷墟文字乙编》七七六二）
丁卯卜：今月雨？之月允雨。（《殷墟书契续编》四·一七·八）

以上两辞都是卜问夜里会不会下雨。其中的"月"均同"夕"，即夜晚之义，在原始的时间观念中并无独立的时段概念，言"月"即指月出之时，故"月"可同"夕"。显然，这两字为异体是没有问题的。两周金文中"月"也可以写作"夕"，而战国文字中已看不到这种情况，可见两字的异体关系已不存在。显然，这一分解是由于该字字义"月亮"引申出"朝夕"之"夕"的意义，于是以两个异体分词而造成。

《说文》以"蹊"为"徯"或体，训"待"也。《玉篇》以"蹊"、"徯"为别字："徯，胡启切，或为俟。""蹊，遐鸡切，径也。"段注："凡始行以待后行之径曰蹊，引申之义也。"由于这一引申，"徯"、"蹊"才判为两字。

分化也可以由字音演变引起：

《说文》以"抱"为"捊"的或体（即异体），训"引取也"，相当于现在"抽"的意思，步侯切。宋代徐铉注曰："抱，今作薄报切，以为怀抱字。"显然当时已分化为音义不同的字。"抱"和"捊"都是形声字，它们的声符"包"和"孚"上古（周秦两汉）同在"幽"部，故两字可为异体。而到了中古（隋唐宋），"包"属"肴"韵，"孚"属"虞"韵，字音已相差很远，因此导致了两字的分化。

《说文》："瀾，大波曰瀾。"列或体"漣"，洛干切。而《玉篇》则以"瀾"、"漣"为两个字："瀾，力安切（与洛干切同），大波曰瀾。""漣，力缠切，泪下貌。"两字的分化也是由于声符字音的变化而造成，"阑"和"连"上古同音，皆"来"母"元"韵，中古音则"阑"属"寒"韵，"连"属"仙"韵，已经出现了洪细之分。

文字假借也是异体分化的一个重要原因：

在金文中，"國"与"或"是异体。从造字方法看，"或"字从戈从囗（即围字），"國"字只不过在此基础上再增益字符"口"而已。其后，"或"被借去表示一个无定代词，"國家"之國便只用"國"字来表示。

《说文》以"蛇"为"它"的或体。"它"字本象蛇形，"蛇"字是在"它"上再加义符"虫"。以后"它"被借作代词，其原本的意义便单独由"蛇"来表示。

《说文》以"杭"为"抗"的或体。"杭"字从"木"从"亢"（肩项），造义为扛木，"抗"字从"手"从"亢"，造义与"杭"字相类。《玉篇》则以"杭"、"抗"为两字："杭，州名。""抗，举也；扞也。"可见当时"杭"字已被借作地名。

分化有时候只是因为字形的假借。字形的假借与文字的假借不同，前者只借形，后者则连音一起借。如：

金文中"圖"是"啚"的异体（矢簋）。《说文》："啚，啬也。"与美切。段注："凡鄙吝字当作此。鄙行也啚废矣。"以后，"圖"被用作"圖书"之"圖"。

甲古文中"門"字有个异体"门"（后下三六，八）。"门"字本从二户，省一户，当是省形，这是早期汉字中常见的现象。而在金文中这个异体便消失了，这大概是因为与"門户"之"户"同形，容易造成误解的缘故。而到了战国，"門"字又出现了一个异体"閺"（中山王墓官堂图），这显然只是在原来的象形字上加了个声符"文"。《说文》："閺，吊者在門也。"即今"怜悯"之"悯"初文。可见当时"閺"这个字形已被借作它用，而它与"門"的异体关系也随之消失。

《说文》以"蝈"为"蟙"的或体，训"短狐也"，于逼切。徐铉注曰："蝈，今俗作古获切，以为虾蟆之别名。"显然，到宋代，"蝈"字的字形已被借去记另一个音义不同的词。

**（三）原先某字之异体后来转变为其他字的异体，如：**

甲骨文"后"与"毓"为异体，《说文》则以"毓"为"育"的或体。"毓"原象妇人产子之形，甲骨卜辞中表示商王，也就是"君后"之义。其字形和字义的联系似乎反映了母权时代的社会背景，即当时的氏族首领由这个血缘集团中辈分最高、子孙最多的妇女担任。当然这个字形同生育之"育"也有直接联系，这大概就是它以后转为"育"字异体的原因。

在《说文》中，"棲"为"西"的或体。而在《玉篇》中，"棲"则转为"栖"的异体。"西"是"栖"字的初文，说具前文，后引申出"西方"之义，于是另造"栖"字表其本义，"西"则专表引申义。由这一变化，"棲"字也随之从"西"的异体转作"栖"的异体。

《说文》以"蹞"为"番"的或体。《玉篇》则以"蹞"为"蹯"的异体。《说文》："番，兽足谓番。"辅袁切。《玉篇》："蹯，辅袁切，熊掌也。"《玉篇》"番"字另列字头，有"普丹"、"步丹"二切，均为县名。可见由于"番"字被借，另造"蹯"表"番"的本义，因为"蹞"也从"番"的异体转作"蹯"的异体。

《说文》以"鲗"为"鰂"或体，训"乌鰂，鱼名"。《玉篇》则以"鲗"为"鲭"的异体，义为今之所谓鲗鱼。"鲗"的转移，很可能是由于其声符"即"的字音的变化而造成，古"则"、"即"音近，故"鲗"可作"鰂"的异体，以后"即"与"则"字音差距大了，"鲗"便转移为"鲭"的异体。

**（四）原来音义不同的字，合并成为异体。**

合并的原因之一，是由于某些字笔划较繁，书写不便，于是有些人用另一个笔划较简的同音字（往往是义僻，使用频率较低的字）来代替它。久而久之，这个代用字的原义被人忘却，成为被代用字的异体。前文所提及的"强（蚚也）"变为"彊（弓有力）"的异体即属此类，类似情况亦不鲜见，如：

"鱻"与"鲜"在《说文》中音同义不同，"鱻，新鱼，精也"；"鲜，鱼名，出貉国"。而在《玉篇》中，这两个同音字便成了异体字："鱻，鸟兽新杀曰鱻，亦作鲜。"

《说文》以"遁"与"遯"为两字："遁，迁也。""遯，逃也。"《玉篇》则以"遯"为"遁"的异体，训："逃也。退还也。隐也。"

字形假借，也可以造成合并：

"沱"与"池"，原先音义不同。《说文》："沱，江别流也。"徒何切。"池"字《说文》未收，然而先秦典籍多见，如《礼记·礼运》："城郭沟池以为固。"陈知切。至宋代，两字成为异体。徐铉在《说文》"沱"字下注曰："此字今别作池。"《类篇》亦以"沱"、"池"为异体，注曰："陈知切，穿地钟水。"

"幔"与"幕"，《说文》判为二字，"幔"莫半切，"幕"慕各切。

《类篇》则以"幕，为幎"的或体。这也当是借形。

现在的简化字，也多有借形的。如：

"异"与"異"原先字义不同，《说文》："异，举也。""異，分也"。现以"异"为"異"的简体字。

"适"与"適"原先音义俱别，《说文》："适，疾也。"古活切。"適，之也。"施只切。现以"适"为"適"的简体字。

简化字颁行后，繁体字还有很多人在使用，因此，除了少数字义不完全对应的，大多数繁简字也是异体字。所以以上两例繁简字也可视为借形的异体字合并。

由此可见，汉字的异体从来就是流动的，随着时代的变迁或生或灭，或分或合。因此，我们只有根据异体字的这种特点，以历时的眼光来看待异体现象，才能比较全面，比较正确地认识它。

# 二

前面我们对汉字异体流变的讨论，是在将各个不同时代文字楷书化的基础上进行的。但实际上，在汉字异体流变的同时，还有书体的演变也在进行。书体的演变与异体的流变既然同时落实到汉字的发展过程中，它们之间就不会是毫不相干的。因此，要彻底弄清异体字的历时演变，就不能不对这样一个问题加以探讨，那就是书体演变对异体演变所发生的影响。

所谓书体，主要是指文字书写风格的不同样式，如甲骨文、金文、小篆、隶书、楷书等等。书体主要是书法意义上的概念，反映的是人们在文字书写上的审美情趣或实用观念。粗粗想来，文字书写风格的差异并不会影响文字形体结构的变化，它们之间性质相去颇远，关系也比较容易辨析和把握。但是，实际上问题却不那样简单。据笔者观察，人们对书体演变与异体演变的关系的把握处理往往不很妥当，因而造成一些混乱。因此在这个问题上还有必要费上一些笔墨。

书体演变与异体演变的关系，应该从两个方面来讨论：

第一，书体的演变，主要变为文字书写风格的变化，一般不造成文字形体结构的变化，所以在大多数情况下，书体的演变并不导致新的异体产生。下面仅以小篆和楷书为例，作些简单的说明。

小篆的偏旁"辵"，楷化以后均写作"辶"，从书法上看，"辶"其实只是"辵"的简便书写，所以尽管它们"笔画不同"，但却并不构成异

体。因此，我们不必根据小篆去为所从的"辶"字都造一个从"辵"的
异体。同理，对前文提到的草头字，也应作这样的处理。判断这种情况
的标准其实很简单，就是所谓隶定的标准，即把未经隶定的古文字隶定
后再同楷化字比较，视字形有否变化而判断是否构成异体。但是，在实
践中，人们却往往对这类情况处理不好，如江西人民出版社最近出版的
《异体字手册》，在"近"字下根据小篆收了异体"𣥺"，在"通"字下
又据小篆收了异体"𨖨"，这显然就是没有坚持隶定有标准所致。但奇怪
的是，《异体字手册》也并非是完全不承认隶定的标准，在其他一些从
"辶"字，如"道"、"远"、"进"、"返"、"迟"、"还"等字下并未据小篆
收一个从"辵"的字体。类似情况还有不少，如在"鱼"字下据小篆而
收异体"𩵋"，而在其他从鱼字，如"鲂"、"鲟"、"鲗"、"渔"、"鲁"等
字下却不据小篆而收异体。很明显，《异体字手册》在处理书体演变与异
体演变的关系上没有坚持一个统一的标准，而这种实践上的模棱两可，
归根到底是因为未能在理论上认清文字书写风格与字形结构变化的不同
性质。

　　第二，书体演变，虽然主要以文字书写风格的变化为主，但其中也
杂有一些字形结构的变化。这种变化，当然也是形成异体的一个途径。
这种情况虽然数量有限，但变化的方式却也多种多样：

　　一是字素（即造字部件）的增减。如小篆的"衞"字，从"行"从
帀，而楷化后则将义符"帀"省去，从而使字形结构发生了变化，故从
"帀"之"衞"与不从"帀"之"衛"当为异体。再如小篆"尿"从尾从
水，而楷书"尿"则将"尾"中之"毛"省去，故有"毛"之"𡱁"与
无"毛"之"尿"亦当视为异体。

　　二是字素位置的变化。如小篆"勇"为左"甬"右"力"，楷化以后
则为上"甬"下"力"；小篆"坪"为上"平"下"土"，楷化后则为左
"平"右"土"；小篆"垄"为左"土"右"龙"，楷化后则为上"龙"下
"土"；小篆"秋"为左"火"右"禾"，楷化后则为左"禾"右"火"；
小篆"毡"，为左"亶"右"毛"，楷化后则为左"毛"右"亶"。因为字
素位置的变化，导致了字形的结构关系的变化，故以上诸字的小篆与楷
书均当视为异体。

　　三是字形的讹变。如小篆"春"从"艹"从"屯"从"日"，其造
字意义为阳光下草木初生，反映了先民从自然物候中获得季节概念的史
前文化现象，而楷书"春"则变得面目全非，原来的三个字素只保留了
一个"日"，而"屯"与"艹"则讹作"夫"。这样一来，"春"的字形便

毫无理据可言了，故小篆之"春"与楷书之"春"当为异体。再如小篆"前"从"止"从"舟"，其造字意义为舟船前行，楷书则作"前"，将"止"讹为"丷"，"舟"讹为"月"，"月"旁之物本应为"水"，却又讹为"刂（刀）"。所以小篆之"前"与楷书之"前"亦为异体。

应当指出，这种字形结构的变化一般都是因书体的演变而发生的，比如"卫"字楷化以后如果再从"帀"，中间部分便会显得过于臃肿，而省去"帀"则显得平衡匀称；"毡"字的楷书只有变小篆左"亶"右"毛"为左"毛"右"亶"，"毛"的长钩才能对"亶"形成环抱之势，使左右两部件顾盼有姿；而从"艹"从"屯"从"日"之"春"如不加改变地写成楷书，则过于繁难，且笔势不顺，而楷化讹变以后，这种不便就荡然无存了。显然，书体演变在一定程度上会引起字形结构的变化。

根据以上分析，我们可以了解，书体演变与异体演变之间的关系是比较复杂的，在大多数情况下，书体演变对异体演变并不发生作用、产生影响，但这种作用和影响却绝不是子虚乌有。

如果换一个视角观察，我们还可以发现，书体演变对异体演变还有另外一种影响：甲骨文、金文等古文字，由于具有较强的象形性，因而同一字形只要所象之物不变，笔画、结构大同小异不妨碍辨识，故异体特别多，一个字有数个异体也并不少见；小篆虽然仍保持了一定的象形字，但却是秦代"书同文字"的产物，所以甲骨文、金文中的许多异体到小篆中都消亡了；而汉字在"隶变"以后，由于象形性大为减弱而符号性增强，异体的数量也大大少于古文字。因此，随着书体的演变，从共时角度来看，异体有逐渐减少的趋势；但从历时的角度来看，异体却是越积累越多了。

# 三

对汉字异体的流变有了比较全面的认识，我们对本文开头所提及的那类难以说解清楚的异体现象就可作出比较科学的分析和处理。

首先，可以把此时的异体字与彼时的同形字区别清楚。因为异体字的不断演变，同样一个字形，此时为某字异体，而到彼时很可能就会变成与这个字无关的另外一个字。反之亦然。如果以历时的眼光观察分析，自然会发现这种形体相同，而音义已发生了变化的字只是同形字，进而正确地将它们区别对待。但如果只从一个共时平面出发来看问题，就容易简单化，把这些形体相同的字看成是同一个字，或者把它们都视为某字的异体，或者又把它们都当作与某字完全不同的一个字。比如我们如果只是从现代汉字这个共时平面出发来看问题，就很难理解"后"与"毓"，"月"与"夕"，"国"与"或"，"它"与"蛇"等可以是异体，也很难认识"异"与"異"、"适"与"適"、"强"与"疆"可以分别是完全不同的字。这种误解所导致的实际后果，首先是对某些异体字采取不承认其为异体的态度，而这样做的理由仅仅是因为它们和另外某个字同形。《说文》不收"户"、"闵"为"门"的异体，"夕"为"月"的异体，"图"为"嗇"的异体等等，是因为许慎未见过甲骨文、金文等古文字材料，尚可理解。而现代的字书辞书仍然这样做就令人费解了。就拿《异体字手册》为例，只要是与汉代汉字同形的古代异体字，《手册》一概不收。如在前文中出现的"西"和"栖"，"徯"和"蹊"，"捊"和"抱"，"瀾"和"涟"，"抗"和"杭"，"它"和"蛇"，"蜮"和"蜩"，"鰂"和"鲫"等，《说文》以为或体；"沱"和"池"，"幕"和"幔"等《玉篇》以为或体，而《手册》均不作为异体收录。这种做法的动机，盖是为了避免纠缠，使问题简单化，殊不知这样一来，汉字的历史便发生了遭扭曲的危险。究其根源，仍然是对异体现象的共时平面认识的影响。故只有加强对异体历时流变的认识才能有效地改变这种情况。

　　当然，把这种古今音义不同的同形字误认为同字，特别是对前面提到的借形的简化字认识不足，还会导致以今律古、望文生义的错误，但这与本文关系不大，故不多说了。

　　其次，对异体流变有了全面认识，可以正确把握一个字此时的异体与彼时异体之间的复杂关系，同一个正字可以有多个异体，这些异体产生和流行的时代也可能各不相同。这些不同时代的异体与正字当然都具有异体关系，而这些异体相互之间的关系又是怎样的呢？这个问题也需要借助历时分析的方法才能解释得清楚。

　　可以肯定它们之间不存在严格意义上的异体关系，这是因为它们不存在于同一个共时平面。具体分析，又有两种情况：第一，如果这个字在演变中没有发生音义的变化，那它的不同时代的异体就成为古今字。如我们前面提到的"会"字两周时的异体"逌"和战国时的异体"佮"等，以及汉代的异体"酓"；"宝"字殷商时的异体"宲"等和两周时的异体"寶"等，以及汉代的异体"窑"、晋代的异体"寚"，由于它们在时间上都不是共存的而只是替换的，所以只应视为等义的古今字。再举一个例子：

　　"咳"与"孩"汉时为异体，"夏承碑"写作"咳"，碑文为："咳孤愤泣。""娄寿碑"作"孩",碑文为:"先生童孩多奇。"《说文》以"孩"为"咳"古文,盖"孩"字先出。宋人编的《类篇》中"孩"字新增了异体"㜾",而"咳"已分化为另外一个字,训"奇咳",即会咳嗽义。这样,我们可以确认"孩"与"咳"为异体(汉代),也可以确认"孩"与"㜾"为异体(宋代),但却不能认为"咳"(汉代)与"㜾"也是异体,因为它们虽然音义相同,但并不共存于一个时间平面,所以是古今字。

第二,如果这个字在演变中音义已发生了变化,那么它的不同时代的异体则可能是完全不同的字。如"鲗鰂"在《说文》的时代与"鰂"为异体,在《玉篇》的时代又与"鰽"为异体,而"鲗鰂"(乌贼)和"鰽"(河鲗鱼)却完全是两个字,其原因就是"鲗"的音义发生了变化。

了解了这种情况,我们对有些字书、韵书(如《类篇》、《集韵》、《康熙字典》及《异体字手册》之类),在一个字头下排列的各个时代的异体字之间的关系就可以有比较正确的认识:它们都同字头发生异体关系,而它们相互之间却未必是异体。

再次,要把异体字同古今字的区别联系梳理清楚,同样需要作历时的分析。古今字可以分为两类:一类是古字与今字意义不同或不完全相同的,这类古今字一般是今字分担了古字诸多意义中的某一意义而形成的,如"昏"同"婚","没"同"殁"等;另一类是古字与今字意义完全相同的,这类古今字是今字生而古字亡,今字取代古字而形成的,如"啚"和"鄙","皃"和"貌"等。显然,前一类古今字与异体字差别甚大,是性质不同的两种文字现象;而后一类古今字则似可归入异体字的范围之内。但是,只要我们具有历时的观点,便很容易发现这后一类等义的古今字还不能算是严格意义上的异体字,或者说,它们只是一种特殊的异体字。严格意义上的异体字是在同一时间平面上共存,并可相互替代的;而等义的古今字在时间上是相互替换的,因而它们不能在一个共时平面上替代使用。因而,等义的古今字与严格的异体字之间的区别还是显而易见的。

然而,等义的古今字与严格的异体字也未必是完全不相容的,从历时演变的角度来分析,有些古今字在它们相互替换时,都有一个古今并用的阶段。在这一阶段,如果古字与今字音义无别,那它们当然是异体字。然而,这并不是说这些字可以同时即是古今字又是异体字,也就是说,在它们并用时,它们只是异体字而不是古今字;而当古字被淘汰后,它们便成了古今字,异体关系也随之消失。下面举几个例子:

"法"的古字"灋",在甲骨文、金文及西汉以前的简帛文字中,有"灋"而无"法"。至西汉,在玺印和竹简中"法"字开始出现,并与"灋"字并用。而东汉以后,"灋"字便被淘汰。《说文》"灋"下注:"今文为法。"可见当时今字已取代了古字。所以"灋"与"法"只是西汉时为异体,其后便是古今字。

金文中有"刅"无"创",《说文》则以"创"为"刅"之或体,可见东汉时两字并用,当是异体。以后"创"行"刅"废,它们便成了古今字。

甲骨文中有"亩"无"廪",《说文》以"廪"为"亩"或体,足见两字当时为异体。其后"亩"字被淘汰,两字遂为古今字。

另外,要将书体演变同异体演变区分开来,也需要了解书体演变在异体演变中发生的作用和影响。关于这一点,前文已有详说,这里不再赘言了。

总之,加强对汉字异体字历时流变的探讨,对异体字理论的深化和有关实际问题的正确处理都具有重要意义。而这一研究领域,尚未得到充分开发,值得讨论的课题尚多。故笔者仅就管见所及,试为之说,不敢以为必是,庶尽引玉之力。

笔名"玄机",刊于《汉字文化》,1989 年第 4 期

# 第二篇　文字性质与构造

第二章　文字与书写的演进

# 表词—意音文字记录语言方式的比较

## ——兼论汉字的某些特殊性格

从总体上来看，至少古埃及圣书文字、巴比伦楔形文字、古汉字和古马亚文字记录语言方式的共性是主要的一面，差异是次要的一面。这正是由于它们大致上处于文字发展的同一阶段上，因此，至少上述每一种典型的表词—意音文字均含记意、记音和记意兼记音三大类写词法。也可以相应地说：至少每一种典型的表词—意音文字均含象形、指事、会意、假借与形声这五类造字方法。

本文拟把这四大古典文字中的"五书"逐一进行比较。

## 一、关于象形的比较

周有光先生曾对埃及圣书文字、楔形文字和汉字中的象形字进行了有趣的比较。如"月"作 ☽（埃及）作 ☽（汉），十分相似；又如"山"作 ☷（苏美尔）作 ⛰（汉），亦十分相似。① 另外，周先生还列举了马亚文中的一些象形字，指出它们亦与汉字有类似之处。②

可以说，三种外国古典文字与汉字相比，象形系统确乎是源异理同。

总之，这四种古文字系统之间，虽则没有互相传播和互相借鉴的关系，但是出于相同的造字心理，它们的象形字的造字手段十分相近。甚至有许多字，在这四种古文字系统中或其中的几种之间几乎是不谋而合，即义近形也近。如古埃及文"日"作 ☉，甲骨文"日"作 ☉，亦有作 ⊙ 的，十分相近；而虽是表音文字但其形体源于表词—意音文字的"日"作 ✹，与金文"日"作 ✹ 亦如出一辙。又如马亚文"叶"作 ✿，甲骨文"叶"作 ✿，亦十分相类。再如金文"人"作 𝆙（象人的正面形象），而甲骨文"人"有作 ⚥ 之类者，而相当于汉古文字早期的纳西东巴文"人"作 🚶，亦实为不谋而合。更如汉古文字的"水"作 〣，苏美尔文字的"水"

---

① 见周有光：《世界文字发展史》，148—149 页，上海教育出版社，1997 年。
② 见周有光：《世界文字发展史》，188—189 页，上海教育出版社，1997 年。

或"河流"作～等等。

我们若对象形字的性质、来源和发展过程作一些分析，那么，对这种相似现象的理解就更为充分了。

显然，意音文字中还保持着若干早期文字的字及其字形，而这些字往往以象形字为多。因为在早期文字阶段，人们只需要也只可能以文字记录一些与他们生活至关密切的事物与概念。而由于思维水平的限制和文字发展水平的限制，这些事物和概念往往较为具体，数量又较为有限，只能以写实的手段进行记录。所以，既然所写实物类似，则所造象形字，亦当类似。

同时，从文字发生史角度来看，则既然原始图画是早期文字的主要来源，那么，各民族早期文字中的象形字，必然较多地承继了它们各自相应的原始图画中的形象，而这些形象既然存在于图书之中，则必然还保留着许多以逼真的对事物的全体的写真为特征的象形字，而它们又沿用到各自的表词—意音文字阶段。而既然原始图画以写实为主，则它们发展出来的象形字必然在形象上亦有许多相似之处。

况且，由于各民族文字的发生，往往处于社会发展的某一特定历史阶段上，在这个阶段中，各民族的生产工具、生产水平和生活资料状况往往比较接近，而人们对事物的认识水平，他们所关注的事物与概念，乃至这些事物的形状，往往亦大致相仿。而上述种种，也恰是他们最需用文字记录的。因此，历史上各个民族表示相同意义的词的象形字中有不少形体相似，是十分正常的。这一现象不仅从各民族的早期文字中体现出来，也在较大程度上从各民族的表词—意音文字中因袭下来。

总之，各表词—意音文字系统中象形字的写词手法乃至它们的具体形象的相似，是可以从比较文字学角度得到解释的。

应该引起我们特别注意的是：无论楔形文字、埃及圣书文字和马亚文字，到一定的发展时期即在我们所见的相应文献中，象形字的数目不多，大多便成了形声字即孳乳上了类符以表示同样的意思。惟有汉字，至今尚保留着大量的象形字，尽管它们的形体已因符号化而变得愈来愈不象形了，但从其文字记词角度而言，它们仍然应归为严格意义上的象形字。如"木"今天成为"木"，"日"今天成为"日"，然而其象形的本质并未改变。

据伊斯特林先生的分析，"苏美尔文字已经完全失去了图画性质；在另一些文字体系中，如汉字，符号还局部地保留着图画性质，而在第三类文字体系中，如埃及文字，除了约定符号（民书字符号，部分僧书字符号）外，自始至终还使用图形符号（埃及圣书字）"。①

我们以为，这一分析足以说明为什么苏美尔文字一旦失去其图画性质而彻底符号化后会孳乳上类符以补充说明该象形字所表的词。但是为什么埃及圣书字依然用着图形符号，它却也要不断地孳乳上类符使其象形字变为形声字呢？

恐怕，仅在文字内部很难寻找到这一问题的答案。至少，我们需观察这些文字所记录的语言及其使用范围的特点。

对这个问题，文字学界的探讨十分有限。我们不可能找出全部的原因，只能就这一现象的有可能的原因进行一些探讨。

首先，汉字自古至今，使用范围十分广阔，这是其他三大意音文字无法比拟的。这种情况下，保持既成字体的规范性的客观要求就愈高。因此，只要不影响区别所记的词，则不可能轻易地在象形字基础上增加类符。

其次，汉民族方言繁多，而最能望形识字的象形字，不管方言中如何读法，在任何情况下总是一种最易辨认的字。

第三，汉民族的思维特点——归纳、综合力强，使他往往一见某象形字即可联想到它的类。可以说，汉族人更加关心的往往是一个字的类而不是具体意义。因此，为一个"类"已经十分清楚的象形字标类，实在是不需要的。

第四，虽然其他三种古文字不乏其生命力，但是至今毕竟一一消亡，只有汉字能沿用至今天这个现代化的社会之中。这里，不得不说相对汉字来说，其他三种意音文字还多少欠点儿成熟，而这种欠缺的原因之一，可能就是文字中的一大批象形字未作为独立的字保留下来。

第五，在这四种文字的使用者中，只有汉民族真正使用相当纯的孤立语，因此汉字很可能不需要一些音节符号去记录词缀之类常用于粘合语的语言成分。所以，汉字记词的音节化的倾向特别弱。也就是说，汉字维持以形见义的保守性最强。于是，这就要求一大批象形字保留在文字中，成为汉字的基石。

应该说，有一大批象形字保留至今并仍作为单独的文字使用，这大大加强了汉字系统的稳固性。汉字之所以被使用至今，象形字的维持是原因之一。

————————

① 见 B. A. 伊斯特林：《文字的产生和发展》（左少兴译，王荣宅校），165 页，北京大学出版社，1987 年。

与之明显不同的是古埃及圣书文字中的表同一意义的意符（常用于象形字）与类符（或称定符，常用于形声字）有时相同，有时不同。同者如"角"均作 ，"日"均作 ；不同者如"山"，意符作 ，类符作 。这里足以显示埃及圣书文字中意符与类符分离的倾向，而这一倾向恰恰显示了埃及文字不如汉字那么注意保留其文字中的象形字。

而在苏美尔系楔形文字中，意符和类符更是完全分开并明确分工的。其根本原因在于楔形文字的高度符号化，使象形字不容易也不需要稳固地保持在文字系统之中。

可以认为，汉字旺盛生命力的存在，一个主要原因就在于其象形字在形体上的稳定和在使用上的稳定。

# 二、关于指事的比较

应该说，这四大意音文字中均含指事字。首先，作为数字的指事字是四者共有的。汉字（甲骨文）"一""二""三"作 、、，埃及文作 、、，而马亚文作 、、，等等。相对来说，几乎思路完全一致。

同样，除了上述这类纯符号指事字外，在象形字上加上抽象符号构成加符号指事字的，四大意音文字中亦均有之。如汉字的"本"作 、"末"作 之类。

值得注意的是相对来说，汉字中的指事字为数较多，其他几种文字中的指事字为数很少。

如钉头字中的指事字极为罕见，有不少如在"房"作 的基础上加几条横线成为"宅"（作 ）之类。① 埃及文和马亚文中的指事字也极为有限。

溯其差异的原因，大致在以下几个方面：

从较早期指事字观之，既然象形字在汉字中愈多，则在这些象形字基础上加上指示性符号造成的指事字也必愈多。

从早期汉字（指殷代汉字）的书写手段看，至少甲骨文的书写比其他几种古民族文字更加方便。因此，随手在一些象形字上添加符号造成指事字的可能也更大。

---

① 见张政烺：《试释周初青铜器铭文中的易卦》，载《周易研究论文集（第 1 辑）》，北京大学出版社，1987 年。

此外，从语言角度看，汉语至少比古埃及人使用的科普特语和马亚语来得抽象。如汉语说"慷慨"，科普特语说"伸手"。① 从而，从理论上说，为这类抽象含义的词所造的字，汉字可能用指事造字法而埃及或马亚文则用其他类型的造字法。

另外，据我们对纳西东巴文的研究，发现纯由符号构成的指事字大约至少来自以下几个源泉：无文字时期的刻画符号，如一些数字，往往在人们只会刻画数字时已经产生；文字一旦产生之后人们新造的指事字，如东巴文"高"字来自┏之类的象形字作┏，不过是象形字在意义与形体上的抽象；再有一种，是会意字中一个象形符号的抽象化成为加符号指事字，如东巴文"靠"作�`，后来变化为𥇤，其实是从人倚树演化为从人倚抽象物。上述四类情况第一、二类中，愈是抽象思维水平高的民族，文字中的指事字可能愈多；第三、四类中，一方面指事字的出现有赖于人们的抽象思维能力，一方面又有赖于文字中象形字的维持。从以上四源看，汉字中多指事字是可以理解的。

汉字多指事字的一个更直接的原因是：汉字的许多渊源物，以及早期汉字，往往是一些以抽象符号为主体的系统。

关于仰韶系统的符号，虽然我们至今无法断定它们是早期文字还是早期文字之前的符号，但是至少我们可以断定其中如丨、‖、乂之类的形体，是符号而非图画或象形字。而晚于仰韶文化的马家窑文化，也出土有不少陶器符号，如丨、一、‖、三、𝍷之类显然是抽象符号性质的，还有●、o、▢、△、▽之类也很可能是抽象符号；而江浙地区的良渚文化陶符，如丨、乂、ㅅ、十、X、仦、仌之类，亦很可能为抽象符号；至于河南偃师二里头的陶符，如丨、‖、‖‖、М、X、ⱳ、▽，几乎亦均可以断定为抽象符号。

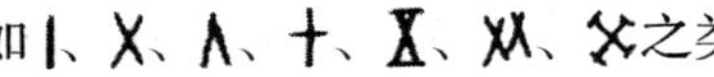

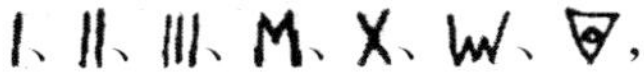

以上所举还只是早期汉字或作为早期汉字准备或作为早期汉字类型上的反映的一些例证，从中足以发现的是它们或是以抽象符号为主体，或是含有较多抽象符号。这足以从实物上证实汉字无论在早期文字时代还是在表词—意音文字时代多指事字。

当然，以上揭示的事实，亦足证早期中国人的抽象思维能力之强。

此外，从中国古代一些关于文字起源的传说的记载，以及后来一些学者直至现代学者对中国文字起源的一些看法，亦可折射出中国文字的

---

① 见马叙伦：《中国文字之源流与研究方法之新倾向》，载《马叙伦学术论文集》，科学出版社，1958年。

一个重要特征，即以符号为其滥觞的一个相当重要的渊源。

一个说法是关于结绳是文字起源的说法。此说虽始于宋代的郑樵，但实际上郑樵的说法，又受了《易·系辞》"上古结绳而治，后世圣人易之以书契"的影响。郑玄注："结绳为约，事大，大结其绳；事小，小结其绳。"而郑樵又发挥这些说法，在其《六书略》的《起一成文图》和《因文成象图》中，具体列举材料认为汉字从结绳而来。事实上，虽则郑樵的说法过于偏颇，但多少说明了汉字渊源与结绳并不截然无关。而近人徐中舒先生等，更列举了金文"十"作✚，"廿"作✲，"卅"作✲乃至甲骨文"卌"作✲，分明是结绳的写照。徐先生还列举了金文"賣"作✲，上为结绳，中为目光，下为交易之贝，以示买卖之意。而《庄子·胠箧》更是列举了上古有十二氏（即十二个部落）使用结绳记事。由此观之，作为文字前符号的结绳，恐确乎是某些汉字的形体来源。

另一个说法是关于契刻的说法。如上所述，《易·系辞》认为"后世圣人易之以书契"。又，《魏书·帝纪叙》云某些少数民族"不为文字，刻木记契而已"。《旧唐书·南蛮传》："俗无文字，刻木为契。"而更有文献资料认为契刻的主要作用为记录债事。《易林》："符左契右，相合于齿。"《老子》："圣人执左契而不责于人。"从中可知，上古中国，契刻亦为文字前身之一，而契刻多半又以计数为主。

此外，还有认为八卦是部分汉字来源的看法。郑樵《六书略》认为《周易》中的八卦是部分汉字的来源。他说："文字便从不便横，坎、离、坤衡卦也，以之为字则必从，故☵必从而后成水，☲必从而后成火，☷必从而后成《。"近人刘师培亦赞同并阐发郑氏的观点。自然，郑樵的观点具体看来并不可取，但是古人有这种观点也就意味着在宏观上存在着八卦与文字有关的可能。

依据张政烺先生对周初金文与周原甲骨中某些曾被唐兰先生称为"异形文字"的符号看，如✲当为数字✲的组合，如依奇数为乾、偶数为坤的原则，恰相当于八卦中的坎、离二卦的叠合即☵。① 由此可见，八卦确乎与指事字有关。

支持这一说法的是马叙伦先生对"八卦"之"卦"的考证。"卦"初文为"圭"，"圭"由二"土"字叠合而成，当为古代土块计数的象征。马先生还估计八卦的乾坤二爻，乾爻作▬，坤爻作▬ ▬，是空心的或凹下

---

① 见张政烺：《试释周初青铜器铭文中的易卦》，载《周易研究论文集（第 1 辑）》，北京大学出版社，1987 年。

去的。①

这里，结合马、张二氏的说法，可以看出，八卦在上古确是一种土块计数的方式，与文字的发生并不是毫无关系。《周易正义》引《易纬》："卦者，挂也，言悬挂物象以示人，故谓之卦。"这一说法更把八卦的象征意义扩大到超出数字的范围。

更值得指出的是，近年在美索不达米亚出土的苏美尔人近万年前确乎为计数手段的土块，这些土块上的符号印记有表数字的，有表物品种类的。这更有力旁证了世界上确有若干民族有土块计数记事物的历史。②

综上所述，可知属于符号类型的八卦，也与汉字的源泉有关。

另外，值得提出的是《说文解字·叙》中也指出了鸟兽的足迹成为古人辨别事物的标志，促进了文字的产生。

上述的种种关于中国文字起源的说法，无论是结绳、契刻，还是八卦，还是鸟兽之迹，它们有一个共性——是原始符号而非原始图画。而偏偏这些说法，又是关于中国文字渊源的几种主要说法。由此可见，中国文字尤其是汉字中多指事字，是有其文献佐证的。

# 三、关于会意的比较

相对来说，古汉字中的会意字，亦多于其他一些民族。

其间原因，第一，是由于象形字在汉字中大量保留作为象形字使用，使得更多的会意字有可能在这些象形字的基础上产生。

第二，至少在苏美尔系的文字中，由于书写方式的极大变化（成钉头形），文字较早地符号化了，于是就很难出现以两个或两个以上字形见义的会意字。

第三，由早期文字中会意字的讨论可知，会意也是一种相当需要抽象思维力的造字法，汉字多会意字，可能与其使用者的抽象思维力有关。

可见，汉字在成为成熟的表词—意音文字时，表意成分很强。我们还可以依次确定，在四种古文字中，汉字是长期保留记意成分的文字。也许上面的原因还分析得不够全面，然而这一事实确是不可否认的。

---

① 见马叙伦：《中国文字之源流与研究方法之新倾向》，载《马叙伦学术论文集》，科学出版社，1958 年。

② 见 Denise Schmandt-Besserat：《文字的渊源》（海粟译，陈育真校），载《科学》（月刊），1–11 页，1979 年第 8 期。

应该说，汉字使用范围之广阔是其保持大量记意系统文字的总原因。虽然文字是一个后天的、约定俗成的事物，但正因其后天性，所以各种文字变革速度有快慢之分；又正因其约定俗成性，则愈是处于不易约定的场合下的文字，就愈是不易改变原有的约定。

而埃及比诸中国，面积小得多，方言少得多，古马亚帝国亦然。只有使用楔形文字的中亚诸帝国语言不少，但正因如此，它们使用的楔形文字体系干脆分为了好几种。只有古中国，幅员广大方言繁杂，于是文字自然地成为有力的工具来维持它的统一和内部交流。在这种情况下，轻易改字谈何容易。同时，象形就自然而然地成为最容易达成交流目的的造字法。象形的相对保守，又引起了指事字的不断生成和会意字的不断出现。

# 四、关于假借的比较

这四种文字中都存在假借现象，是必然的。因为无假借则无形声，也就无法产生意音文字。

细查四种文字中的假借现象的共同点，我们可以发现许多假借现象并非同音假借，而是音近假借。

以汉字为例。《汉书·苏武传》："南乡号哭，歐血。""乡"借作"向"，"歐"借作"呕"，这两个假借均为不同调字词的假借。

古埃及文亦有同类情况。𓏶（羊齿叶）借作"生孩子"，𓏶音 [mś]，"生孩子"音 [mśj]，二词不同音。

古巴比伦文亦然。如𓏺可记 [lib] 和 [lub]。

对于马亚文的有关情况，我们尚不太清楚。

从理论上来说，这种假借不同音的现象是十分自然的。

首先，使用某种表词—意音文字的地域，总有方言之别。在一个方言区开始使用的假借可能是同音的，到另一个方言区中则变得不同音了。

其次，古今的语言差别，也同方言差别一样，造成了看似不同音，其实原先同音的假借。

第三，书写者为了书写方便或易于与另一形近字分辨，便不写同音字偏写音近字。

第四，一时找不出或根本不存在同音字时易代以音近字。

第五，当假借用于用几个字连写为一个词时，一些字之间连写成词时，重复写出某一个音的可能更大。因为这种重复不致影响对语音的理解。

　　所以，我们相信，不仅上述意音文字，其他各种意音文字中，也会存在假借不同音的现象，至少在理论上。

　　除了上述共性外，我们还可以发现，汉字中存在着一种相当特殊的假借后引起的现象，一般为其他各大意音文字所不具备。也就是，在一个词长期借用另一个字后，由于久借不还，就为原先表另一个词的字造一新字。如"莫"字甲骨文为，以"日"在草丛中表"暮"义；而后来由于代词"莫"无形而象而长借"莫"字不还，就新造了一个"暮"字去表"暮"这个词。

　　值得研究的是，为什么这类情况仅在汉字中存在？

　　汉地幅员广大，一旦一个字借作另一个词，那么，必然地，旧的约定被打破，新的约定却变得牢固起来。而据统计，那些原先无字可表只好向别的词借字的词，往往是十分常用的。于是，只好用在原字的基础上增加类符之类的方法，为那个不常用的词另造新字。

　　而为什么这种现象并不普遍存在于其他几种古文字中呢？

　　首先，其他几种古文字的使用范围不如汉字广阔，这使得建立新约定的可能性不如汉字牢固。

　　其次，从书写方式来看，汉字又是四种文字中最方便的一种，且每字所占面积亦较小，因此，在原字上增变类符的可能性也就愈大。

　　最后，也许是最重要的：汉字从甲金时代开始已经十分规范，其书写手段允许每字保持较小而较一致的面积。从这一意义而言，汉字是最单字化的字，完全可以做到不扩大面积而增加一个汉字的偏旁。而其他三种文字，还远远未做到大小、长短都划一，改变写法、增益偏旁显然比汉字麻烦得多。

　　上述部分原因分析未必完全合理。依目前我们手头的资料与理论水平，似乎还未完全揭示这个问题的谜底。但是，显然地，至少我们能指出的部分原因是合于事实的。

　　事实上，在《说文解字》中，纯表意成分的字还占总字数的约20%，加上一些可能为纯表意的字，占总字数20%以上。这种表意成分在汉字中的顽固性，使得汉字表音化或音节化的倾向较它们三种文字都弱。埃及圣书文字后来终于成为腓尼基文字的祖宗即希腊字母的远祖（尽管这一说法至今尚有争议，但埃、腓、希文字肯定多少有若干传承关系），这恰恰说明古埃及文的意音系统中的表音倾向之强。而埃及圣书文字曾有一度把声符（即音符）限制在24个字形之内，虽然这一限制仅是理论上和规定上的，从未真正付诸现实，但毕竟表现出埃及圣书文字表音的倾向。而且这一规定在腓尼基和希腊字母中成为了现实。

从埃及文字书体的发展角度看，从僧侣体发展到人民体，包含了把文字表音化的方面加强的倾向，显然这一倾向亦说明了埃及文从圣书体开始就有一定的表音倾向的基础。

# 五、关于形声的比较

四大古典文字都具备相当完备的意音系统即形声构字法，这是这四种文字的共性。

这里，原因显然在于形声是一种最为能产的构字方式，一旦少了形声，整个意音文字系统也就无法构成。

一般来说，我们把形声字的构件称为类符和声符。

如果说四大古典文字的记音系统还有什么共性的话，那就是它们的音符有时与所构成的形声字严格同音，有时则只有音近关系。

拿埃及文来说，"房子"作，而"走出"作，二字读音分别为 [pr] 和 [prj]，但是二者均含。

显然，这与我们前面论及的假借未必要求发音严格相同有关。意音文字发展的次序，大致是先有假借，然后为了区别同音或音近字，在假借字旁加上类符以标示类别。既然假借时就可以不严格同音，则假借字基础上产生的形声字自然也就不一定严格同音了。

除此之外，另一些原因也会导致形声字不同音。如同声符的形声字后来其中一部分发生音变；如在一个幅员辽阔的国家中，两个同声符的形声字来自不同的方言区，等等。

关于这几种文字的形声字之间的差异，至少有一点必须提及：汉字至少与埃及圣书文字和楔形文字有一个区别，即汉字的形声字系统虽然到后来占了较大优势，但直至今日，文字中仍有相当数量的表意记词的字，而在已经比较成熟的意音文字系统——甲金文系统中，形声字的比值还相当低，据有的专家统计，只占 18% 左右。[①] 而埃及圣书文字与楔形文字，形声字占 95% 以上。也可以说，一旦意音记词系统在文字发展过程中出现，则马上开始在另两种文字中占尽优势，在汉字中，则还有许多非形声字继续保持着它们的地位。

---

① 见郭宝钧：《中国青铜器时代》，241 页，三联书店，1963 年。

细究其原因，当不外以下数端：

其一，从文字发生史角度看，这是由于汉字如前所述，来源较为丰富，因此，其早期文字时代的表意系统已是一个十分丰富的系统，既有进入文字的符号，又有进入文字的图画。这样一个丰富的表意系统，比其他文字的早期时代更实用，也更不容易轻易被打破。

其二，从文字发展史角度看，汉字由于其使用范围广阔，不似埃及圣书文字主要限于皇家使用，又由于汉字由早期文字发展到意音文字是一个缓慢的过程，不似楔形文字的变化之快，所以汉字的早期状态，在其进入意音文字阶段时，还是约定俗成地较多地保留了下来，不易被改革。

综上所述，我们尽管不一定说汉字是最为发达完善的表词意音文字系统，我们还是可以说：比诸另三类意音文字，汉字是最最稳定的意音文字，其以意和以音记词的分工也最为明确，最为平衡，最不易混淆，最不易动摇。可见，汉字的生命之强是无可否认的。

此外，汉字的规格的外形——每一字都呈方块形，固然有其语言上的原因即维持同一长度的字形记一个音节，但是这一结果到后来又成为汉字规范的内在即坚持一字一音，坚持声符和类符分明的保证。

综上所述，我们可以明白，汉字之所以能在四大表词—意音文字中成为惟一使用至今的文字，是有其必然原因的。尽管这些原因可以从多方位来分析，但是它们无疑都对维持汉字系统的稳定性起着各种作用。

# 六、关于转注的讨论

除了以上五种造字法之外，"六书"中的"转注"一书，在汉字学范围内讨论了二千年，学者各执己见，至今亦无定说。那么，是否可就比较文字学角度对于转注进行一些讨论呢？

许慎对转注的定义是："建类一首，同意相受，考老是也。"而周有光先生改之为："字形略变，字义略异。"至少从理论上来说，可以循此途径进行一试。因为外国古文字并无部首，而"建类一首"大抵可以接近于"字形略变"；而如果把"同意"之"同"改为"近"，则大抵亦接近于许氏说法。

然而，我们发现周有光先生所举的埃及、巴比伦文的例子，往往多反义者，如"船"与"翻船"。因此，这种尝试如果仅仅为了探索许氏八字定义，似乎是失败的。但是可取的是是否四大文字系统确乎有"五书"

之外的另一书——不管是不是合乎许氏定义，至少大致合乎四种文字的规律。

周先生所举"皮革"和"杂色"分别作"☐"和"☐"，与"考"、"老"形体之异十分相似。☐作前进，☐作后退，是一种改变原字方向的做法。

而周先生所举汉字，有左（☐）、右（☐），有司（☐）、后（☐），我们也早就指出汉字的方位性特征，并举过一些诸如"人"（☐）和"逆"（☐）、"皿"（☐）和"覆"（☐）之类的字。总之，不改字形，改变方位，就能成为另一字。

周先生还指出巴比伦文和马亚文中也有此类状况，虽然例子不多。

可见，无论与许氏的"转注"关系如何，在四大意音文字中，至少存在着一种在原字基础上略改形体以表示与原字意义有关的意义的词的做法。

# 七、关于构件外形的讨论

在这里，我们还要指出一个似乎四大意音文字在构件外形上不同的情况。虽然这个问题亦可放到符号体态比较的部分去讨论，不过似乎放在文字制度中去讨论更为有益。

我们知道，四大意音文字系统均具备这三类文字构件：意符、定符、声符。一般说，意符充当象形、会意的全部构件或部分构件，定符（determitive）充当形声字表示类别的构件，声符则充当形声字表声的构件。

综观四大意音文字系统，有一种现象值得我们注意：虽然每一种文字均有各自的一套意符、定符、声符，但是在埃及文字中，这三套符号是分得相当清楚的；在许多苏美尔系的文字中，这三套符号亦比较分明；然而在马亚文和汉字中，这三套符号较易混用。

应该说，由于意音文字往往来自早期文字，所以所有的意符、定符、声符，均来自意符。然而一旦这种意音文字形成并处于发展、扩大的过程中，则这些意符很可能用去充当声符或定符。这是十分正常的现象。那么，就几种意音文字来说，为什么有的一符在长期中作多用，有的则一符在长期中只派某一用场呢？

原因之一还是在于多民族类的概念的强弱之分。汉民族自古以来有较强的类别概念，因此，一个符号是否用作类符，是十分容易被理解的。

　　原因之二在于文字的流传到语言完全不同的地区之后的状况。如苏美尔系的文字一经形成，就被许多民族借用，那些民族的语言既然完全不同，那么同一个符号就会有完全不同的读音，于是至少类符就被独立开来了。

　　原因之三在于文字的形态的是否块形化。在汉字中，每一个字均为正方形、准正方形或长方形。表词—意音文字时代的汉字，大小、长宽基本上均保持一致。在这种情况下，每个字不管其笔画多少，只能在一个有限的范围之内调整其写法，因此，至少一个形声字的定符与声符变得不甚分明起来。而埃及、苏美尔文字则无这样的情况，一个字的长宽之比、字与字的大小之比可以随意更动，这样就使得三种符号（至少是定符与声符）变得分工清楚。

刊于《中国文字研究（第 1 辑）》，广西教育出版社，1999 年

# 关于我国民族古文字性质的同义比较：意义与任务

## 一、楔　子

所谓文字的同义比较就是：着重于通过意义将不同文种的文字关联起来考察，通过选取不同种文字中意义上相同或相近或有联系的部分进行比较。这种比较既包括记录同义词的文字的比较，也包括意义类属上相同或相近的文字的比较，既有具体的微观的个别文字的比较，亦有宏观文字系统的方法论上的指导考察。

我国有着至少 20 种含表义成分的民族古文字。随着我国民族古文字研究的不断进展，开展对它们的比较研究尤其是同义比较研究已经成为我们需要进行亦可能进行的一项任务。民族古文字的同义比较有多个主题。我们在本文中将就民族古文字的性质的同义比较的意义及其任务进行一些理论上的讨论。

## 二、文字的性质的问题的复杂性

文字的性质的问题，看似简单，其实相当复杂。个中原因，可分为两方面来说。

一是主观方面的原因。也就是说，我们之所以对于某一个文字系统的性质或某一类文字系统的定性与命名看法不一、各持己见，原因不在于对它们的性质了解不一致，而在于观察它们的角度不同，或对它们定性与命名的角度不同。

就拿汉字来说，关于汉字的定性和命名的说法实在是多到难以尽数。如象形文字说、图画文字说、表意文字说、表音文字说、意音文字说、表词文字说、音节文字说、过渡文字说等等。值得强调的是：以上种种说法都是专家而非民间的说法。

可以认为，在一定程度和一定意义上，与其说这些说法的不同是由于其中持某些观点的专家的认识上的错误造成的，毋宁说是由于这些专家观察这些个或这些类文字系统的角度不同造成的。比如从文字记录语言的方法来看，说汉字是意音文字应该是合理的，但是从文字的符号体态看，认为汉字是象形文字也有其合理性。

另一个值得注意的事实是：专家们对于某些文字学术语的理解亦不尽相同。如对于象形文字的理解，其实与外国古文字流入我国时的翻译有关。Hieroglyph 最早是指埃及圣书文字，其原意并非"象形文字"，但是如果把这一翻译的结果理解为"与埃及圣书文字同一类的文字"，可以说是完全正确的。这也可归为专家主观上造成的结果。

当然，专家也可能犯对客观存在认识方面的错误。尤其是当专家所掌握的相关的某种文字系统的材料不够的时候，往往会发生某些对这种文字系统的性质上的认识错误。或是专家在观察某些文字系统时不够细致或思考、推理不够严密，也会发生认识上的错误。如有些专家把汉字定性为"表音文字"，可以被认为是一种思考及推理的失误。至于如果今天还认为汉字是一种"表意文字"，虽然有其一定的理由，还是可以被认为是一种理论上的失误，因为汉字的表音性质的一面也是难以否定的。

至于由于某些文字系统的复杂性所导致的对它的性质的认识不清，也应当归到对客观存在认识方面的错误。比如彝文由于多地方不同造成的形体差异，就很容易使我们对它的性质产生错误判断。

综上所述可知，文字的性质研究确实是一个十分复杂的课题，需要我们用大力气去解决。

# 三、关于对文字性质问题的理解

仅就术语的角度而言，文字的性质是一个有较复杂涵义的问题。

## （一）"文字性质"的基本含义

我们将要讨论的文字性质可以被认为包含两种意义。

一是：一个文字系统（如汉字）或一种文字类型（如早期文字）的整体上的定性与命名。可以说，这是整体意义上的对文字性质的研究。

二是：某一个文字系统的性质上的某一个或某一些特点（如早期文字往往有多个异体字），或某一类文字系统的相对其他类文字系统的某一个或某一些特性。当然，这一所谓特性在一类文字系统中可能又是它们的共性。

当然，即便在这样的规定之下的"文字的性质"，还是可以从多角度去看待的。比如，从发生学的角度出发，至少可以把各种文字系统分为"自源文字"与"借源文字"两类。而从文字的发展阶段出发，可以把各种文字系统分为早期文字、表词—意音文字、音节文字与音素文字等几类。此外还可以有其他的分类角度。

本文的讨论，从文字性质的分类而言，主要是从上述的后一个角度进行，亦兼顾前一个角度。而从观察文字性质的视角而言，则是以观察一个文字系统的文字制度（含文字记录语言的方式与文字符号同语言单位的对应关系两方面）及其符号体态为主。

**（二）对一个文字系统定性的多角度性**

应该说，对一个文字系统的定性和命名，可以是多角度的。

较多的研究普通文字学的学者，往往从文字制度与符号体态两个方面去为一个文字系统定性，而前一方面即文字制度，又包含文字记录语言的方式与文字符号与它所记录的语言单位的对应关系这两个角度。应该说，文字制度是一个文字系统的内容方面，而符号体态则是一个文字系统的形式方面。而在观察文字制度的两个角度中，文字记录语言的方式可以认为是文字制度的质的方面，而文字符号与它所记录的语言单位的对应关系则是文字制度的量的方面。

事实上，以上的定性做法，在某种意义上已经可以说是多角度的了。何况我们还可以从其他角度去对文字的性质进行观察。比如，如前文所言，从文字系统的发生学去看，至少可以把各种文字系统分为自源文字与借源文字两类。前者是独自发生、独立发展的文字系统，而后者是由于其他民族文字的流入而发生的文字系统。

**（三）时间与空间对文字性质的影响**

我们如果对我国的汉字或其他民族古文字作一些仔细的调查，就可以发现：其实一个文字系统的性质是随着时间的推进与空间的转换而变化的。因此，许多文字系统的性质并非铁板一块。如汉字在其几千年的发展历程中经历了从语段—表意文字到表词—意音文字的发展过程，又如彝文不仅在四个省和自治区中的字形大不一样，而且在某一个省区的不同地区中亦往往有极大的区别。显然，前者是时间造成的同一种文字的性质差异而后者是空间造成的同一种文字的性质差异。

**（四）使用范围或使用人群对文字性质的影响**

使用文字的范围或人群也可能造成文字性质的差异。最典型的例子是埃及文字中不同的体。圣书体为宫廷所使用，僧书体为僧侣所使用，而人民体则是为民众所使用。这三种体当是源于一种文字，由于使用范围与使用人群的不同而在性质上逐渐变异，甚至今天我们完全可以把它们视为三种不同的文字来研究。

# 四、有待解决的具体问题与实践问题

我们将先列举一些研究我国民族古文字的性质的工作中所遇到或可能遇到的具体与实践上的问题，这些问题是过去研究不足而可以运用同义比较的方法去解决的。

关于对我国民族文字的性质问题的研究，如上文所介绍，还有许多工作需要我们去做。以下举一些例子进行进一步的介绍。

## （一）关于彝文的定性

可以说，关于彝文的定性，是在我国民族古文字定性工作中，成绩距离目标最远的一项工作。关于彝文的性质，据我们所见，就有象形文字说、表意文字说、音节文字说、表意的音节文字说、意音文字说、表词文字说等等多种，至今莫衷一是。尽管这种研究上的不足有其如前文所说的客观原因，但是未真正进行对彝文的逐字的细致研究，尤其是欠缺对一些重要方言及地方字点的比较研究，是我们迄今不能为此种文字定性的最主要原因。换言之，要是我们下更大的功夫，彝文的定性的工作至少可以有所进展。在这方面，孔祥卿与朱建军二位先生都做了很好的有开发意义的工作，使我们的认识逐渐趋向于与事实接近。但是，还必须投入更多的时间与精力进行更细致的微观上的调查、分析及理论上的研究，尤其要把彝文多个点的某一些同义字进行比较，才能在这一问题的解决上有所新的突破。

## （二）关于水文的定性

关于水文的定性，由于文革结束后大量材料的出现及王元鹿、刘凌、邓章应、翟宜疆等的工作，有了明显的突破。但是许多工作尚有待我们进一步去做。如文字的应用范围、文字的来源、文字的传播情况等等，都是同水文的性质有关的。尤其是水文的本民族自造字与向汉字借源的字的并存的状态，使我们必须去研究它们发生的孰先孰后。而水文又多异体字即同义而异形的字，这一特征恰恰为我们解决自造字与借源字的先后问题提供了以同义比较解决问题的绝好材料。

## （三）关于哥巴文的定性

对于哥巴文的性质的研究尤其是其定性，也是至今学界仍在讨论的问题。作为一种主要是自其他文种借源而来的音节文字，哥巴文的性质的确十分独特。与之性质接近的还有傈僳族的竹书文字。二者的共同特点是：（1）含由其他文种借源而来的成分；（2）有许多"音节字母"是同音的。显然，这类音节文字不同于一般的音节文字与字母文字。同上述的关于水文的情况几乎一样，对这两种文字的同义比较，当会有助于它们的定性与对上述两个特点的科学解释。

**（四）关于我国北方几种民族古文字的局部研究**

对于契丹、西夏与女真三种北方的民族古文字，至今的破译与考释工作还远远未臻完善。然而，我们对它们中的属于某些类别的字，不仅已有一定的了解，而且还可以把这几种文字中某一义类的字拿来进行同义比较研究。这样的研究至少会有助我们了解，这些在性质上自汉字"借法"的文种在性质上的同和异。

上述种种都是有关文字性质的一些所谓"具体问题与实践问题"。有的涉及到某一文字系统的整体性质，有的则仅就某一文字系统的某一方面进行探讨，而同义比较的方法将有助于这些问题的解决。

# 五、有待解决的宏观问题与理论问题

在普通文字学的研究中，我们往往能从许多文字系统尤其是同类的文字系统的综合与比较中发现一些这一类文字系统的共性。由于过去我们无论是对我国的还是世界的民族古文字的研究有重孤立研究但轻综合及比较研究的倾向，我们对文字类型学上同类的文字（这些文字往往也是在文字史上处于同一发展阶段的文字）的共性研究十分不够。因此，我们十分希望通过比较研究尤其是同义比较研究去解决这些问题。如果再进一步，我们还完全可能通过同义比较研究来寻觅文字发展中的一些有关文字性质的规律。比如：各种文字系统的文字制度与其符号体态之间的关系是怎样的，各种文字系统的文字制度方面的两个特征即文字记录语言的方式同文字符号与语言单位的对应关系之间的关系是怎样的，文字发展的一般途径是什么，文字传播的一般方向是什么，等等。

下面，我们将列举一些需要也可以用同义比较的方法去解决的关于文字性质的种种宏观问题与理论问题。

**（一）早期文字的文字制度的共性**

早期文字在世界上的许多地方和历史上的许多时代都存在，但是种种原因使我们对这类文字的共性的了解十分不够。原因之一是这种文字与原始图画及原始符号不易区分；原因之二是早期文字往往使用在较为原始的社会中和较为古远的时代里；原因之三是相关的材料较少而且遗失较多。凭借同义比较，至少可以使我们收集并罗列更多的早期文字材料，这当有助于丰富与加深我们对早期文字的共性认识。值得我们特别注意的是，各种早期文字系统虽然往往字数有限，但它们中多半含有一些共同的与人类的基本生活密切相关的"基本字"，把各种早期文字中的同义的"基本字"作同义比较，无疑可能对我们对早期文字的共性的了解极有助益。

（二）早期文字的符号体态的共性

早期文字的形态可说是千奇百怪。我们很少注意去归纳这些早期文字的符号体态上的共同特征。但是既然早期文字是文字中相当重要的一类，那么对于它的体态性质的研究也是极具价值的。而且这个课题的研究显然对于文字发生学的研究具有支持作用。用同义比较的方法，尤其是比较它们的"基本字"的符号体态，必然有益于发现较多的早期文字的共性，并从而进一步促进我们对文字发生学的研究。

（三）表词—意音文字的文字制度的共性

表词—意音文字在文字学上的重要性是毋庸置疑的。世界四大古典文字，即苏美尔与巴比伦文字、古埃及圣书文字、汉字和马亚文字，都属此类文字。但是，我们对这些文字系统的比较研究亦做得很不够。同义比较方法的运用，无疑将为这类文字的共性研究提供极好的条件。在进行这方面的工作时，上文所说的"基本字"同样是比较与研究的好材料。

（四）表词—意音文字的符号体态的共性

由于我们在上文"三"所述的表词—意音文字的重要性，对于表词—意音文字的符号体态的研究显然也具有重要意义。虽然世界四大古典文字的符号体态各异，但是它们既然在文字发展史上属于同一类文字，那么它们之间肯定存在着某些共性，依靠同义比较自然有助于这些共性的探索。

（五）文字的文字制度与符号体态之间的对应关系

文字制度与符号体态作为文字系统的性质的两个基本方面，它们之间的关系也是值得进行深入探究的理论问题。同义比较的介入，即展开各文种之间同义字的文字制度与符号体态是否在"先进"与"落后"方面成"正比"的比较研究，当可以使这种研究更趋深入。

（六）文字的文字制度的两个方面之间的对应关系

文字的文字制度的两个方面即文字记录语言的方式同文字符号与

语言单位的对应关系之间的关系，与上文"五"一样，是在文字规律研究方面极具意义的理论问题。同义比较的介入亦当可以使这种研究更趋深入。

参考文献：
［1］王元鹿：《汉古文字与纳西东巴文字比较研究》，华东师范大学出版社，
　　　1988 年。
［2］王元鹿：《比较文字学》，广西人民出版社，2001 年。
［3］孔祥卿：《彝文的源流》，民族出版社，2005 年。

刊于《杭州师范大学学报》，2008 年第 3 期

# 中国南方民族古文字研究的一些瓶颈

## 一、引 言

我国有至少 50 种含汉字在内的民族古文字。但是，除了对汉字的研究起始较早之外，其他民族古文字的研究，仅仅是在近百年尤其是在近几十年中，才得到了较为迅速的发展。

国内学者对少数民族文字研究的较多关注是在传教士或国外探险家对中国民族地区的研究之后开始的。随着抗战爆发，包括中央研究院历史语言研究所和著名高等学府的内迁，开展了较以往为多的对于民族文化与民族语言文字的研究。

新中国建立后，国家为了民族识别和给没有文字的少数民族创制文字，展开了大规模的民族语言文字调查。这些工作更为我国的民族古文字研究积累了相当丰富的材料。

后来国内先后出版了多部概述性的文字著作，如聂鸿音的《中国的文字》（人民教育出版社，1989 年）与《中国文字概略》（语文出版社，1998 年）、陈其光《中国语文概要》（中央民族学院出版社，1990 年）、周有光的《世界文字发展史》（上海教育出版社，1997 年）。也有一些关于对我国各民族古文字分别作概况介绍的专著问世，近年出版的如王锋的《从汉字到汉字系文字》（民族出版社，2003 年）与王元鹿、邓章应、朱建军、李静、李明、邱子雁的《中国文字家族》（大象出版社，2007 年）。这些著作的出版，是我国民族古文字研究的进展的标志。

值得注意的是，这些民族古文字中的大部分，比较集中地发布在我国的南方尤其是西南地区。如仅仅云南省，就有纳西族的四种文字、傈僳族的文字与彝文等多种文种。四川与贵州等省也是民族古文字发布的重要地区。

应该认为，近百年来尤其是近几十年来，我国的民族古文字的研究取得了空前迅速的进步。然而，就总体而言，我国民族古文字的研究，还处于一个不够成熟与发达的阶段。尤其是南方的民族古文字，这种不成熟与不发达表现得极其突出。本文拟就一些有较大研究价值的文字系统的孤立研究为例，对我国南方各种民族古文字研究工作的还有待深入开展的课题作一些介绍。

# 二、需要研究的课题

在本节中，我们将举九个方面的有关南方民族古文字的例子，来介绍一些我们以往研究还嫌不足因此值得我们进行进一步深入研究的课题。

## （一）纳西族东巴文的发生与早期状态

纳西东巴文字的研究，已经成为我国除汉字学以外最为热门的一个文字学研究领域，已经成为独立的一门学问。时至今日的纳西东巴文字的材料整理与理论研究，不仅使我们拥有了可用作研究的大量的纳西族东巴经书，而且还使我们对纳西东巴文字的基本性质有了相当的了解。

但是我们不得不无奈地指出，时至今日，纳西东巴文字的发生时代与发生状况，乃至其在发生后的基本发展状况，都是一些尚未解决的问题。

就其发生时代而言，就有从先秦到唐宋的多种说法。据纳西族的东巴的说法即东巴文自东巴教祖萨勒创制到 1935 年已经历了 95 代计，那么东巴文大概在纪元前已经产生了。而方国瑜认为萨勒的时代可能在公元 11 世纪中叶。还有其他种种不同的说法。可以说，到现在，学术界的共识是东巴文是一种独立发生的自源文字，但是在其发生时间方面并未取得一致的见解。①

至于东巴文字创始之时的大致状态，亦是有待探讨的课题。我们今天所见到的东巴文，已经是发展到一定阶段的意音文字了。可是，我们可以从纳西文字及相关传说为我们提供的种种蛛丝马迹中见到，纳西东巴文字刚刚创始时应该是一种以表意系统为主的文字。对于东巴文的早期状态的探索，对于这种文字逐渐进步到意音文字的过程，也还是一个尚未彻底解决的问题。

## （二）纳西族四种文字的关系及尔苏文与东巴文的关系

纳西族虽是一个民族，却有着东巴文、哥巴文、玛丽玛莎文与达巴文 4 个文字系统，这一现象在文字史上是十分罕见并极有研究价值的。

至今，对这 4 个文种的孤立研究各取得了一定进展，但是，对它们

---

① 王元鹿：《汉古文字与纳西东巴文字比较研究》，20–22 页，华东师范大学出版社，1988 年。

之间关系的研究还不充分。具体说，我们对于纳西族的东巴文与哥巴文已经有了相当的研究与认识，但是对于这个民族的其余两种文字即达巴文与玛丽玛莎文的研究还很不够。到现在为止，我们的认识仅仅限于：达巴文是一种很可能与东巴文有渊源上的关系的文字，而玛丽玛莎文则是东巴文与汉字等几种文字借用的结果。对于东巴文与达巴文的关系的进一步考察与证明，很可能需要进行进一步的调查与考察。

还可以注意的是并不属于纳西族的尔苏人所使用的沙巴文字与东巴文的关系。尔苏人是旧称"西番人"的居住于四川省木里、盐边、冕宁等地的人，现在在民族识别中暂时划归藏族。尔苏人用一种相当原始的"沙巴文字"来书写他们的历书。① 虽然笔者曾经怀疑尔苏文是东巴文的早期状态，但是这一想法至今并未得到确证。宋兆麟先生近年发现了相当丰富的尔苏文资料。我们以为：可以通过进一步的材料调查与分析来考察尔苏文与东巴文的关系。

**（三）玛丽玛莎文的进一步调查与研究**

玛丽玛莎文是一种主要是借源自东巴文与汉字的民族古文字。以前有学者认为它是一种属于纳西东巴文的文字分支。

笔者曾经用比较文字学的方法研究，对每个字进行了理据的考证，并对以往对它的两次调查的结果进行了比较，从而确认了玛丽玛莎文是一个独立的民族古文字系统，并基本弄清了这种文字同我国汉字与其他民族古文字之间的关系。② 邓章应与白小丽曾在近期进行了相关的实地调查，尤其在该种文字的背景方面进行了很有意义的考察。

然而，我们至今收集的玛丽玛莎文的单字还嫌不够多，这就在很大程度上影响了我们对它的性质的认识。对玛丽玛莎文的理论研究工作显然也还需继续开展。

**（四）彝文的发生与性质**

彝文，可以说是资料收集相当早而且资料的内容也相当丰富的一种文字，但不幸的是它也是迄今研究的进展相当有限的一种文字。现有的相关研究成果表明，学者们主要在彝文的发生（包括时间、渊源物、与

---

① 王元鹿：《尔苏沙巴文字的特征及其在比较文字学上的认识价值》，《华东师范大学学报（哲社版）》，1990 年第 6 期。

② 王元鹿：《玛丽玛莎文两次调查所得单词的比较及其文字学意义》，《中国文字研究（第 4 辑）》，广西教育出版社，2003 年。王元鹿：《玛丽玛莎文字源与结构考》，《华东师范大学学报（哲社版）》，2004 年第 2 期。

其他符号的关系等）、性质、结构方式等方面取得了较大的成果的同时，也存在着较大的观点上的分歧。

对于彝文的创制时间就至少有以下众说：先秦说（以丁椿寿、朱建新、李家祥、陈英、黄建明、朱琚元、王正贤等为代表）、春秋战国说（以李生福、朱文旭、孔祥卿等为代表）、汉代说（以马学良、肖家成、武自立等为代表）、汉唐以前说（以余宏模、冯时、李乔、马尔子等为代表）、唐代说（以陈士林为代表）。

对于彝文的性质，学界更是众说不一，至少有以下一些观点：以丁文江、江应梁为代表的"象形文字"说，以丁椿寿、陆锡兴等为代表的"表意文字"说，以杨成志、柯象峰、傅懋勣、李方桂、陈士林、张公瑾、聂鸿音等为代表的"音节文字"说，以马学良为代表的"表意的音节文字"说，以武自立、朱文旭、周有光、朱建新为代表的"意音文字"说，以孔祥卿为代表的"表词文字"说，以朱建军为代表的"语素—意音—记号文字"说。

对于彝文的结构方式的研究，有些学者只是单纯地照搬汉字的"六书"理论，没有结合彝文的实际作适当的修改。有些学者虽然考虑到了彝文的实际，但在具体的分类上不是术语混乱就是各类之间的界限不清。

由于彝文是一种使用于川、滇、黔、桂四省区的文字，而这四省区的彝文的写法又往往有着极大的不同。即便在同一省区，各个具体地方的彝文的写法也常有很大不同。这一现象显然为彝文性质的判定带来了比其他民族文字多得多的困难。

综合以上种种研究情况及彝文的具体情况可知：在彝文研究的许多方面，我们需要去突破的难点还很多。对彝文的几个基本方面的定论，绝不能在短期内取得，有待于我们长期艰苦的调查研究为我们提供依据。

**（五）傈僳竹书的进一步研究**

傈僳族的竹书文字是云南的一位基本上不识汉字的农民汪忍波创制的。仅就这一点而言，它就有文字学史与普通文字学理论方面乃至汉字发生学方面的极大意义。因为我们过去往往认为文字不大可能由个人创造，如汉字的"仓颉造字"就往往被认为是一种可爱的民间传说而已。因此，对傈僳竹书文字的研究至少在文字发生史的研究上是极有价值的。

可是，至今，除高慧宜的《傈僳族竹书文字研究》（2006年，华东师范大学出版社）及她的一些相关论文外，还不见相关的全面而深入研究此种文字的论著出现。

我们以为，虽然高慧宜的相关论著从比较文字学角度对这种文字进行了尽可能详尽与多视角的研究，得出了许多宝贵的结论，但是至少有这样一些关于僳僳竹书文字的问题有待进一步解决：（1）此种文字的造字心理的深入研究；（2）此种文字创始对汉字与其他民族古文字系统发生的启发；（3）此种文字的大部分字的理据的考查（高慧宜考出了僳僳竹书1 000来个字中的240余字）。

### （六）水文的发生与研究

水文的研究是一个十分有意义的课题。近年来，此种文字系统的研究受到了各方面的注意。原因在于：

首先，这是因为它是一种其本民族自源字与借用汉字几乎势均力敌的文字，笔者称之为"拼盘文字"。

其次，又因为这种文字在借用汉字后被借用的汉字又有着极大的变化。

再次，这种文字到底是其自造字产生在先还是汉字借用在先至今尚无定说。

第四，水文究竟发生于何时，亦是一个众说纷纭的问题。

要解决这样一些争议纷纭的问题，进行文字的进一步调查与多角度研究是必不可少的工作。特别需要强调指出的是：科学的、实事求是的精神，对经书文字的时间的客观确定与辨伪，是我们在研究水书文字不可忽略的应取态度。

### （七）壮文的符号字研究

对古壮文的研究，也是值得民族文字学者加强关注的课题。

虽然在古壮文中，我们见到的主要是数以万计的来自汉字的形声字，于是认为这种文字在文字学与文字史上的研究价值有限，其实，对古壮文的研究与对其他许多民族古文字一样，亦有许多并未解决而往往被我们忽略的问题。比如：

其一，古壮文中除了大量主要来自汉字的形声字之外，还有不下200个类似原始符号的字。依据这些字的形体特征，我们至少可以断定它们绝计不是借用汉字的结果，而很可能是壮族的先民创造的古老文字。这批字的来源与它们的创始者，亟待我们去作深入研究。

其二，古壮文的发生时间与发生原因等，都是至今未得到解决而有待进一步研究必要的问题。比如，对古壮文的发生时代就至少有"秦汉说"和"隋唐说"两种不同的意见。应该说，这两种说法迄今都还没有充分论据的支持。

其三，相当数量古壮文单字的造字理据还有待考查。如某些单字到底是否借了汉字的音，是不易鉴别的。

### （八）女书的进一步深入研究

女书虽然是一种汉语方言字，但是不仅的确有一些族属归瑶族的人群使用女书，而且它的确是一种有特色的文字类型。因此我们对于女书的研究也应继续开展。

虽然不少专家为女书的资料收集与研究做了不少工作，然而，对于女书造字理据的研究，至今还做得不够充分。这种不足也显然影响了我们对女书这一文字体系的定性，也影响了我们对女书的发生研究的进行。

### （九）新发现文字的研究，如"坡芽歌书"

随着民族古文字研究者的不懈努力，有一些过去未被发现的文字渐渐进入了我们的视野。如赵丽明先生首先撰文介绍的在云南富宁县发现的"坡芽歌书"，虽然仅有几十个字，却也是我国壮族人民创造的一种民族文字。[①] 而且这种文字在文字史上也有着相当的认识价值。

首先，在文字发生学上，这种文字为我们提供了解决文字学者们所关注的一些问题的新的例证。其次，"坡芽文字"的发现为我们提供了关于早期文字刚刚形成状态的一个生动的例证。第三，"坡芽文字"对于我们认识早期文字的发展规律具有十分重要的参考价值。

因此，我们可以做的相关工作，不仅是对已经发现的文字系统的研究，还可以从新发现的民族文字系统中获取新的养料，以丰富普通文字学与比较文字学以及中国民族古文字学的材料与理论宝库。

# 三、应取的方法与态度

以上我们列举需要而且值得去研究的几种南方民族古文字的若干课题，虽然仅是学者们关注到的一小部分，但这已充分说明：我国南方民族古文字的研究任重而道远。

当然，必须在此强调的是：如前文所述，指出这些我国南方民族古文字研究上的不足并不是对我们民族古文字研究者以往工作及其成果的否定。恰恰相反，正是由于多年来尤其是几十年来的辛勤工作，才使这

---

① 赵丽明：《"坡芽歌书"是什么文字？》，《中华读书报》，2009 年 2 月 18 日。王志芬：《坡芽歌书图案符号研究》，《云南民族大学学报（哲社版）》，2009 年第 3 期。王元鹿、朱建军：《"坡芽歌书"的性质及其在文字学领域中的认识价值》，《华东师范大学学报（哲社版）》，2009 年第 5 期。

个领域中的研究水平得到了充分的提高。之所以我们在今天得以提出上面的一些有待解决的问题，在很大程度上也正是由于我们以往的工作使我们对民族古文字的认识提高到了一个新的水平，于是便催生了一系列新问题的产生。科学总是需要发展，认识可以不断深化。可以说，以上种种问题的提出倒反而是我们研究视野的开阔的有力证明。

也正因为科学是没有穷尽的，所以，我们对我国南方民族古文字的研究工作，即便对本文所列的一些未解"谜团"的"破译"，也不可能在短时期中得到彻底的解决，而将是一个长时期中的任务。

我们也更难在此文中提出一系列解决这些问题的方法论。但是依据目前民族文字的研究状况，似乎以下途径是值得我们注意的：

（一）占有更多的材料。不仅要去占有民族古文字的材料，还要去占有与民族古文字学领域相关的材料。如民族语言状况的进一步调查、民族史与民族文化的调查，都是值得我们去做的工作。

（二）加强文字系统的比较研究。当对一种文字的孤立研究似乎走到尽头时，它与其他文字系统的比较往往能丰富并深化我们对它的认识。

（三）加强文字系统的系列研究。我们可以发现，许多南方民族古文字系统之间往往存在着系列上或单个字上的联系。同时，借用汉字的南方民族古文字系统更不在少数。因此，把我国的一些南方民族古文字视为一个系列的研究，尤其是注意从文字传播和借用的角度来看文字的发生和发展，当亦能成为解决一些民族古文字孤立研究的有效手段。

（四）科学求实的研究态度。在我们充分意识到我国的每一种民族古文字都是中国文字大家庭的神圣一员的前提下，对这些文字系统采取科学的态度进行研究是亟需注意的原则。如果把一种文字的发生时间无依据地提早，或把一些借源或部分地借源自另一民族的文字系统硬说成是自源文字，并不有利于对这些文字的发生历史的揭示与研究。

刊于《中国海洋大学学报（社科版）》，2010 年第 3 期

# 关于我国南方民族历史古文字的
# 一些谜团

## 一、楔　子

在对我国各种民族文字的研究过程中，我们不难发现：我国南方地区是一个民族古文字的大宝库。在我国南方地区，就含表意成分的文种来说，现在还在使用或近年以前曾经使用的，至少有十余种。它们与汉字之间及它们互相之间，往往有着你中有我、我中有你的密切关系。因此，对汉字与南方民族的文字系统的关系研究，对于文字学研究，对于民族关系研究，对于加强民族团结，都有着重大的意义。

在我国南方民族古文字研究的工作中，学界往往有这样一个倾向：较为注重对于我国近代或现代使用的民族古文字（即上文所言的至少十几种）的研究，而对于我国南方的一些历史古文字系统即那些至今不再使用而且往往附着于出土器物或岩石刻画上的民族古文字，注意不多而用力有限。需要在此说明的是，"历史古文字"这一术语，是我们在本文中权且使用的，也许可以以其他更加合适的术语来替代。

其实，对南方民族文字学的研究中，历史古文字与上文所言的近现代还在使用的古文字（权称之为现行古文字）的研究不仅有极大的价值，而且这二者之间往往是在内容上紧密联系而在发展中有着传承或传播关系的。而且，我国南方民族的历史古文字与现行古文字的明显不同之处在于：它们往往在性质、族属、发生时代、所表意义以及它们与其他种类民族古文字的关系等方面的问题尚未得到破解，从而给后来的研究者留下了一系列的谜团。因此，重视并加强对我国历史古文字的研究，是我们民族古文字研究者的重要任务。

我们在本文中，将列举介绍一些我们所见到的我国南方的历史民族古文字或可能属于历史古文字范畴的符号材料，并提出若干关于对它们的研究方法的设想。

# 二、举　例

本文中的所谓"历史古文字"，有的载于文献，而更多的是附着于出土文献或保留于岩刻与石刻上的文字材料。

较受学界关注的南方民族历史古文字有巴文、三星堆符号、晋宁石寨山铜片及仙字潭摩崖石刻等多种。以下就对上述四种较为受关注但又未被彻底研究清楚的历史古文字作一些简单的介绍。

## （一）关于巴文

巴文出土于我国西南的成都、重庆一带，出土材料有限，多半刻在铜制的武器上，也有刻在编钟上的。依据其形态及其所附着物，可以看作是一种原始文字，但是不很清楚的是它与其他文字体系的关系。

徐中舒先生认为巴文与东巴文有关系，是东巴文的祖先。[①] 然而，这种说法还有待进一步的证明。徐先生所说的汉字、东巴文与巴文之间"最初还可能是同出一源的"的说法，也是一个缺乏充分论证的命题。

近年来，李学勤先生、段渝先生等对巴文作了较为细致的研究，确认巴文是一种早期文字，并对他们称为"巴蜀图语"的这种文字进行了仔细的研究。[②] 然而，对于巴文的族属及巴文与汉字的关系等一系列问题，还有不甚明确的问题有待进一步研究。关于巴文的性质，至今还存在着"连环画"说、"吉祥符号"说、"古代文字"说等种种观点，前两种观点并不承认它是一个文字系统。

---

① 参见徐中舒：《论巴蜀文化》，43-47 页，四川人民出版社，1982 年。
② 参见李学勤：《东周与秦代文明》，上海人民出版社，2007 年。

**（二）关于三星堆符号**

一般研究三星堆的学者多认为三星堆文化中没有文字。因此，关于三星堆文化研究的著作中，往往对这些符号避而不谈或语焉不详。对于三星堆的符号，由于数量极少，符号结构又较为简单，所以对它们的研究，尤其是是否认为它是一种文字的定性研究，是十分有限的。

其实，我们如果注意到三星堆出土文物中的 7 个符号，结合三星堆高度发展的文化，应该对这 7 个符号进行深入研究，因为它们很可能就是三星堆的文字。

**（三）关于晋宁石寨山铜片刻画符号**

云南省晋宁县石寨山出土的一个珍贵铜片，上面刻画着分段又互相联系的符号。笔名"林声"的汪宁生教授对此进行了精彩的考释。①

**（四）关于福建仙字潭石刻**

仙字潭位于华安县沙建镇汰溪下游，距漳州市区 30 公里。所谓"仙字"所在峭壁高约 30 米，在坚硬的变质岩壁面上凿刻着六组图像文字，

————————————

① 参见林声：《试释云南晋宁石寨山出土铜片上的图画文字》，载《文物》，1964 年 2 月。

以字符计约 50 个。这些字符似字又别于传统的汉字，似画又比画抽象。至今，关于其族属与性质也还没有取得定论。

# 三、问　题

对于本文前一部分介绍的一些我国南方民族古文字的材料及对于它们的研究，我们至少可以提出这样一些尚待进一步研究的疑问与问题：

**（一）关于定性**

对于文字与非文字的定性，是文字研究的一个基本出发点。我们以为，有一些材料的确可以被定性为文字，如巴文。我们的依据是：在巴文中已有合体字。如下图中的"花蒂"（左）与"手"（右），都是合体字。

但是有一些材料尚有待定性。最发人深思的是福建仙字潭的岩刻。从唐朝开始，这些岩刻就被作为文字来进行研究。韩愈也曾亲自去仙字潭进行考察，并为此写了一首诗。仙字潭的地名即证明了当时人的此一认识。除称之为"仙字"，还有"仙篆"、"天书"、"雷劈显字"等说法，据这些命名可知历来这个符号系统在人们心目中一直是字而非画。但是当近年来盖山林等岩画专家造访此地进行考察时，几乎毫无二致地把它们定性为岩画。

**（二）关于族属**

对于这些历史古文字属于哪一个民族，往往是极难判定的问题。如对于仙字潭的石刻，就有多种不同的说法。对于石寨山的铜片的族属，更是不易确定。而对于三星堆的符号，当我们还不太明确三星堆文明的来龙去脉时，就更难确知其族属了。

### （三）关于关系

对上述一些早期文字或符号的研究过程中，学者们往往作出了一些对于这些文字或符号与其他文字系统关系的判断。其中有一些判断是没有经过细密论证的。

比如，对于巴文，徐中舒先生主要地从形体比附与出土地点相近的依据，提出这是一种与纳西东巴文有关的文字。但是由于巴文主要由象形字构成，所以，这种形体比附很难得出这些结论，他指出的巴文与汉字有关的看法更是缺乏依据。① 又如巴文为什么停留在表意文字的境界上不得发展，后来是否混同于汉字，更是一些不易理清的问题。再如，对于仙字潭的石刻，在我们对于这些石刻符号的族属尚未弄得很清楚的时候，有许多结论还是有待进一步推敲的。

## 四、思　路

从上面的情况可见，我国的民族古文字研究，不仅在现代和当代古文字的研究中有许多问题尚未得到解决，即便在民族历史古文字的研究中，也有着许许多多可能是更加难以解决的谜团。

凭我们今天的掌握材料情况和研究水平，解决这些难题绝不是一朝一夕之事。但是，为这些问题的解决提供一些值得参照的思路，也许是现在即可做到的事情。以下，我们想就这些谜团的解决方法提出一些建议。

### （一）慎重判断

首先，我们以为，要为一种符号系统定性，必须有严肃的科学态度。

有一些仅仅凭字形的相似去判断两种文字的关系的做法，在方法论上往往是经不起质疑的。尤其是以象形字为文字系统主体的文字，由于象形字本来就是"画成其物"，两个文字系统之间的某些字的相似不能证明二者的亲缘关系。

关于文字系统属于历史上哪一个民族的判定，也是颇不容易的事。如晋宁石寨山的铜片，很难仅仅就鉴于它今天是彝族的聚居地，就判定

---

① 参见林声：《试释云南晋宁石寨山出土铜片上的图画文字》，载《文物》，1964 年
　2 月。

它是古代彝族的古文字。

值得强调的是：民族是一个不断流变的概念。在历史上，有些民族分化了，有些民族合并了，也有些民族消失了。因此，在对文字或符号系统进行族属判断时，更不能以今律古。

### （二）从文字学本体出发

有些学者的考证往往以引经据典为主要依据而忽视了文字的性质特征。这种论证往往会以臆想替代证明。尤其是在早期文字的研究中，这种论证更容易显得苍白无力。在对于半坡陶器符号的研究中，就有学者犯了如此错误。也有学者在对附着于良渚文物上的文字的考释时犯了同样的错误。

### （三）注意社会与时代的条件

我们在进行早期文字的定性与考释中，必须注意的是文字在某一时代出现的可能性。如有的学者把贾湖舞阳出土的陶片上的一个字释为"禄"，显然，"禄"这一概念是原始社会人们心目中不存在的。

### （四）允许模糊判断的使用

世界上没有纯乎其纯的事物。我们在为某些历史符号系统定性时，应该注意这一事实在文字学方面的反映。

我们曾经指出过，的确存在着若干"似字又似非字"的东西。它们可以兼具文字与图画两种性质。如埃及圣书文字中的看似图画的部分，就兼具图画与文字两种身份。而苏美尔文字与马亚文字中也有图字混杂或图字难辨的状况，就足以说明，我们在为某些符号系统定性时，可以接受它是一个中间状态的观点。在这一前提下，我们宁可相信，仙字潭的石刻文字亦属此类介于图画与文字的状态。

刊于《中国文字研究（第 14 辑）》，2011 年

# 我国含表意成分的民族古文字的定义
# 及其学术研究上的意义

## 一、定　义

关于我国民族文字的种类，傅懋勣先生曾在 1988 年版的《中国大百科全书·语言文字分册》进行过大意如此的统计：在中华人民共和国建立前，已使用的民族文字有 24 种。中华人民共和国建立以后，又为一些民族制定了以拉丁字母为基础的拼音文字方案 16 种。另外，还有 17 种在历史上使用过而后来停止使用的文字，即突厥文、回鹘文、察合台文、于阗文、焉耆—龟兹文、粟特文、八思巴字、契丹大字、契丹小字、西夏文、女真文、东巴图画文字、沙巴图画文字、东巴象形文字、哥巴文、满文、水书。于是，我国民族文字的文种应为 57 种。

聂鸿音先生对傅先生的上述统计进行了说明与补充，认为有 4 类民族古文字未被列入：汉族女书、方块布依字和方块哈尼字等当时还未被学界注意的文字，新疆的佉卢文，20 世纪初西方传教士设计的少数民族文字，20 世纪 40 年代后制定但试用时间较短的少数民族文字。据聂先生估计，把傅先生统计出来的 57 种同上述的若干种加在一起，我国的民族文字可有近百种。

到今天，随着民族文字调查与研究的发展，还有几种文字亦可补充入其中。如纳西族的达巴文已被证实为不是子虚乌有，如纳西族的玛丽玛莎文被证实为一种独立的民族文字。此外，可能还有一些新的民族古文字被发现。事实上，汉字也应算作中国民族文字中的一种。

关于中华民族各文字的系统，聂鸿音先生从发生学与类型学两个角度进行了分类。从发生学的角度，聂先生把我国民族文字分为汉文字体系、印度文字体系、粟特文字体系、阿拉伯文字体系、拉丁文字体系五类，此外还加上各自独自发生从而无体系可言的"自源文字"，共计六类。我们以为，在聂先生所列六类外再增设"本土借源文字"与"拼盘文字"两类，或可使发生学的分类更加周延。从类型学的角度，聂先生认为我国民族文字可以分为图画象形文字类、词符文字类、音符文字类共计三类，以下再各分为若干小类。

在上述民族文字中如何界定"民族古文字"呢，若以 1949 年为"古今"的分界线，那么，傅先生所述的 24 个在中华人民共和国建立之前已在使用的文种（其中含汉字），加上 17 个"在历史上使用过，后来停止使用的文字"，加上聂鸿音先生补充的汉族女书、方块布依字、方块哈尼字、佤卢文，而不把聂先生补充的 20 世纪初西方传教士制定的与 20 世纪 40 年代制定仅经短期试用的文字计入，另再加上我们补充的纳西族的达巴文与玛丽玛莎文，我国的民族古文字文种数当在 50 个左右。

本文所说的我国的含表意成分的民族古文字，主要是指这样一些文字：（1）全部早期文字。由于这种文字来自原始图画与原始符号，无论从这类文字的来源还是其功能来看，应当被看作是表意文字。如纳西族的达巴文与尔苏人的沙巴文即属此类文字。（2）全部表词—意音文字。由于这类文字在文字符号与语言单位的对应关系上是一个字形记录一个词或词素，而其记录语言的方式至少含记意成分，它们都应属含表意成分的文字系统。如从甲骨文到现代汉字的汉民族文字，如造字方法与汉字不谋而合的纳西族东巴文字，如西夏文等主要据汉字的造字方法制作的文字，都属此类文字。（3）某些音节文字。如纳西族的哥巴文字。虽然此种文字在功能上以记录词的音为主，但是由其文字的来源看，则主要来自汉字与纳西东巴文字这两种表词—意音文字，而且从其记录语言的情况看，记录不同意义的同音词时，所用的字依据词义有一定的选择性，因此，虽然我们不能说这种文字是纯粹的表意文字，但我们以为它是一种含表意成分的音节文字是合于情理的。与之相类似的还有傈僳族的竹书文字。

以上述的标准去看我国的民族古文字，我国含表意成分的民族古文字至少有 18 种，它们据类型学上的分类与归类，可被列表如下：

早期文字：达巴文，尔苏沙巴文。

表词—意音文字：甲骨文，金文，小篆，东巴文，玛丽玛莎文，彝文，西夏文，契丹文，女真文，水文，壮文。

音节文字：哥巴文，傈僳竹书。

从文字的发生和使用地域出发，我们可以将这些文字进行大致如下的分类和归类：

中部地区文字：甲骨文，金文，小篆。

南部地区文字：东巴文，哥巴文，达巴文，玛丽玛莎文，尔苏沙巴文，彝文，傈僳竹书，水文，壮文。

北部地区文字：西夏文，契丹文，女真文。

此外，从文字的创制年代、使用年代、使用时间幅度等与时间范畴相关的种种角度出发，也可以给这些文字进行分类，就不在此一一分析并列表了。

另外，分类的出发点还有创制者、符号体态特点、书写工具与书写方式等等。

# 二、价　值

对于我国的含表意成分古文字的研究，在理论上和实践上，都必然会有着多方面而且相当大的意义和价值。以下，我们将分点对对于这类文字的研究的价值作简要的叙述。

## （一）文字学的价值

既然含表意成分的文字系统属于文字范畴，那么，对这类文字的研究的意义，首先应当在文字学研究方面得到体现。

值得咱们注意的是，构成含表意成分的文字的文字系统类型的主体，恰恰是世界上许多民族使用过甚至正在使用着的那些表词—意音文字系统。被称为世界上"三大古典文字"的苏美尔文、埃及圣书文字和汉字，都属表词—意音文字性质的文字。此外，在 20 世纪 50 年代被破译的西半球的马亚文字，不谋而合地亦属此类文字。因此，作为这一类型的文字，它们在文字学本体研究上的价值之大，简直是无需论证的。

首先，这类文字在文种数量上，约占我国民族古文字的 25% 左右。而且日本、朝鲜、越南等民族都曾借用过我国的汉字。所以，汉字和我国其他民族的含表意成分的古文字就是我国乃至亚洲一些民族与国家的文字系统中不可忽视的一部分。对我国含表意成分的古文字的研究，尤其是对古汉字的研究，对于对我国乃至其他民族的文字的研究的参考价值是十分显然的。

其次，往往是表词—意音文字的含表意成分的古文字在世界文字发展史的角度上看，当属于从早期文字类型向表音文字类型发展的中介阶段。因此，这类文字在文字发展的研究上有巨大的作用。以它为出发点，既能上溯早期文字至今已遗失的某些性质与特征乃至单字，又能寻找在文字史上处于它之后的音节文字与音素文字的来源乃至个别单字的来历。

最后，我们还必须注意到世界各民族文字的共性，也必须注意到我国各民族古文字之间的共性及它们的相互联系。就前者而言，前文所说的苏美尔、埃及、马亚等一些重要的古民族文字，从文字的性质而言，与我国的汉字实在是不谋而合、源异理同，与我国的纳西族的东巴文字也有性质上的相似之处。因此，对我国汉字与另一些含表意成分的民族古文字的研究，无疑会对世界各古民族的文字系统的研究尤其是探索它们的共性大有启发。就我国的含表意成分的民族古文字而言，既有有源异而理同关系的，如汉字与纳西东巴文字的相似，又有由一种文字借另一种文字而来的，如方块壮文由于借用了大量汉字而形成，另有一些文字系统主要借用纳西东巴文字，又如西夏等文字系统凭借对汉字参考的造字方法的借用而制成。如果说"源异理同"现象有助于对世界文字的共性与共同规律的认识，那么文字的借用则必然有益于文字传播与文字关系现象的研究，也必然有利于从一个全新的视角对汉字进行研究。因为一个常被许多人甚至许多专家忽略的事实是，中华民族古文字是一个整体和一个有内在联系的体系。既是整体，则在研究中缺一不可；既是体系，则在研究中互相启发。据上所述，我国各民族的含表意成分文字系统的研究对于文字史、普通文字学与比较文字学的研究是有很大意义的。

**（二）语言学的价值**

　　如果咱们承认文字是语言的书面记录或书面载体，那么，咱们就必定不会否认文字学研究对语言研究有着极其重要的作用。更广义地说，文字学可以被视为书面语言学，因此，书面语言的研究对口头语言或对一般意义上的语言的研究的作用显然是很大而且很直接的。

　　从外国古文字的情况来看，一种古文字的破译导致或促进一种古语言的破译或帮助了解一个古代民族所使用的语言的例子是屡见不鲜的。比如埃及圣书文字的破译是了解当时古埃及语的主要依据。当然，也不乏对语言的了解促进文字破译的例子，如现代马亚语的情况对古代马亚文的破译起了十分关键的作用。

　　在作为本书研究对象的文字中，也不乏这类例子，典型的一个例子就是西夏文的研究加深了对西夏语的了解。

　　西夏灭亡后，西夏语历经元、明，随着党项民族的逐渐被同化而消失，和西夏文成为死文字一样，它也成了一种无人会说的死语言。在近代解读西夏文的过程中，西夏语的秘密也逐渐被揭开。

　　西夏人骨勒茂才于 1190 年仿中原杂字体字书编写的一个识字课本《番汉合时掌中珠》虽是当时西夏境内西夏人和汉人相互学习对方语文的

手册，但其西夏文—汉文音义互注的体例以及相对完整的出土则成为今人得窥西夏文字字音和字义的最直接工具。该书也成了西夏语文研究的首要参考。

据西夏文字典《音同》和《五音切韵》所载，西夏语声母共分九大类，据西夏文字典《文海》和《五音切韵》等文献资料证实，西夏语有平、上两个声调，平声九十七韵，上声八十六韵。经过反复比较研究，目前一般认为西夏语属汉藏语系藏缅语族。可以说，咱们今天的关于西夏语的知识的研究上的来源主要就是西夏文的材料。

另一个也很典型的例子是关于利用纳西东巴文字的研究成果解决纳西语词源的尝试。有专家认为纳西族的族名"纳西"出自"黑的人"的意思，另一些专家则认为"纳西"的词源是"大的人"（在纳西语中"西"表"人"义而"黑"和"大"的音都读"纳"）。我们曾在对纳西东巴文字中的黑色字素进行了系统的研究，研究的结论之一是在纳西东巴文中多以黑色表贬义的造字现象（详见本文〔五〕）。由这一结论可推知："纳西"作为族名的词源当为"大的人"而不当为"黑的人"，因为几乎任何一个民族都不会选择一个贬义词为自己的民族命名。

**（三）文献学的价值**

文献是由文字写成的。因此，文字的研究对文献的阅读与理解，可以说是无需进行论证的。为证实这一事实，就汉字与汉文献的关系而言，仅举甲骨文的发现促进商代史的研究并订正《史记》等典籍中对商代庙号的记录的错误几乎足够了。同样可以作为例证的是，我国近年来大量发现的记录传世典籍中已有文献的简帛文字，足以用来同传世文献中的相同篇目相对照、比较，以订正传世文献中的错误或加深对传世文献的相应思想和内容的理解。

我国少数民族的文字研究，与汉字一样，亦对我国少数民族的文献的释读有着基础作用。

以西夏文为例，西夏文文献数量巨大，今存逾 10 万页，类型繁多，价值珍贵。在不能释读西夏文的情况下，它们无异于"天书"，对西夏文、汉文对照辞典《番汉合时掌中珠》的研读，为人们找到了打开西夏文献宝库的钥匙，而对《文海》的翻译、整理，把释读西夏文的水平提高到一个新的高度。

外国的古文字的破译在文献学上的意义也是十分显著的。当成功破译古埃及圣书文字的第一次尝试——罗塞塔石碑上的文字被 Champollion 破译时，不仅一连串的古埃及帝皇名得以重见天日，而且他接着还凭借其埃及文的知识译出了若干用埃及圣书文字写成的碑铭和用僧书文字写在纸草书上的文件。连历史学者开始也怀疑 Champollion 的工作的可靠性，但是 30 年之后，随着一篇新的双语铭文的发现，他的工作的科学性与结果的正确性终于得到证明。

**（四）历史学的价值**

其实，含表义成分的民族古文字在历史学上的价值与它们的文献学价值是紧密联系着的。因为一个民族的历史多半是凭借用它的文字书写的文献记录下来的。比如，用巴比伦文刻下的《汉谟拉比法典》，既是法律文献，又是历史记录。

在中国，甲骨文与金文及其他汉民族的古文字的历史学价值自不必赘言，其他民族的古文字所记录的历史也有极大的价值。

比如，中国的纳西族的数以千部计的东巴经书，就是十分宝贵的纳西族的历史的记录。虽然它们往往以曲折的形式出现，它们的题材与体裁往往不是正史而是神话或传说，但是它们往往从许多不同的侧面记录或反映了纳西族历史上的重大事件、社会形态、家庭结构、原始信仰乃至家族谱系。即使这种记录不尽准确、这种反映不尽真实，它们至少为咱们提供了宝贵而丰富的进行民族史研究的资料。而必须强调的是，以上的材料都是用纳西族的文字记录下来的。

值得说的还不止于此。从若干含表义成分的民族古文字来看，单个文字的形体与结构就可以直接反映出该民族的历史状况和该民族先民的意识。可以以纳西东巴文为例。"财富"一字作，这恰恰反映了纳西族先民以牛为贵、对牛珍视的意识。又如东巴文的"女"为，假借作"大"，"男"作，假借作"小"。董作宾先生曾据东巴文的"镜子"作证明纳西族的镜子是唐宋以后由内地传入的。

**（五）文化学的价值**

文字与文化的密切关系多年来尤其是近年来一直为学界所关注。以上举的一些例子多半亦可看作证明文字与文化关系的例证。以下我们再举一些较为典型的例子。

从汉字与汉文化的关系的研究来说，虽然咱们的相关研究还有不够成熟与不够准确的成分，但汉字与汉族文化的紧密联系确实是不争的事实，汉字所显示出的汉文化特征亦是十分明显的。

我国民族文字的状况亦是如此。为证实这一事实，我们可以举出许多民族文字的许多相关例子。但是，由于对学界对于"文化"这一术语的看法存在太多的分歧，我们把例证的范围限于从文字本体学的现象

（往往是文字的表词手段）的自身反映出的民族文化的文化特征。

前文已介绍纳西东巴文字反映出来的以黑色表贬义的造字现象此类做法在纳西东巴文中已经成为一种造字手段，也可以认为涂黑在东巴文中已经成为一个字素。如"花"作🦋，涂黑后作🦋，表"毒草"一词；又如大凡含贬义的词往往含黑色字素。毫无疑问，这可以折射出纳西族先民曾经有过的一种贬黑的意识。而这种意识存在的更直接的证明是在纳西东巴经中得到记录的许多神话传说中反映出来的纳西先民的褒白贬黑的意识。如史诗《白黑战争》以白为正义的一方而以黑为邪恶的一方。可见，既然一种民族的意识得以进入其文字结构方式并决定它的字素的意义，那么，民族文字在文化学上的认识价值显然是毋庸置疑的了。

**（六）促进民族团结的价值**

我国的各民族语言往往有着系统上的联系（如分别同属某些语系、语族或语支）或其他性质上的联系（如虽在系族上距离较远但互有词汇的借用、语音或语法的影响等等），自然有利于我国各民族间的团结。同时，一个民族的人民认识到本民族的文字不仅是中华民族文字大家庭中的一员而且对整个中华民族的古文字研究具有重要不可或缺的作用，对各民族的民族自尊心和自信心的增强无疑是极富意义的。上述种种，对增强中华民族的团结，显然也会产生深刻而长远的影响。

刊于《中国文字研究（第 8 辑）》，2007 年

# 第三篇　文字关系与传播

# 关于文字传播的同义比较的意义与任务

## 一、楔　子

　　文字的传播与文字的发生、性质及发展一样，也是文字学研究中一个十分重要的课题。世界上的许多文字系统的发生、性质和发展，都与文字的传播紧密相关。尤其是苏美尔和巴比伦、埃及、中美洲的一些重要文字群的研究，与文字传播研究往往是不可分离的。对于中国的民族古文字研究来说，文字的传播尤其是汉字的传播也是一个十分重要的课题。可以说，离开了对文字传播的认识，就无法对许多我国的乃至我国一些邻邦的民族古文字进行全面的研究和讨论。

　　由于文字的传播与文字系统之间的相互关系是不可分割的，所以要真正研究文字发展史上的文字传播问题，至少要了解两种文字的状况和历史。因此，文字传播的研究必须以相关文字系统的孤立研究为基础，是文字学研究中的一个比较为之不易的课题。而在多种民族古文字的孤立研究得到较大成果的时候，对文字传播的研究尤其是理论研究就自然地会被提到议事日程上来。我国的民族古文字的研究历史也证明了这一点。之所以诸如《汉字传播史》、《汉字与汉字系文字》之类的以文字传播为主题的论著到近年才得以问世，正是因为我国民族古文字的孤立研究的充分发展，同时也说明了进一步地了解我国各种文字，需要文字传播理论的指导。

　　而文字传播理论若要能指导种种文字现象的研究，也的确需要进一步的发展以企及一个新的高度。我们相信，文字系统间尤其是有传播关系的文字系统间的比较，既可能帮助我们在实践上更加确切地把握文字系统间的关系，又可能帮助我们在理论上寻觅一些文字传播的规律。在近 20 年左右的时间中，我国含汉字在内的民族古文字的比较研究取得了相当大的成果。在这些成果的基础上，我们既有必要又有可能展开中国的民族古文字的同义字之间的比较研究。因为凭借这种研究，可以更加细致地寻觅汉字与我国其他各种民族古文字之间的共性与差异。

在本文中，我们将把目前在汉字与其他一些民族古文字的研究中发现的有关文字传播的实践或理论方面的问题提出来。因为用同义比较的方法，完全可能解决文字传播领域中的若干具体问题与实践问题，并在此基础上尝试解决一些有关文字传播的宏观问题与理论问题。

# 二、需要且可能解决的一些具体问题与实践问题

我国许多民族古文字往往是完全或部分地由文字传播发生，所以，文字传播的视角上的同义比较，当能解决一些文字系统的相关问题。

以下，我们把一些可能通过同义比较得到解决的问题作一介绍。

**（一）哥巴文的源文字问题**

由于被认为是一种音节文字，纳西族哥巴文字的研究较少有人从事。而事实上，这种文字在某些角度看来，还是相对地带有表意文字的痕迹和成分。其理由简言之，至少有两条：（1）它主要地是从含表意成分的文字传播而来的；（2）在用字方面含许多表意文字的痕迹。

哥巴文的来源，有专家认为是汉字（如黄振华），也有更多专家认为这是一种来自多种文字的借源文字（如李静生、喻遂生、曹萱）。持后一种意见的专家，对其源文字的种类的看法亦不尽一致。所以，这一问题是应该作进一步的探讨的。进行这类的研究，当然需要对哥巴文和与之有音义关系的其他的民族古文字进行同义比较。

**（二）哥巴文和傈僳竹书等借源文字的定性与命名的问题**

我国有许多种民族古文字，往往是全部或部分借源而来的。如哥巴文和傈僳竹书，由于对每字的考释还有待继续进行或补充，我们对这类文字如何定性与命名之类的问题，就更不易解决了。在这里，文字的同义比较可能是解决问题的一个有效方法。

**（三）彝文的来源及其部分字是自造还是借源的问题、彝文的性质问题、四省区彝文的关系问题**

彝文可以说是一种与文字传播关系特别密切的文字。一方面，部分彝文应该来自汉字的传播；另一方面，各省区彝文之间的关系，也可以被认为与文字的传播有关。

而彝文又偏偏有许多问题至今尚未解决。比如：彝文的来源及其部分字是自造还是借源、彝文的性质、四省区彝文的关系等，都是至今有待进一步探讨的十分复杂的问题。问题的关键当在于我们对于彝文的逐字的与其他民族的同义字的比较不够。

### （四）水文自造字与借源字的产生先后问题

作为一种所谓"拼盘文字"，水文既有其本民族的自造字，又有来自汉字的借源字。其中的问题在于：究竟是其自造字先行发生，还是其借源字先行发生。虽然学界的主流观点认为自造字先于借源字发生，这一问题亦可能通过同义比较得到进一步的证明。

### （五）关于壮文的自造字问题

壮文是一种借用汉字整字或偏旁而仿造的文字系统，但其又有一批为数不多的明显不是向汉字或汉字偏旁借来的字。这一批字到底如何造成或从何得来，也是迄今未得到充分研究的。同义比较或能有助于这些问题的解决。

### （六）西南一些文字的关系问题

我国西南部是民族文字最为集中的地区。这个地区有纳西族的四种文字（东巴文、哥巴文、玛丽玛莎文、达巴文），还有尔苏文、彝文、傈僳竹书和水文。此外，这一地区还有一种至今尚未定性的划为彝族的一个分支的他留人的"铎系文"，以及相当接近于文字的景颇、普米等民族的一些图经。加上这一地区历史上存在过而已经死亡的一些古文字，如巴文（或称巴蜀文字）、可能是原来夜郎国的文字的云南石寨山出土铜片上的原始文字及四川广汉三星堆出土的七个很可能为原始文字的符号。

这些文字系统之间的某些文字间肯定存在渊源关系（如东巴文和哥巴文），有一些文字系统间很可能不存在渊源关系（如水文和达巴文），也有若干文字系统间是否存在关系至今还不清楚（如尔苏文与纳西族的几种文字）。已知有关系的文字系统间的关系当然可以继续深入研究，不存在关系的文字亦往往需要进一步的确证，而不清楚是否有关的文字系统更是需作研究以得出结论。除此之外，若把汉字也视为我国西南地区的一种民族文字，则可以说，这类关系就更加复杂，也更有研究的必要性。而在这种研究中，同义比较显然是一种极为有用的工具。

### （七）关于一些域外文字系统的研究

近年来，我们常常会见到"汉字文化圈"和"汉字系文字"之类的术语。前者虽有争议，但汉字的足迹早已走向国外确实是不争的事实。如日本、韩国和越南这些国家借用汉字的历史的研究的开展，为我们文字学者带来了许多值得深入讨论与研究的课题。运用同义比较的方法，当能解决若干相关的至今未得解决的实践和具体难题。

# 三、需要且可能解决的一些理论问题与宏观问题

在理论上也有许多关于文字传播的问题有待讨论和解决。这主要是由于该课题开始较晚，而另一与之相关的也许是更基本的原因是我们对"汉字系"的少数民族文字和域外的汉字系文字研究起步较晚。

由于上述情况，该课题的理论问题几乎是全方位的。现将我们试图讨论的问题列举如下：

## （一）关于文字传播与文字流变的异同

这是个先前很少有专家注意到的题目。有些民族的文字是借用其他民族的文字，如纳西族的玛丽玛莎文之于纳西族的东巴文；有些民族的文字则是由该民族的一种文字变化而来，如壮文之于汉字。这两种现象有何异同，显然是过去研究不够而可能运用同义比较去尝试解决的一个问题。

## （二）借源文字对源文字的选择问题

当我们面对各种民族古文字时，不难发现：不少文字是存在多种源文字的。一种借源文字在选择源文字时，哪些因素在发生作用？这是民族文字学上具有普遍意义的一个问题。同义比较的方法或将有助于归纳出其中的规律。

## （三）借源文字的定性与命名问题

与文字传播紧密相连的一个问题是借源文字的定性与命名问题。因为一旦文字出现传播，就会有一种借源文字出现，或者有一批借源字出现。在前一种情况下，那种文字如何进行定性与命名是一个复杂的问题。尤为困难的是，当一种借源文字存在多种源文字的情况下，尤其是在那些源文字性质不同的情况下，这项工作就更加复杂。"拼盘文字"这一术语的合理与否亦与此问题有关。这一术语最早是由王元鹿在为水文定性时提出的，此后又有专家提出不同的看法。

我们也可以用同义比较的方法去解决这个问题或为之提供启发。

## （四）借源文字对源文字的借用和改造

被借入的文字在进入借源文字中会发生怎样的改变以适应新的文字系统和语言文化环境。我们亦可试用同义比较的方法细致分析若干种借源文字的内部构成，看看其中有否有规律可循。

## （五）"拼盘文字"的内部运动及其复杂性

"拼盘文字"系统内的多种成分来源不同、性质各异，它们之间如何

协调以更好的记录一种语言，在这一过程中互相之间发生了怎样的影响与变化？水文的"新造字"正是在"拼盘文字"复杂的内部运动过程中产生的特殊成分。"新造字"的概念有否普遍意义，如何正确的认识、定义、运用这一概念，是值得注意的问题。

用同义比较的方法来探讨这些问题，当有助于从宏观上、动态地把握"拼盘文字"的构成和性质。

### （六）一个民族创造与使用多种文字的研究

纳西族一个民族有四种文字系统的现象是世界文字史上极为罕见的。那么，为何会出现这一现象呢？在这个民族中，相同的一个词为什么会以至少四个字来记录呢？这些问题都有可能用同义比较的方法去解决。

刊于《中国文字研究（第 10 辑）》，2008 年

# 东巴文与哥巴文、玛丽玛莎文、达巴文的关系之初步研究

## 一、楔　子

我国是一个多民族的国家，也是一个有着多种民族古文字的国家。我国的少数民族古文字系统不少于 50 个。然而，一个少数民族就有 4 个文字系统，这样的例子也许仅存在于我国西南边陲的纳西族中。

纳西族的东巴文，是一种为我国乃至世界学界了解较多的文字。这一方面是由于它本身是一种材料丰富且在文字学和文化学上极有研究价值的文字，另一方面是由于对它的研究工作做得较为充分。

纳西族的哥巴文是一种音节文字，学界对它的研究工作虽展开得不如东巴文充分，但是由于它被发现和被注意较早，因此也有若干学者做了一些研究工作，尤其是近年来有关哥巴文的论文较多，对它的研究正在深化之中。

另外，玛丽玛莎文其性质问题即究竟它是一个相对独立于东巴文的文字系统还是东巴文的一个分支的问题，一直未能彻底解决。由于它本身的考释有些难度，所以理论研究也进行得不多。随着笔者近年来对玛丽玛莎文的百余字的考释的完成，① 该文种的研究势必会得到进一步深入。

除上述三个文种之外，纳西族的摩梭人所使用的达巴文字，虽然字数不多，也是一种有研究价值的原始文字。近年来亦有学者开始关注这种文字，对它的调查研究有所深入。

虽然对这四种文字的各自研究都还需进一步深化，但咱们目前已经可以尝试对它们之间的关系的初步讨论。这是由于：（一）对它们的各个字音、形、义的了解基本完成；（二）对它们各自的理据的研究也取得了一定成果；（三）比较文字学和文字传播理论为文字系统的关系的研究提

---

① 见王元鹿：《玛丽玛莎文字源与结构考》，《华东师范大学学报（哲社版）》，2004 年第 5 期。

供了科学的方法论。

下文将对这四种纳西族的文字作初步的宏观上的关系的勾勒。

需要说明的是：纳西族还有一种若喀文（亦译为阮可文），这种文字有人认为是一种独立的文字，笔者的《由若喀字与鲁甸字看纳西东巴文字流播中的发展——兼论这一研究对文字史与普通文字学研究的意义》一文，① 证明了若喀文是东巴文的一部分，因此不把它当作一种独立的文字系统来看待。

## 二、东巴文是纳西族最早的文字系统

相对纳西族其他三种文字系统而言，东巴文是最早的文字系统。这一事实也告诉我们，东巴文很可能在总体上不以其他三种文字为源泉，而很可能其他三种文字在一定程度和一定范围内受到东巴文的影响，甚至其他三种文字有可能是以东巴文为主要源泉的文字系统。

笔者在《纳西东巴文字与汉字不同源流说》② 一文中，证明了东巴文字在其创制与发展过程中，相对汉字，一直走着一条独立的道路。而现在更需关注的是，东巴文字相对其他三种纳西族文字，是否也是独立创制的呢？其实，多方面的证据可以证实这一命题。

关于东巴文的创制年代，说法不一。据纳西族东巴们的说法，可能创制在 2 000 年前。据陶云逵先生所记，"1935 年 7 月 20 日在中甸县属之北地，请得东巴巫师，年 40 岁，自称是东巴教祖东巴萨勒之第 95 代嫡徒，作羊骨卜"。③ 这也是一般东巴们的共同说法。若以 30 年为一代，以 90 代计，则东巴文字创始年代当在纪元前 7 世纪左右。当然，东巴传承未必是父子传承，那么，即使以 15 年一代计，则东巴文也创始于纪元后 5 世纪左右。显然，东巴文的创始年代是极早的。作为原始文字的达巴文和作为较为原始文字的玛丽玛莎文，如果比东巴文创始更早却又流传至今，它们断然不可能显示如此之强的原始特征。而作为带有不成熟特征的音节文字的哥巴文，亦不可能产生如此之早，理由是：（一）较原始的音节文字往往起源于表词—意音文字；（二）假设哥巴文产生于纪元后 5 世纪之前，则它不会使用并发展了千余年而仍如此原始且不完熟。

---

① 此文刊于《华东师范大学学报（哲社版）》，2001 年第 5 期。
② 此文刊于《云南民族学院学报（哲社版）》，1987 年第 5 期。
③ 陶云逵：《么些族之羊骨卜及粑卜》，载《人类学集刊》，86 页，1 卷 1 期。

其实，李霖灿先生也早就论证了"形字先于音字"的观点。

值得强调的是，林向萧等多位先生所推断的东巴文的创制年代，也不晚于唐宋之间。

可见，由神话传说所反映的创制年代看，东巴文显然早于其他三种文字。

同样值得注意的是，相关的神话传说还暗示了东巴文的独创性。有如此三种说法：（一）东巴经中说，创制汉、藏、纳西三种文字的三个古圣人生于同时而居于异地；① （二）东巴经的另一说法是，人类始祖有三子分居三地，形成汉、藏、纳西三个民族；② （三）东巴经中还有一说是东巴文创制于渔猎时代。③ 依据这三种说法，亦可知东巴文创制不仅古远，而且独立。既然如此，则东巴文的创制也当独立于另三种纳西族文字。

# 三、东巴文是哥巴文的主要来源

关于哥巴文的创制是否受了东巴文的影响，神话传说与东巴文中均无记录，这一现象本身就暗示我们哥巴文的产生晚于东巴文。

对哥巴文的来源作逐字的分析，是另一个更合理也更有说服力的对哥巴文是否受东巴文影响的视角。在这方面，学者们的意见是有分歧的。李静生的分析结论是："相当一部分哥巴文是蜕变于东巴文的。"④ 黄振华的意见是哥巴文往往来自汉字，但他也未明确否认哥巴文有来自东巴文的部分字。⑤ 曹萱的意见是：哥巴文既借用别种文字系统的文字，又自己创造文字；其字源复杂，有借汉字和彝文、东巴文的。⑥ 喻遂生的意见是：从标音与假借角度看，"借用改造东巴文是合乎逻辑的最佳选择之一"。⑦

虽然以上各家意见并不一致，但并无任何一家明确否认东巴文是哥巴文的源泉之一。

笔者曾对李静生《论纳西哥巴文的性质》一文中所列 [表一] 中的

---

① 见方国瑜、和志武：《纳西象形文字谱》，38 页，云南人民出版社，1981 年。

② 见方国瑜、和志武：《纳西象形文字谱》，36 页，云南人民出版社，1981 年。

③ 见方国瑜、和志武：《纳西象形文字谱》，39 页，云南人民出版社，1981 年。

④ 李静生：《论纳西哥巴文的性质》，《东巴文化论》，云南人民出版社，1991 年。

⑤ 见黄振华：《纳西族哥巴文字源流考》，《燕京学报》，北京大学出版社，2000 年第 9 期。

⑥ 见曹萱：《纳西哥巴文造字研究》，硕士学位论文，2004 年 5 月。

⑦ 喻遂生：《关于哥巴文字源考证的几点看法——读〈纳西族哥巴文字源流考〉》，"进入21 世纪的中国文字研究" 国际学术讨论会暨中国文字学会年会论文，2004 年 11 月。

70 个"表意文字"与 9 个"假借文字"及所列 [ 表二 ] 中的 32 个"既不表意，也不表音"的字进行了从文字理据角度的再分析。得出的结论是：[ 表一 ] 李的结论大致无误，即这些"表意文字"基本来自东巴文，少数"假借文字"则来自汉字。而 [ 表二 ] 中的李氏所称"既不表意，也不表音"的"符号文字"，大多来自汉字，亦有少数来自东巴文。[①] 而曹萱论文中则考察了哥巴文的大量字的字源。在她确切考证出来的 500 个哥巴文字中，165 个来自东巴文，139 个来自汉字，其余来自藏文等多种文字，还有 51 个自造字。[②] 通观李、曹二位的研究结果，咱们可以相信，东巴文至少在量上是哥巴文的主要源泉。

如果换一个角度看问题，即姑且不具体一一分析每个哥巴文的理据或来源，只要依据哥巴文多异体而这些异体在记录同音或音近而异义的词时所使用的场合有别，亦可知它极可能主要源自一种含象形成分的文字。而那种文字显然是东巴文而非汉字。因为纳西族人更习惯说纳西语，用东巴文写成的东巴经所记录的是古纳西语而非汉语，用哥巴文写成的哥巴经记录的也同样是古纳西语而非汉语。这一想法恰是上文所述喻遂生先生的智慧论断的补充。

## 四、东巴文是玛丽玛莎文的主要来源

更显然的，东巴文也是玛丽玛莎文的主要源头。

依据笔者对 120 个玛丽玛莎文的考释，除其中 8 个待考外，余 112 字，其中借形自东巴文而往往形体有变者多达 87 字，自造字 8 字，可能为自造字亦可能借自东巴文者 12 字，仅 5 字借自汉字、藏文或彝文。[③]

据此可知，虽有学者认为玛丽玛莎文是东巴文的一个"分支"，但既然玛丽玛莎文仍在某一地区的少数纳西族居民中使用且不与东巴文混用，那么，显然它也是一种独立的文字体系，且主要地源自东巴文。

作为这一命题佐证之一的是：那些少数可能为"自造字"的玛丽玛莎字，往往笔划简单，更无形声字，据此可知玛丽玛莎字的使用者确有潜在地认为这种文字非东巴文的意识。

---

① 李静生：《论纳西哥巴文的性质》，《东巴文化论》，云南人民出版社，1991 年。
② 见曹萱：《纳西哥巴文造字研究》，硕士学位论文，2004 年 5 月。
③ 见王元鹿：《玛丽玛莎文字源与结构考》，《华东师范大学学报（哲社版）》，2004 年第 5 期。

另一佐证是：源自东巴文的玛丽玛莎文往往是把笔划的简化与线条化作为引进东巴文时的主要体态变化。这一现象排斥了玛丽玛莎文反而是东巴文之源的可能性。

## 五、不可排斥达巴文与东巴文有关的可能性

达巴文使用于纳西族居住地区东部的摩梭人中。虽然近年有专家发现了一些达巴文的经书，但是对达巴文作文字学本体角度出发的研究还不多，同时，目前尚未有用国际音标记音的达巴文的材料公诸于世。至今可以确定意义的达巴文字仅数十形而已。但是这至少不影响咱们对这个文字系统存在的认定和对这一文字系统性质的初步判断。

由于达巴文字形简单且字数有限，所以它肯定是一种原始文字。其来源由于我们资料的限制，尚未能确认。但至少无法排斥它有一部分来自东巴文字的可能。如"白海螺"与一些表星或星座的字的字形，与东巴文极为相似。应该注意到的是关于摩梭人语言的族属问题，至今学界尚有争议。而达巴教与东巴教至少并非同一宗教。然而，语言的关系、宗教的关系与文字的关系三者间并非是平行或等同的。咱们必须首先从文字学本体的角度去进一步探索达巴文与东巴文之间的关系。

## 六、初 步 的 结 论

从上文的讨论，至少可以对于纳西族的东巴文与纳西族的另三种文字的关系作出以下的结论：

（一）东巴文是哥巴文与玛丽玛莎文的最主要的源泉，也有可能是达巴文的源泉之一。

（二）多种文字共是某一民族古文字的来源的现象在文字发生史上是十分常见的现象。

（三）一个民族如兼有表词—意音文字、较不成熟的音节文字、借源和自源相结合的早期文字等多种文字系统，则其中的表词—意音文字往往是这些文字的主要源头或源头之一。

（四）许多民族古文字系统往往不仅受其本民族文字的影响，也可能受其他民族文字的传播而产生新的文字系统或增添新的字。

刊于《中国文字研究（第 7 辑）》，2006 年

# 纳西东巴文字与汉字不同源流说

## 一、各家的看法

对于东巴文字创制时和发展中是否受到汉字启发与影响的问题，各家看法不一。

唐兰先生说："世界上旧有的及现在还存在的文字，种类很多。其中有些是和中国文字（指汉字——笔者）有亲属关系的。中国西部有罗罗（指彝族——笔者）、么些（指纳西族——笔者）等文字……"[1] 唐兰先生的意思是汉族的文字与纳西东巴文字之间有着亲属关系。[2] 李静生先生认为："纳西先民创造的文字不可能与汉字毫无关系。"[3]

李霖灿先生认为："形字（指东巴文字——笔者）为独立发展一文字系统，与汉字全无关涉……"[4] 马学良先生主编的《语言学概论》一书中，未把东巴文字列入"汉字一系的文字"。[5] 王均先生也曾指出：东巴文字"可能是自己独立发展的"。[6]

以上两种相反的观点，都是在未经详密论证的情况下提出的。依据笔者的考察，后一种观点是合乎事实的。纳西东巴文字在其创制过程和发展中，并未受到汉字的启发与影响。下面试从几个不同的角度来论证。

---

① 唐兰：《中国文字学》，12 页，上海古籍出版社，1979 年。
② 唐兰先生晚年仍主张这一观点。在《关于江西吴城文化遗址与文字的初步探索》（载《文物》，72–76 页，1975 年第 7 期）一文中，他虽指出"绝不能认为我国从古至今，只有这一种（指汉族的——笔者）语言和文字"，但在论述"我国的文字不是一个体系"时，仍把纳西文字同契丹、西夏、女真等与汉字同一系列的文字并列。
③ 李静生：《纳西东巴文与甲骨文的比较研究》，载《云南社会科学》，108 页，1983 年第 6 期。
④ 李霖灿：《么些象形文字字典·引言》，云南省社会科学院东巴文化研究室翻印（油印本），1982 年。
⑤ 见马学良主编，严学宭审订：《语言学概论》，243–245 页，华中工学院出版社，1981 年。
⑥ 王均：《民族古文字研究在语言学中的地位》，载《中央民族学院学报》，48 页，1980 年第 4 期。

# 二、神话和传说所提供的证据

东巴经中的有关记载和纳西族民间的相关传说，无例外地认为东巴文字是独立创制的一种文字。

关于东巴文字创制的时代和创制情况的说法，大致可归为以下三类：

甲、汉、藏、纳西三种文字同时创制说：

东巴经中有这样的说法：古圣人是创制汉、藏、纳西三种文字的三个人，生于同时而居于异地。[①]

东巴经中还有另一种说法：人类始祖生三子，分居三地，成汉、藏、纳西三族，而这三族都有文字。[②]

乙、渔猎时代创制说：

东巴经中有这样的说法：古代圣人 $laj^{33}dy^{21}bər^{33}t\gamma^{21}$ 创制文字，而当时纳西族尚处于渔猎时代。[③]

丙、二千多年前创制说：

陶云逵先生于"1935 年 7 月 20 日在中甸县属之北地，请得东巴巫师，年 40 岁，自称系东巴教祖东巴萨勒之第 95 代嫡徒，作羊骨卜"。[④] 东巴萨勒创始东巴文，这是纳西族的东巴们几乎一致的说法。[⑤] 若以 30 年为一代，以 90 代计，则东巴文字创制的年代可定在纪元前 7 世纪。

"甲"的两种说法，虽然神话色彩颇重，但它们都一致地暗示了纳西文字是离开汉文和藏文独自创制的。

"乙"的说法虽不足信，但与"甲"一样，也认为东巴文字独自创制于原始社会。

"丙"的讲法也很可参考，因为民间传说往往能在质的方面相对地保持历史真实。但是民间传说在量的方面又容易带夸张成分，所以上文对东巴文字创始年代的推算可能偏早。但是即使东巴文字果真创造于纪元前 7 世纪，也比甲骨文字晚六七百年，[⑥] 何况汉字的创制远在甲骨时

① 见方国瑜、和志武：《纳西象形文字谱》，38 页，云南人民出版社，1981 年。
② 见方国瑜、和志武：《纳西象形文字谱》，36 页，云南人民出版社，1981 年。
③ 见方国瑜、和志武：《纳西象形文字谱》，39 页，云南人民出版社，1981 年。
④ 陶云逵：《么些族之羊骨卜及贝卜》，载《人类学集刊》，86 页，1 卷 1 期。
⑤ 见和志武：《纳西族古文字概论》，载《云南社会科学》，84 页，1982 年第 5 期。
⑥ 甲骨文字创始于纪元前 1300 年左右。

代之前。依据"丙"的说法，至少可知纳西东巴文字不是与汉字同时创制的。

以上种种说法，或是神话记载，或为民间传说，它们对东巴文字的创制时代和创制者的看法并不相同。然而，它们在认为东巴文字是未受过其他民族文字的启发而独自创制的这一点上却是不谋而合。这一现象无疑值得我们注意，是我们认识东巴文字创制情况的重要依据。

# 三、与其他民族古文字的对比

从文字的个性来看，东巴文字同汉字和其他跟汉字同一系统的民族古文字相比有着极大的差异，这也说明了东巴文字是不受汉字启发与影响而独立创制和发展的。

据我们所知，我国至少有以下几种民族古文字是在汉字影响下创制出来的：

1. 契丹文字：增减汉字笔划或借用现成汉字；

2. 西夏文：与汉字的结构规律大致相同；

3. 女真文：仿汉字和契丹字制成；

4. 方块壮文：字素取自汉字，还同汉字混用，有形声字及依据汉字反切原理造成的反切字；

5. 白文：沿用汉字或两个汉字拼合而成。

从以上几种文字的构成特征上，可以明显地看出汉字、汉语和汉文化的启发与影响。这几种文字都具有以下特征：

甲、造字方法与汉字相似，至多增加了反切字。

乙、经常直接借用汉字或汉字字素记词。

丙、记录语言的文字中的字较严格地对应于语言中的词，属于表词文字。

丁、符号体态接近正方形，图画性弱而符号性强。

戊、书写款式规格化程度很高。

东巴文字作为一种意音文字，[①]同上面所举那些与汉字有亲属关系的意音文字相比，无论在文字制度和符号体态方面，都展示了它独特的个性。可以说，上述那五个特征，除"甲"（"甲"是一般意音文字共有

---

[①] 关于汉字的性质，至今有不同的提法。笔者以为汉字的符号在记词时兼有记意和记音成分，从这一认识出发，当看作并称为意音文字。

的特征）之外，东巴文字一个都不具备。东巴文字中没有直接借用汉字或汉字字素记词的成分；东巴文字记录语言时字词不严格对应，尤多有词无字的"省略"情况，这证明它还处于由语段文字向表词文字发展的阶段；① 东巴文字的符号体态属不规则形，与正方形相去甚远，且有较强的图画特征；东巴文字的书写款式也相当随便。

特别值得指出的是，东巴文字的造字方法虽与汉字相似，但也有若干早期意音文字的孑遗。如以黑色为字素，② 就是甲骨文所不具备的，而是一种原始图画以色表义和别义的残余。如果东巴文字创始之时和发展的早期就受到了汉字的影响，那就不可能有这一类造字手段的使用。

在拿汉字、汉字一系的意音文字同东巴文字进行符号体态的比较时，水族的"水书"对我们有很大启发。"水书"由两类字构成，其中一类的体态与汉字酷似，来自汉字，另一类的体态却与汉字迥异，是水族人自制的象形字。从体态特征出发，很容易分清这两类字。可见，某种文字的符号体态很能反映出这种文字由它所处的发展阶段及其他偶然因素造成的个性和风格。因此，东巴文字与汉字、汉字一系的文字的体态上的显著差异，有力地证明了它的创制和发展走的是一条自己的道路。

还要指出：如果东巴文字创制后曾受到过汉字的影响，那么它很可能会发生某些个性和风格的改变。以日文和粟特文为例：日文原是独立创制的音节字母文字，后来经汉字影响，用进了大量汉字代替字母记词。粟特文是一种不标元音的音节字母文字，在发展中由于汉字的影响而发生了不少变化，如款式由自右至左改为自上至下。可见，既然在东巴文字中看不出这一类变化，那么我们可以相信，它不仅是离开汉字独立创制的，也是离开汉字独立发展的。

至于彝文，也不可能是汉字影响东巴文字的中介。据丁文江、马学良二位先生判断，彝文并不由汉字蜕变而成，从种种特征来看，东巴文字与彝文也没有相近之处。

总上所析，我们可以确信：亲属文字之间总能找到类似的特征。既然在东巴文字中看不出什么与汉字相近的个性，那么，东巴文字无疑是

---

① 见王伯熙：《文字的分类和汉字的性质》，载《中国语文》，109 页，1984 年第 2 期。
② 关于东巴文字的黑色字素问题，可参考笔者的《纳西东巴文字黑色字素论》，载《华东师大学报（哲社版）》，1986 年第 1 期。

独立创制和发展的一种文字。

## 四、与哥巴文字的对比

除了东巴文字，纳西族还使用哥巴（又称"格巴"）文字记载经文。与哥巴文字对比，东巴文字的特性也证明了它是独自创制且在长时期里独立发展的一种文字。

哥巴文字是一种音节文字，它的创制比东巴文字为晚。哥巴文字创制时，纳西族与汉族的交往已趋频繁，因此，从哥巴文字中可以看出汉字的种种启发和影响。

一部分哥巴文字得形于与之所记的一群同音词中的某一个意义相同的汉字，如"石"作石，得形自汉字"石"，"火"作火，得形自汉字"火"。一部分哥巴文字得形于与之所记的词同音或音近的汉字，如"宝"作佮（音 [po$^{33}$]），得形自汉字"保"，"说"作上（音 [sɔ$^{55}$]），得形自汉字"上"。还有一部分哥巴文字得形自汉族使用的表与之意义相关的符号，如"阴神"作 – –，"阳神"作 —，方国瑜先生归之为独创的，[1]其实它们分别得形自《周易》中 – – 和 —— 两爻。

另外，据上所述，东巴文字带有较多语段文字特征，而哥巴文字记录语言时则保持字与词的严格对应，是一种表词文字。晚起的哥巴文字在记录语言时的字词对应关系上反而比早出的东巴文字为先进，这正是汉字影响的结果。

从哥巴文字由于直接借鉴汉字而具备的种种性质，反衬出东巴文字与汉字之间性质上和关系上的悬殊距离。

附带可以一提的是，东巴文字与藏文也没有系统上的联系，这可以从东巴文字不像哥巴文字那样在藏文影响下使用某些文饰符号这一事实上得到证明。

## 五、结　语

本文的讨论，证实了纳西东巴文字不是汉字系统的文字，它在创制过程和发展过程中，走着一条独立的道路。

正因为纳西东巴文字与汉字没有亲属关系，所以这两种文字之间的

---

① 方国瑜、和志武：《纳西象形文字谱》，75 页，云南人民出版社，1981 年。

比较研究，在比较文字学上的价值就显得更可珍贵。因为，它们的个性差异可能更多地展现出各种意音文字的独特个性和风格，它们的共同特征也可能更多地反映出一般意音文字的普遍性质。

刊于《云南民族学院学报（哲社版）》，1987年第1期

# 由若喀字与鲁甸字看纳西东巴文字流播中的发展

## ——兼论这一研究对文字史与普通文字学研究的意义

在纳西东巴文字的研究中，有一些谜团至今尚未彻底解开。比如，关于东巴文字的发生地点、原始状态、流播轨迹及其流播中的发展趋向，虽为专家们关注并探讨，但迄今离得出定论尚有距离。另外，还有一个有不同见解的问题是：所谓"若喀文"（亦译为"阮可文"），常被某些学者认作东巴文的一个分支。如和志武先生认为："所谓阮可字也是从东巴文脱胎而来的，不是一种独立的文字。"[①]而另一些学者则认为它是东巴文的早期形态。

如李霖灿先生在对纳西族的历史和文字进行考察之后，提出了若喀文"可能为象形文字之原始区域"[②]的看法。

赞成李先生说法的还有杨正文先生。杨先生在《最后的原始崇拜——白地东巴文化》一书中，把若喀文同白地、丽江及鲁甸的东巴文作比较，还对李霖灿先生《么些象形文字字典》（下文简称《字典》）中所收的几个"若喀字"同丽江东巴文作了比较，指出"'若喀字'乃为'白地字'之祖先，'白地字'又为'丽江字'、'鲁甸字'之祖先"。[③]

鉴于李先生《字典》与杨先生书中均不曾详尽谈及纳西东巴文从若喀到鲁甸流播与发展的全过程，亦未详尽分析若喀与鲁甸两地文字在文字学上的特征，所以我们打算在本文中从文字的性质的角度尤其是从文字写词法和造字法的角度，对可能作为纳西东巴文字的原始地的代

---

① 和志武：《纳西族的古文字和东巴经类别》，载《东巴文化论集》，171 页，云南人民出版社，1985 年。

② 李霖灿、张琨、和才：《么些象形文字字典》，141 页，云南省社会科学院东巴文化研究室翻印（油印本），1982 年。

③ 参见杨正文：《最后的原始崇拜——白地东巴文化》，22-29 页，云南人民出版社，1999 年。

表——若喀文字系统——和可能作为该种文字发展到顶峰的代表——鲁甸的文字系统——作系统的研究。我们预期，这种研究除了有助于我们了解东巴文流播中发展演变的全过程之外，亦有助于我们了解一种来自早期文字（即表意文字系统）而发展到意音文字的文字系统发展的轨迹及其始末的状态。

撰写此文时，由于笔者可依据的材料仅为李先生的《字典》一书，所以只能对李先生在《字典》中介绍的有关若喀字与鲁甸字的材料作分析。我们以为，这些材料虽然有限，并未包罗这两种东巴文所有的字，但是从模糊理论的角度来看，这些材料即便不足以反映两个系统的全貌，也至少反映出它们之间的种种明显差异。

还要声明的是，此文写作过程中，曾请教过东巴文字专家、我的纳西族好友李静生先生和习煜华女士，并通过习女士辗转请教了和发源先生与和开祥东巴等前辈。在此，向他们各位致以最衷心的感谢。

# 一、对若喀东巴文的考察

方国瑜、和志武先生的《纳西象形文字谱》，基本上未对阮可文作介绍。但李霖灿先生《字典》中，专门列了 50 个见于若喀地区的字形并进行说解。他说："在这里（指若喀地区——笔者注）住有一部分么些人，语言近永宁么些语，亦有象形文字（无音字），大部分与北地一带者相同，唯有一部分系此地域内所特有，北地丽江鲁甸一带多巴皆不识之，观其位置，居么些迁徙路线之上游，可能为象形文之原始地域，因搜集于此，以作印证。其字源清晰可辨者，已分插入以上十二类中，于此不再重述。"①

现在，我们先对《字典》中第十三《若喀字类》作一初步研究。这种研究是在无若喀文经书为依据的条件下进行的，因此，我们只能就这些至少大部分在当时实际上是为若喀地区特有的文字进行文字结构的分析。值得注意的是，这 50 个若喀字只是基本上为若喀东巴文所特有，但若喀东巴文中亦有许多与丽江等地相同的文字。然而，既然它们为若喀文所特有，从模糊理论角度看，则对这批字的分析的结果至少可以看出若喀东巴文的性质上的倾向。

---

① 李霖灿、张琨、和才：《么些象形文字字典》，141 页，云南省社会科学院东巴文化研究室翻印（油印本），1982 年。

对这 50 个字的分析结果如下：

象形字 15 字。其中象形字用作假借表人名的 1 字。

指事字 22 字。其中，纯指事符号构成的字 20 字，象形符号上添加指示性符号的字 2 字。会意字 6 字。这 28 字中，指事字用作假借表人名的 1 字。

可定为象形字亦可定为指事字者 1 字，可定为指事字亦可定为会意字者 3 字。结构方式不明者 3 字。

这一统计结果至少说明了以下两点：

（一）从写词方式看，这批若喀字基本上是一批记意写词法记录词的字，即它们中几乎没有含表音的成分的字。

（二）从文字结构看，这批若喀字兼备了象形、指事与会意三种结构的字。其中，指事字几乎占了 50 字的一半，其优势自不待言。在指事字中，又以纯符号指事字占优势。此外，象形字又比会意字占优势。

由以上两点看，若喀文很可能曾经是一种几乎纯有记意写词方式的文字。至于其中两个用作假借表人名的字，当有两种可能：（一）后来白地或丽江字的混入；（二）若喀地区记录专名时亦用假借。依据普通文字学和文字史，我们知道，这种在埃及等文字中亦具有的以假借记录专名的现象，仅仅是这种文字开始孕育表音系统的第一步。

从以上统计和分析，至少我们可以认为：若喀文字只要确乎与其他地方的东巴文字有联系，那么它就必定是东巴文字的源头或非常接近其源头的东西。

依据本节上述李先生第十三《若喀字类》之前的叙述，我们知道为若喀东巴文所特有的字不仅限于以上 50 字。在这里，我们又翻检了《字典》的其他部分，收集了其余各部分中所指出的若喀地区的文字，其中有一些李先生说解中用了"仅见于"、"见于"或"出于""若喀"，或指出它为"若喀字"，有一些则是对同一个词若喀地区使用与其他地区相近或相关但不相同的字形记录。于是我们又收得了 30 个这样的字。可以认为，这 30 个字中可能有些为与其他东巴文字共有者，所以它们所代表的若喀文字的原貌的程度，可能稍低于"十三 若喀字类"中的 50 字。

据统计，这 30 字中，象形字 12 字，指事字 5 字（其中 3 字为纯符号指事字，而 2 字为加符号指事字），会意字 6 字，形声字 3 字。此外，可定为象形亦可定为指事者 1 字，结构方式不明者 3 字。

我们把这一统计结果同前述 50 字的统计结果相比较，可以发现这 30 字的性质是：

（一）这是一个以记意写词方式为主又含有极少量意音方式的集合。

（二）在记意写词方式中，象形、指事和会意字兼备。象形字相对占优势。指事字中，纯符号指事字与加符号指事字持均势。指事字与会意字持均势。

（三）形声字中几无《字典》所谓"注音"形声字。

据这一批字的分析，我们大致可作以下总结：

首先，即便这批字中有 3 个形声字，这批字仍代表着一个基本表意的体系。这是因为，具体分析这几个形声字，均有其不同于一般东巴文中较成熟的形声字之处：

26 🐾 [nʲɨmɛ˩na˩] 黑道日也。

实际上，由形、音、义理解这是"黑日"，合"黑"与"日"二字，可视为合文形成的形声字。也就是说，可以理解为"黑"、"日"二字在形体上的结合。应该说，由合文造成的形声字当亦为形声字萌发状态时造成。

123 𝐖 [tʂuɨ lʲɤˑ gvˑ] 地之中央。此字可视为形声字。上𝐭表中央义。但因此𝐭为"矛"之可疑，或其本义就为中央。

756 🐚 [kvˑ] 罩起。此字 ◯ 注"罩"音，当为较为成熟的注音形声字。

另有 3 字，结构不明：

89 🐌 [zuɨ moˑ tsɤ˩ kuɨ] 二十八宿之一。此字若喀字与一般东巴字写法不同，《字典》无详细说明。但据其结构可能为形声字。

414 🕴 [hō] 神名。字典云："不知其形意所指。"可能为形声字。因下部形体当为"石"，音非 [hō] 而为 [rvˑ]。

416 🕴 [mboˑ] 口舌是非。《字典》无详细说明。有可能为形声字。亦有可能为指事字或会意字。

可知，真正可以确定为若喀地区所用形声字的，在《字典》所收 80 字中，至多不过 6 字，且其中至多仅 2 字为较为成熟的形声字。

总结上面的分析，可知尽管有可能在《字典》中所云"若喀"字中杂有少量形声字，但有些可能为文字流播中其他较发达地区东巴文之混入，亦有些当是最早期的形声字。所以，我们可以把对这 80 个若喀字的观察总结为以下 4 点：

（一）较早期的若喀字很可能是一个纯以表意法记词的文字系统，至少它比一般的东巴文更带有表意成分。

（二）若喀字中的指事字在其记意写词方式中占相当大的优势，尤其以纯抽象性符号构成的指事字占优势。

（三）从若喀字向纳西其他地区流播的过程中，当可能发生以下一些变化：更多的象形字的发生；指事字中在象形符号基础上添加指事性符号的字的增加；更多会意字的出现；记音写词法的发展。

（四）这批若喀字代表东巴文的早期形态。

关于上述的第四点，实际上需有两个条件方可成立：一是若喀字有较强的原始性，这已在本节中得到了充分的证明；二是一般意义上的东巴文确是若喀文的发展。在此我们举一些例子加以论证。

关于若喀文与一般东巴文的关系，从《字典》中的许多例字即可得到证实。

如 872 ，一般东巴文作"肩胛骨"解，用作"到来"之"来"，而若喀文亦有此字，作 1676 ，与 872 同形，或 1677 。

又如 1065，一种蓼科植物。若喀文作 （1605-2），丽江东巴文作 （1605-1），显然后者源自前者，系后者之同化。

再如 1639 ，表"方位"，又有作 者，而傅懋勣先生所记丽江东巴文《古事记》中路牌作 ，① 当出一源。②

再如 1644 ，富，丽江一带作 1643 。

又如 1647 ，神名，《字典》云："与丽江一带之 火神同。"后者当为前者之简化。

又如 1657 、 ，威灵、熔化，"与丽江一带之 字同"。显然，后者为前者之简化。

可见，我们以为东巴文源自若喀文，决非妄说。因为二者之间有许多形体相同或相近而记录同一词的字。从理论上看，可以认为初期的若喀文或仅有这样一些字或主要有这样一些字，因此，我们尽管不能说这80 字等于若喀东巴文的全部，但至少可以认为它或是反映了初期的若喀文的大致面貌，至少反映了这种面貌之倾向。

# 二、对鲁甸东巴文的考察

李霖灿先生对于鲁甸的东巴文及其经书所做的工作甚多，这也正是《字典》中指出某些字"见于"或"仅见于"鲁甸的原因之一。以下，我

---

① 傅懋勣：《丽江么些象形文〈古事记〉研究》，84 页，武昌华中大学出版社，1948 年。
② 参见王元鹿：《汉古文字与纳西东巴文字比较研究》，华东师范大学出版社，1988 年。

们对鲁甸的东巴文的状况进行一些考察。应该说，同若喀文不同，鲁甸文属于东巴文，这是一致公认的。我们的主要目的仅仅在于：确定了若喀文这个东巴文的"源"之后，再来考察一下东巴文的"尾"的状况。

我们对《字典》中指出为鲁甸东巴文的 126 字进行了分析，统计结果大致如下：

象形字 18 字。

指事字 19 字。其中纯符号指事字 4 字，加符号指事字 15 字。

会意字 21 字。

形声字 61 字。其中所谓标音的形声字 50 字，属于它类的形声字 11 字。

纯用于假借的字 1 字。

会意兼形声字 3 字。

反切字 2 字。

结构方式不明者 1 字。

以上的统计结果至少说明了以下几点：

（一）鲁甸东巴文中，记意和意音模式并存，且二者在字的数量上较为均衡。

（二）在其记意系统中，象形、指事、会意字数量亦较均衡。

（三）形声字的所谓"标音字"占优势，且有其他几种类型的形声字。

（四）有少量反切字。

综观以上四点，我们不难发现，在鲁甸特有的东巴文中，许多现象都标志着东巴文已发展到了其高峰阶段。

这是因为：

首先，记意、意音二系统出现，必然标志着假借现象也存在于这一文字系统中。因而，由写词方式而言，则鲁甸东巴文兼备着记意、记音和记意兼记音三种方式。

其次，记意系统中象形、指事与会意三书的均衡数量，说明了这一文字系统的记意写词法已经发展到了顶点。可作佐证的是与若喀文罕有加符号指事字相比，指事字中占优势的是加符号指事字。这一事实一方面说明了这种文字原始时的纯符号指事字已大致使用殆尽，另一方面说明了这种文字中象形字已发展得相当充分从而可以经常被加上符号造成加符号指事字。

第三，形声字类型的多样化，至少说明了这一阶段已不是形声字形成的初期。

如果对鲁甸东巴文中形声字的状态进行说明，那么至少它们可分为这样几种：

明显标音者，如：

737 [图]："鸡冠也。画鸡冠之形 [图]，又于下加一铁字以注其音。……此种写法，仅见于鲁甸一带。盖原画作 [图]，不易识别，至此为之加一音符。"

明显标义者，如：

458 [图]：此种写法亦常见于鲁甸。有时即以黄豆借音作"你"。

象形字变成似会意字者：

如453 [图]："恭维而求人也。与前 [图] 字意相同而造字法不同。[图] 乃象形，此为借音也。画人手捧一胆之形，以胆字注其音也。此字见于鲁甸。"

此外，从所注音节的数字而言，有对一多音节字以多个声符注音者，也有对一多音节字以声符注其部分音者。

总上介绍可知，纳西东巴文字流播到鲁甸，形声造字法已发展到了一个较高的水平上。

据和志武先生统计，形声字在一般东巴文中有 100 余个，[1] 而喻遂生先生统计为 200 余个。[2] 照此计算，则为鲁甸东巴文所特有的形声字有 61 个，约占其 1/3 至 1/4，实为可观。

值得特别注意的是，我们可以看出，尽管鲁甸的东巴文与丽江等地的东巴文差别有一定限度，但是以鲁甸特有的东巴文为一个标志，足见东巴文发展到高峰时其状态之一斑。

## 三、本研究对东巴文研究和文字史研究的意义

本文限于材料条件，无法在更多资料的基础上，对若喀和鲁甸的东巴文进行深入研究。然而，虽然本文所凭借的李霖灿先生所提供的调查资料有一定局限性（这种局限性主要在于收集的是单个文字的情况而缺乏它们所处的语言环境，还在于这些文字的收集不可能相当完备而一定

---

① 见和志武：《试论纳西象形文字的特点》，载《东巴文化论集》，1—6 页，云南人民出版社，1985 年。

② 参见喻遂生：《纳西东巴文字单音节形声字研究》，第四届中国语言文字研讨会论文；另参见喻遂生：《纳西东巴文字多音节形声字研究》，载《丽江教育学院学报》，1999 年第 2、3 期合刊。

有不少遗漏），但是，由于依据所收集的资料得出的结论具有极强的典型性（至少可见两种文字具有鲜明且各自不同的个性），所以，从模糊方法或抽样统计方法的原则出发，这些统计结果与某些我们所发现的现象及得出的结论看，至少可以认为：这些观察、研究和统计的结果，足以反映若喀和鲁甸东巴文的面貌与状态的倾向性。这些结果在东巴文研究中的意义，我们可作以下总结：

（一）东巴文从发生到发展，经历了一条漫长的流播路线。其肇始一端当是或当近若喀地区的若喀字的早期状态，而其结尾一端当是鲁甸一带的东巴文。

（二）若喀文与鲁甸文同是一种民族使用且有流播上的联系的文字，但是二者之间在文字史上所处的阶段迥异：若喀文曾是一种相当原始的早期文字，而鲁甸文已发展成为一种已经进入表词—意音文字阶段的文字。

实际上，我们若从关于本文以上研究所发现的种种材料仔细研究，那么，令普通文字学和文字史的学者感兴趣的有这样一些现象：

（一）若喀文的性质与状态。

文字学界或认为文字的渊源物往往是原始图画，或认为文字的渊源物主要是原始图画而又有一些原始符号。从若喀文来看，则可知至少纳西东巴文字的主要渊源物当是原始符号，因为指事字尤其是纯符号指事字在其中占了极大优势。毫无疑问，这些指事字来自纳西族无文字时代的原始符号。此外，我们看到，若喀文的形声字尚未出现，唯见的两个假借字也仅用于记录人名，由此可知，过去许多埃及文字学者和普通文字学者从埃及、阿兹特克等文字研究中所得出的认为专名记录乃是表音和意音写词法的开端的现象的说法，得到了一个新的佐证。

（二）鲁甸文的性质与状态。

东巴文字学界一般认为纳西东巴文字的意音写词法还刚刚开始，而其形声字尤其较为原始。鲁甸文有别于一般东巴文字的最大特征乃是意音写词法的造成和发展。我们发现，鲁甸文的意音写词法并不是刚刚开始，而是花色多样，而且较为先进的两种构成形声字的方式——在原字上加上声符的标音和在原字上加上意符的标义，均已形成。此外，形声字在鲁甸文中所占的比例之大、各样各式的形声字在鲁甸文中几乎全都具备等等，均证实了鲁甸文当为东巴文发展的高峰，同时也启发我们对东巴文字能否仅被定为相当接近于表词—意音文字的一种原始（或早期）文字的说法是否合理作进一步的探讨。

（三）东巴文从始至终的流播与发展。

从本文的探讨可知，东巴文是一个流动与变化的过程，而起始点可能可以《字典》中 80 个若喀字为代表。由对这些若喀字的性质来看，可知作为后来成为表词—意音文字的东巴文有其作为早期文字（可称为表意文字）的前身。这一情况同汉、埃及、苏美尔、马亚文字一样。因此，我们的这一研究，又为普通文字学认为"每种自发的表词—意音文字均有其早期文字阶段"的说法提供了新的佐证。

刊于《华东师范大学学报（哲社版）》，2001 年第 5 期

# 第四篇　民族文字比较研究

# 纳西东巴文与汉形声字比较研究

## 一、引 言

纳西东巴文字与汉古文字，都是有着悠久历史的文字。因为这两种文字的记词方式中既有记意成分，又有记音成分，所以它们都属意音文字。[①] 而且，这两种文字在它们各自的创制和发展道路上是互相独立、互不影响的。（按：关于这一问题，请参见拙文《纳西东巴文字与汉字不同源流说》，载《云南民族学院学报》，1987 年第 1 期。）因此，这两种文字的比较研究，对于文字发展史的研究有着极为重要的认识价值。

本文将把纳西东巴文字与汉古文字中的形声字的特征作一比较，这种比较对于研究形声造字法的历史和确定纳西东巴文字与汉古文字在文字史上的发展阶段，无疑会有很大的启发作用。

## 二、相似的造成途径

纳西东巴文字与汉古文字中形声字的造成蹊径，是颇为相似的。

汉古文字中的形声字，大致通过以下三条途径造成：

一是"合文"，即记录一个词组或一个合成词的两个字，在书写中渐变为一个字。比如甲骨文"羽日"原先作🔣，"羽"和"日"分开写作两个字，后来逐渐形成一字，作🔣（《龟甲兽骨文字》一·一七·二二）。[②]

二是"标声"，即为了使一个象形字区别于另一个与之同形或形近的字，就给前者上一个声符，从而前者就转化为新造成的形声字的意符。如甲骨文"星"作🔣（《殷虚书契后编》二·九·一），后来加上与🔣同音或音近的声符Ұ，成为🔣（《殷虚文字乙编》一八七七）之类的形声字。《说文》中"星"字古文作🔣，也是一个标声的形声字。

---

① 关于汉古文字与纳西东巴文字的性质与名称，目前还在讨论之中。本文把它们都称
　作意音文字，是从记词方式出发的。
② 参见唐兰：《中国文字学》，96 页，上海古籍出版社，1979 年。

三是"标类"，即为了使一个意义经过引伸的字或假借字区别于另一个与之同音或音近的字，就给前者加上一个意符，从而前者就转化为新造成的形声字的声符。由于那个后加的意符往往标示该字所表意义的类别，所以它又被称为"类符"。如甲骨文"祖"原先作"且"，后来加上类符"示"，成为"祖"。①

上述造成汉古文字中形声字的三条途径，以第一条即"合文"为最原始。唐兰先生曾指出"合文就是形声字的前驱"。②"合文"和"标声"都不可能大量造成形声字。只有"标类"（往往称为"孳乳"）的途径通畅以后，形声字才得以大量造成。其间原因，在于两字合成一字及两字同形的情况毕竟不多，而引伸和假借却都是十分常见的现象。

我们如果深入观察和分析东巴文字中的形声字，便会发现，汉古文字中造成形声字的三条途径。在东巴文字中也都能找得出来。

"水尾"，东巴文作🐟，就是一个"合文"造成的形声字。🐟是💧（水）和🐟（尾）二字合成的。③这个字当有一个写作🐟的阶段。因为这个字至今仍读双音节 [$^2$dʑi$^2$mæ]，④ 可见它是合文造成。而且东巴文"屋后"作🏠，🏠（屋）与🐟（后）将连未连，当为向"合文"过渡的阶段。

"标音"造成的形声字，也可以在东巴文中寻觅出来。

如"岗"，作𝄢，音 [$^1$to]，初形必作𝄢，是一个象形字，由于与"坡"（作𝄢）形体酷似，为了区别这两个形近字，就给𝄢（岗）加上了声符🔲（板，音 [$^1$to]）。

如"粮食"，作🌾，音 [$^1$ko]，常写作🌾，这是加🐦（鹤，音 [$^2$ko]）这个声符来标音。⑤

又如"肝"，作🫘，音 [$^1$sər]，象肝形，当是"肝"的初文，为了避免与（耳）相混，标上🌿（柴，音 [$^2$sər]）这个声符。"肝"字在东巴经书中偶有讹作🫘的，这恰恰证明了🌿是一个"标声"形声字。

---

① 与此相近的是会意字以意符标类，较少见。不多述。
② 参见唐兰：《中国文字学》，96 页，上海古籍出版社，1979 年。
③ 见方国瑜、和志武：《纳西象形文字谱》，68 页，云南人民出版社，1981 年。又，本文多处引此书，恕不一一赘注。
④ 本文用傅懋勣先生的标音法。标 1 表高平调，标 2 表中平调，标 3 表低降调。
⑤ 见傅懋勣：《纳西族图画文字〈白蝙蝠取经记〉研究》（上册），14 页，日本亚非语言文化研究所，1981 年。值得一提的是，这里，作为声符的"鹤"与形声字"粮食"不同词。

　　还有一个例子：东巴经书《古事记》① 标题中，〜 表"行进"，音 [²mbʌ]，为了区别于其他同音字，加注哥巴文② ⊫ 作为声符。而《古事记》经文 164 节中，内容与标题同文，但不注 ⊫，而《古事记》的另一写本《崇搬图》中，相应的经文也不注 ⊫。《古事记》是纳西族早期经典，肯定形成在哥巴文产生之前。由此可知，哥巴文声符 ⊫，肯定是后加的注音声符。

　　在考察东巴文的形声字时，笔者还发现了一个十分有趣的现象，即两个象形字互为对方注音。东巴文"结"作 ⊟，音 [²tər]；"砧"作 ⊟，音 [³tər]。依形释义，𝅘 当为"结"的初文，⊟ 当为"砧"的初文。后来以"结"标"砧"音，以"砧"标"结"音，造成的两个新形声字都是 ⊟。为了区别这对同形字，只好把"砧"字改为 ⊟。③

　　通过第三条途径即孳乳造成的形声字，在东巴文中也能找到。

　　如"你"，作 ⚘，以 ❧（黄豆）为声符，⚲（人）为类符。而"你"又可以作 ❧，是假借。可见 ⚘ 是一个由孳乳方式造成的形声字。

　　又如"大"，作 ⚙，借为"得"，后来又加上一个"人"即 ⚳，作 ⚳，也表"得"。这个过程也是加类符的孳乳。④

　　据以上所述可知，东巴文字中形声字的造成途径与汉古文字相同，而且最为能产的孳乳造字法也已经产生。这一现象无疑说明了人类各民族的造字心理具有许多共同性，也说明了意音文字的造字手段具有许多共同性。

# 三、不同的发展水平

　　纳西东巴文字与汉古文字的形声造字，也表现出若干差异。这些差异明显地反映在下述几个方面。

　　**首先，两种文字中形声字的音节数字不尽相同。**

　　汉古文字迟至两周，形声字已经实现了单音节化。先秦大量句式整齐的诗文尤其是《诗经》，是这一点的有力证据。而东巴文字的形声字，至今有相当一部分是读双音节或既可读单音节又可读双音节的。

---

① 傅懋勣：《丽江么些象形文〈古事记〉研究》，武昌华中大学出版社，1938 年。
② 哥巴文是纳西族的一种标音文字，它的创制年代比东巴文迟得多。
③ 此部经书由和芳讲述、周汝诚翻译，丽江县文化馆印于 1963 年 9 月。
④ 见李霖灿、张琨、和才：《么些象形文字字典》，50 页，云南省社会科学院东巴文化
　　研究室翻印（油印本），1982 年。

显然，凡"标声"的形声字，一直是读单音节的。如"星"在甲骨文中无论作 🝔 还是作 ⚲，都应该读单音节。如东巴文的"岗"，无论作 ⌂ 还是作 ⌂，也都一直读单音节。因为标上的声符的作用仅仅是为原来的初文注音。

由"合文"造成的形声字，开头必然经历过一个双音节阶段，后来逐渐向单音节转化。如甲骨文 🜚 起先读"羽日"，后来合为一文，读音也就逐渐变为一个音节即"翌"。又如"小佳"写成"雀"①后，也逐渐改读为单音节即"雀"。而东巴文中"合文"造成的形声字，至今往往仍读双音节。如"水尾"（ 🐟 ）读 [²dʑi²mæ]，"山路"（ 🜨 ）读 [³dʑy²ʐ]，等等。

由"孳乳"造成的形声字，至少在"标类"这种手段刚刚开始使用时，可以读作双音节。唐兰先生曾举过一个孳乳的例子："假如有一条河叫做'羊'，一个部落也叫做'羊'，一种虫子也叫做'羊'，古人就造出了从水羊的声'洋'，从女羊声的'姜'，从虫羊声的'蚌'。"②这些字是否曾被读作双音节？东巴文字中的一些例子给我们以启发：（详表）

### 东巴文形音义对照表

| 字形 | 字义 | 读音 | 又读 | | |
|---|---|---|---|---|---|
|  | 富人 | [³hɯ]（富） | [²ɕi]（人） | | [³hɯ]（富） |
|  | 强盗 | [²kˋv]（偷） | [²ɕi]（人） | | [²kˋv]（偷） |
| ③ | 季鬼 | [¹tɕi]（剪刀） | [¹tɕi]（剪刀） | | [³tsʼɯ]（鬼） |
|  | 相识者 | [²sɹ]（识） | [²sɹ]（识） | [¹sɹ]（识） | [²ɕi]④（人） |
|  | 水的泡沫 | [³dər]（泡沫） | [²dʑi]（水） | | [³dsr]（泡沫） |
|  | 深 | [¹ho]（深） | [²kʼo]（穴） | | [¹ho]（深） |

---

① 参见唐兰：《中国文字学》，96 页，上海古籍出版社，1979 年。
② 同上。
③ 右边义为"剪刀"，音译为"季"。
④ [²sɹ] 的重叠表示"互相认识"。

　　由字形来看，以上一些字都是孳乳造成的形声字。既然它们既可读单音节，又可读双音节，那就可想而知，由孳乳造成的形声字在其尚未进入大量制造阶段时，确有一个读双音或既可读单音又可读双音的阶段。拿汉字来说，"洋"一定读过"羊水"，"姜"一定读过"羊女"，"䗪"一定读过"羊虫（huī）"或"羊蟲"。

　　当然，在孳乳手段成熟且常用之后，这类形声字就只读单音节了。两周和秦汉正在大量制造新的形声字，而当时韵文的句式十分整齐，就足以证实这一类事实了。

　　由此看来，形声字（无论是由"合文"还是由孳乳造成的）可以读双音节，是一种文字的形声造字法不够发达的标志。汉古文字迟至两周形声字单音节化的完成正是它的形声造字法远比东巴文字发达的反映。这一差异反映了：当时的汉古文字已经把孳乳作为成批造字的手段了，而东巴文字中孳乳造字的手段还不很常用。

　　**其次，东巴文字中形声字的使用频率大大低于甲骨文字和两周金文。**

　　试举西周《日已方鼎》[①]（见图）为例。其中至少"考"（右三）、"鐏"（中一）、"其"（中四）和"邁"（左一）四字为形声字，占除去两个重文字后全部铭文总字数的22%。

　　而东巴文字中形声字的使用频率则要低得多。据我们统计，东巴经书《古事记》[②]前11节中的10节（除去第2节，因有图画式复合字形记句，无法计算），共73字，竟无一字是形声字。而东巴经书《挽歌》[③]前9节共94字，形声字不超过4个，以4字计，占总字数4.2%。

　　实际上，东巴文字中形声字的总字数也相当有限。甲骨文字中形声字已占20%左右，[④]到后汉的《说文》中，形声字约占80%。[⑤]

　　毋需详细说明，一种文字中形声字的使用频率及其在一种文字中所占比例之低，自然也是这种文字的形声造字法不够发达的标志。

---

① 引自徐中舒主编：《殷周金文集录》，151页，第319器，四川人民出版社，1984年。

② 傅懋勣：《丽江么些象形文〈古事记〉研究》，武昌华中大学出版社，1938年。

③ 此部经书由和芳讲述，周耀华翻译，丽江文化馆印，1964年。

④ 据郭宝钧先生统计，甲骨文字中形声字占18%。见郭宝钧：《中国青铜器时代》，241页，三联书店，1963年。据梁东汉先生统计，占20%。见梁东汉：《汉字的形体及其流变》，33页，上海教育出版社，1959年。

⑤ 参见唐兰：《中国文字学》，102-103页，上海古籍出版社，1979年。

（《日已方鼎》）

再次，至迟到后汉古文字中，已经开始以形声字为声符进一步孳乳以造成新的形声字，而东巴文字则少有这一类现象。

如汉字"甫"，作为声符孳乳出了"浦"、"馎"、"圃"、"辅"等字，而其中"浦"字又被用作声符孳乳出了"蒲"字，然后，"蒲"字又进一步孳乳出了"薄"字。以上各字都见于《说文》。

东巴文字中虽也有类似情况，如表纳西族一支的 字，经历了 的过程得以造成，但这种两次孳乳的现象已极为罕见了。

形声字用作声符的孳乳以及这个过程的连锁进行，当然说明了一种意音文字中形声字的高度发达。因为，这标志着那些用作声符的形声字已经在记词和构字时稳固地被当作一种表音符号被使用。

综上所述可见：汉古文字在甲骨文字和两周铜器文字时代，已经进入了在假借字或引伸字上增添类符以大量制造形声字的阶段，而东巴文字中使用这一手段的时代还刚刚开始。正因为这样，东巴文字中的部分形声字还保留着双音节读音，形声字的使用频率和字数也比较低，而且形声字被用作另一形声字的声符的现象极为少见。

# 四、结　语

两种文字的形声字的比较，给我们以如下的富有启发性的结论：

（一）每种意音文字的形声字的造成手段往往不止一种，而这些手段在各种意音文字中又往往是极为相似的。

（二）早期的形声字，有一字读多音节的现象。这一现象反映在纳西东巴文字中，也同样反映在早期汉古文字中。

（三）纳西东巴文字与汉古文字都已形成形声系统。汉古文字的形声系统，到甲金时代已经进入了较为高级和发达的阶段；而纳西东巴文字的形声系统还处于较为低级和不发达的阶段。这种差异的反映，在于形声字音节的差异和孳乳造字法使用水平的差异。

刊于《中央民族学院学报》，1987 年第 5 期

# 纳西东巴文字与汉古文字假借现象的比较
# 及其在文字史上的认识价值

纳西东巴文字与汉古文字中都有文字假借的现象，即借用书写甲词的字去书写与甲词读音有关的乙词的现象。纳西文字中的假借与汉古文字中的假借，有许多相同的地方，也有若干不同的特征。比较这两种文字中的假借现象的异同，对于意音文字①的发展历史的研究，有着重要的认识价值。因为，这两种文字假借现象的共同之点，往往能体现出各种意音文字的一些共性；而它们的若干不同之处，又可能从某些特定角度反映出这两种文字在文字史上所处的不同阶段并反映出意音文字发展的轨迹来。

纳西东巴文字与汉古文字假借现象的相同之点，首先在于：假借字往往是一些"有形可象"、易于"画成其物"的字，尤多象形字；其本义常是一些具体的概念，尤多名词性概念。而用假借字记录的词，往往是一些"无形可象"、不易"画成其物"的词，如虚词、抽象名词、抽象性的形容词、抽象性的动词及副词等。

先举甲骨文字为例：发语词"隹"，②借自表鸟名的象形字，虚词"其"借自表一种实物的象形字。

再举东巴经文《古事记》第一段③如下：

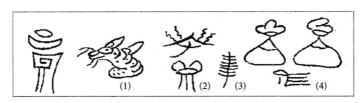

(1)　　　(2)　(3)　　　(4)

---

① 关于汉字的性质，文字学界正在讨论之中。笔者之所以说汉字与纳西东巴文字是意音文字，是从记词方式角度出发的。这两种文字的符号中既有记意成分，又有记音成分，故可把它们称为意音文字。

② 即"唯"。

③ 见傅懋勣：《丽江么些象形文〈古事记〉研究》，10 页，武昌华中大学出版社，1948 年。

在这段经文中，有四个字是假借字：（1）"虎"（[lɑ³³]）记录"太古时候"（[ɑ³³lɑ³³mʌ³³ʂʅ⁵⁵bɛ³³t'ɿ³³dzʅ²¹]）的第二音节，（2）"姜"（[ku³³]）借去记录"能"（[ku⁵⁵]），（3）"草"（[zʅ³³]）借去记录与之同音的语尾助词，（4）"肋骨"（[hɔ²¹]）借去记录与之同音的"混杂"。显而易见，以上四个假借字都是象形字，它们本来的词性都是名词，都被借去记录较为抽象的非名词性的词。

这一相同之点的原因在于：不使用直接借助语音来记词的造字方式，不便于造成记录意义较为抽象的词的字。于是，便不得不借现成的一些意义较为具体的字去记录意义较为抽象的词的读音。

看来，这至少是较多的意音文字的共性。如埃及圣书文字中，"燕子" 借作"大"，"甲虫" 借作"成为"，① 原因是相同的。

两种文字中假借现象的另一重要共同之处是：当开始假借时，假借字的本来读音与它被借去记录的那个词就不一定严格同音。

汉语上古音类和音值的考察，还是正在不断探究中的问题。但字的假借不仅有同音的，也有音近的，这是一般古音学者和古文字学者较为统一的意见。东巴文字为这一观点提供了具体而有力的佐证。如上文中"姜"（[ku³³]）借作"能"（[ku⁵⁵]），声、韵相同而调不同。这类例子很多，如：

"嚼" ，音 [guɯ³³]，借作"真"时音 [guɯ⁵⁵]，调值不同。

"蛋" ，音 [kʏ³³]，借作"有"或"身体"时音 [gʏ³³]，声母不同。

"门" ，音 [k'u³³]，借作"祝"时音 [ho⁵⁵]，声母、韵母、调值全部不同。

看来，这也是许多意音文字的共性。埃及圣书文字的假借，也不一定严格同音，如"羊齿叶" 读 [mś]，借作"生育"时读 [mśj]。②

产生这一情况的原因是复杂的。我们不能排斥古今音变使某些开始假借时是严格同音的假借成为音近假借；我们也不能排斥方言差异造成的音近假借（按：纳西语也有方言）；但我们更不能排斥有些词在文字发展的较早阶段上还找不到一个音值与之完全相同的字，或虽能找到但这个字不常用或书写不便。纳西东巴文字中大量的音近假借，使我们更加相信最后一种原因的客观现实性，因为东巴（纳西族的巫师）们至今写

---

① 见 Johannes Friedrich：《古语文的释读》（高慧敏译），27 页，文字改革出版社，1966 年。

② 同上。

经，仍常常随心所欲地找一些音近字去记录某些词。

这一结论告诉我们：汉字中的音近假借的存在可以上推到开始假借之时。

这一结论还给我们这样一些启发：（一）《说文解字》中说解文字时"从 A、B 声"，并非意味着那个形声字与 B 字的读音一定相同，也很可能是相近；（二）既然假借开始时已可能有声的差异，那么整理古音系统和拟测音值时使用谐声系统必须格外谨慎；（三）"古无四声说"产生的认识原因之一，在于把假借时不必严格区别四声误以为不存在四声了；（四）"声转"的原因必须从多方面考察。

纳西东巴文字与汉古文字的假借现象，也有若干明显的性质上的差异。其中的一个差异是：汉古文字中假借字与它被借去记录的词的对应关系，在甲骨文时代已基本固定，而东巴文字中，这二者的关系并不很固定。如：甲骨文表"箕"的"其"，固定借作虚词"其"，甲骨文表"囊橐"的"東"，固定借作表方向的"東"。而东巴文字中，"火"凸，可借作"熟"、"忘"、"名字"、"女人"、"女儿"；"有"这个词，既可借"鐲" 🌀 来记，又可借"芜菁" 🐾 来记。①

另一个差异是：汉古文字迟至甲骨时代，已开始陆续为一些本字被别的词"久借不还"的词造新字，而东巴文字则无此情况。如：甲骨文"北" 林，从二人相背，是"背"的本字，长期被借作表方向的"北"，久借不还，于是只好再为"背"这个词另造"背"字。又如：铜器文字"能"，是"熊"的本字，由于长期被"能"这个词借去，后来也只好为"熊"这个词另造"熊"字。这个过程的必然后果是大批文字的本义的遗失。

从以上两个差异可知，假借在汉古文字的甲骨文时代已发展到很高水平。如果把假借字表"本义"与"假借义"时的两个形体视为同形字，则可以认为假借在汉古文字中已成为一种造字方法。而东巴文字由于假借字与其所记词的对应关系的不固定，它的假借还只能视为一种用字方法。

据以上差异还可推知，汉字形声字在甲骨文字中的发展水平一定高于东巴文字。因为，只有在形声字大量产生的前提下，才能不断在假借字上孳乳形符，以造出更多的形声字，促使假借字与其被借去记录的词

---

① 参看拙作：《纳西东巴文字黑色字素论》，《华东师范大学学报（哲社版）》，61 页，1986 年第 1 期。

之间的关系趋于单一和固定。由于东巴文字形声造字法还处于初级阶段，所以其假借用字法必然处于负荷过重的状态，有着种种紊乱的情况。上述两种文字假借的第一个差异的原因，就在于此。

刊于《徐州师范学院学报（哲社版）》，1987 年第 2 期

# 纳西东巴文字黑色字素论

## 引 言

我国云南省纳西族记录东巴文所使用的纳西东巴文字,是一种源远流长而且至今仍有人能诵其音、书其形、释其义的文字。从记词方式角度看,甲骨文字以来的汉古文字和纳西东巴文字,都是意音文字。① 从文字发展史角度看,纳西东巴文字比汉古文字中的甲骨文字和两周铜器文字处于更为原始的阶段,保留着较多的原始文字的性格。董作宾先生曾经形象地说明了这两种文字在文字发展史上的阶段性差异:"在文字的演变过程中,么些("纳西"的旧称——笔者)文算是童年,而今日所能看到的汉文古象形字,已到了少年时代了。"② 因此,对纳西东巴文字带有的原始性格的深入观察和理论分析,对于意音文字史的研究和早期汉字面貌的推测,无疑是具有极高认识价值的。本文将对纳西东巴文字的一个特征——使用黑色字素造字——作一些讨论。

## 一、黑色字素在造字时所起的作用

汉古文字,无论甲骨文字、铜器文字还是秦汉篆体文字,虚实笔或涂朱现象都不能在记词时起表达意义或区别意义的作用。如"丁",甲骨文作○(《殷墟文字乙编》七七九五),又作●(《殷墟文字甲编》二三二九);"旦",甲骨文字作☒(《殷墟文字甲编》八四○),铜器文字

---

① 关于汉字的性质,有各种不同的提法。笔者的看法是:讨论一种文字的性质,必须从文字的本质出发,即看这种文字的符号同它们所记录的语言的关系如何,即看文字符号是如何记录语言(主要是词)的。从这一认识出发,汉古文字的符号既有记意功能,又有记音功能,则可以认为汉古文字是意音文字。同理,纳西东巴文字也是意音文字。

② 董作宾:《么些象形文字字典·序》,载《么些象形文字字典》,5 页,云南省社会科学院东巴文化研究室翻印(油印本),1982 年。

作🐘（《休盘》）；"象"，甲骨文字用虚笔，晚商铜器文字用实笔（《且辛鼎》）。所有这些字中，虚实笔之间并无任何意义上的区别。

东巴文字恰恰相反。书写时涂黑与否，往往能表达和区别意义。所以，东巴文字中的黑色，可以被看作一种表意字素，甚至有时还起着声符的作用。因此，我们把东巴文字中为区别意义或标示读音所涂的黑色，称为黑色字素。

黑色字素在造字时所起的作用，大致有以下几种：

（一）直接充当象形字。如："炭"，作■；"黑"，作■。又如：▲或▼，义"瘦"或"哑"或"困苦"。

（二）用作指事字的象形符号。如："恶声"，作➚，其中▲表"恶"义，而➚是表"发声"的抽象符号。

（三）用作会意字的构件。如"苦"，作🐛，从口吐苦物，黑圆点表"苦物"义；"毒草"，作🐛，是在象形字"花"上涂黑而成，黑色表"毒"义。

（四）用作形声字中兼义的声符。如"黑蛋"，作⚫，音 [$^2$ku]（蛋）[$^3$na]（黑）（标调按傅懋勣先生的标示法：高平调标1，中平调标2，低降调〔或作低平调〕标3。下同）黑色圆点表"黑"义和"黑"音；又如"大雨"作🐛，音 [$^3$hu]（黑）[$^2$na]（大），三个黑色圆点表"大"，这是由于纳西语中"大"与"黑"同音，所以黑色又可借去表"大"。

从严格意义上讲，以色表义并不等于以形表意。我们只是在最广泛的意义上，才把黑色看作一种象形字素。

黑色字素在迄今为我们所知的汉古文字和其他成熟的意音文字中并不存在，而它在纳西东巴文字中却被经常使用。可见，关于黑色字素的讨论，对于我们研究纳西东巴文字在文字发展史上所处的阶段，必定有着特殊的启发作用。因此，我们需要对黑色字素的本质、来源和造成原因进行多方面的讨论。

## 二、黑色字素是原始图画色彩使用的孑遗

从文字发生史角度来看，黑色字素的使用，反映了东巴文字同文字脱胎于图画的时代的距离是比较近的。因为，黑色字素是一种原始图画中色彩使用的孑遗。

在原始图画中，已经开始了色彩的使用。西班牙阿尔塔米拉洞穴有20多个旧石器时代的动物图像，它们用黄、橙、黑、蓝等多种色彩渲染

过。① 1983 年在我国云南文山发现的原始崖画的神像、人像和动物图腾像，也由多种色彩绘成。② 其中的狮子山洞穴崖画分为上、下两部分，上部的九个武士用黑色绘成，下部的人形化的鸟和鱼等远古氏族的图腾用红色绘成。③ 可见，以色表义和以色别义萌芽于原始图画。④

在被一部分学者视为文字的源头之一的结绳中，也看得出以色表义和以色别义的现象。比如，秘鲁人的结绳，以某些颜色表示某些特定的意义，如红绳表示"兵"，黄绳表示"金"，白绳表示"银"，绿绳表示"谷"，等等。⑤

当原始文字产生时，这种以色表义和以色别义的特征，自然地被保存了下来。我国四川尔苏人使用的沙巴文字，是一种比纳西东巴文字更为原始的文字。这种文字以红、黄、蓝、白、黑、绿至少六种颜色表义，如月亮和星星涂黑表示暗淡，白色则表示吉祥，等等。⑥

原始文字的以色表义，还有不少例子。我国山东省诸城县前寨古文化遗址出土的一块陶缸残片上有一个字，补足后为🏺，⑦ 与大汶口陶文🏺是同一字。从符号体态来看，显然这种文字比甲骨文字更为原始。从考古学角度看，其年代也肯定早于甲骨时代，很可能是一个夏代字。值得注意的是，这个字在◇和⛰之间涂有红色。⑧ 虽然其用意已无可考据，但这未始不可能是一种以色表义的做法。

还有一个有趣的例子：印第安酋长华布其的墓铭上有🦇两个符号，⑨ 🦇和🦇必有区别。这个墓铭上又有两兽，一兽涂黑另一不涂黑，二者也必有区别。笔者以为，涂黑的兽在上，很可能是华布其的图腾，因为华布其已死，所以就涂以黑色；不涂黑的兽在下，当是立碑者的图腾或代号。

---

① 见朱狄：《艺术的起源》，43—47 页，中国社会科学出版社，1982 年。
② 见新华社报道：《远古人画了彩色画》，载 1983 年 12 月 30 日《新民晚报》第 3 版。
③ 同上。
④ 这反映了原始思维与原始宗教把某些事物和概念同一定的颜色相联系的特征。参见本文第四节。
⑤ 见葛劳德：《比较文字学概论》（林祝敬译），28—29 页，商务印书馆，据 1935 年版本，译于 1937 年。
⑥ 见孙宏开：《尔苏沙巴图画文字》，载《民族语文》，44 页，1982 年第 6 期。
⑦ 见任日新：《山东诸城县前寨遗址调查》，载《文物》，75 页，1974 年第 1 期。
⑧ 同上。
⑨ 见葛劳德：《比较文字学概论》（林祝敬译），42—43 页，商务印书馆，据 1935 年版本，译于 1937 年。

据以上例子可知，在原始图画和结绳中，已经有了色彩的使用。色彩不仅被用作一种装饰手段，也被用作一种表义和别义的手段。到原始文字中，这种手段便自然地遗留了下来。在相当原始的尔苏沙巴文字中，以多种颜色表义和别义。发展到纳西东巴文字，只用黑色来表义，只用黑和白的区别来别义。显然，东巴文字的黑色字素，是原始图画以色表义、以色别义的特征在原始文字中的孑遗。据了解，东巴经书偶尔还用几种彩色颜料进行书写，但并不表义和别义，仅随写经者兴之所至而用。这同甲骨文中极偶然的涂朱现象相仿，是以色表义传统趋于消亡的反映。

综上所述可知：东巴文字比汉古文字中的甲骨文字和两周铜器文字保存了更多的原始图画特征。因此，它比晚商和两周文字更接近于原始文字的发生。

以上分析还可以说明绘画和结绳同原始文字之间的连续关系，因为它们把以色表义的特征传递给了原始文字。

# 三、黑色字素是记词手段不够发达的标志

从文字发展史的角度来看，黑色字素的使用，反映了纳西东巴文字记词手段和造字方法的不够发达。

一种成熟的意音文字，往往包含记意、记音和记意记音三种记词模式。所谓记意，即凭借字形记录词义，与之相对当的造字方法是象形、指事和会意之类。所谓记音，即凭借字形记录词音，与之相对当的造字方法是假借。所谓记意记音（下文简称"意音"），即凭借一部分字形记录词义，又凭借字形的另一部分记录词音，与之相对当的造字方法是形声。

如前文所述，在甲金时代的汉古文字中，并不存在黑色字素及任何以色表义、以色别义的现象。这是因为，当时汉古文字的记词方式中，已经具备了比较发达和成熟的记音模式和意音模式。也就是说，当时汉古文字中，假借和形声两种造字方法都得到了比较广泛的使用。于是，不必求助于涂色和虚实笔，就足以造出大量新字来记录语言中的词了。

而东巴文字仍然使用黑色字素，这正是由于它的记词方式还不够发达，造字方式还不够成熟。具体地说，东巴文字的记音和意音模式都还不发达。

记音模式的不发达，表现在东巴文字的假借造字法还处于初级阶段。因为，东巴文字的假借，主要是一种用字法而不是一种造字法。在东巴

文字中，一个字和它被借去后所记录的词的关系，通常是不固定、不一对一的。比如"蛋"作 ⬤ ，据笔者的收集，可借去记"个"、"落"、"上边"、"身体"、"北方"和"适合"至少这六个不同的词。又比如"火"作 𢗬，至少可借去记"熟"、"忘记"、"名字"、"女人"、"女儿"五个不同的词。而且，记某一个词时，也可以向不同的字去借。比如记"你"这个词，可以借"心"字，也可以借"黄豆"这个字。又比如记"有"这个词，可以借"镯"字，也可以借"芜菁"这个字。

更为重要的是，东巴文字中的意音模式也很不发达。这一特点主要反映在东巴文字中形声字字数不多和东巴经中形声字使用频率很低。据笔者统计，东巴经书《古事记》[①]前 11 节中，除去第二节[②]的 10 节，共 73 字，无一字是形声字。东巴经书《挽歌》[③]前 9 节共 94 字，形声字共 4 个，占总字数 4.2%。这些比值，远低于甲骨文字和两周铜器文字中形声字的出现频率。而且，东巴文字中形声字的总字数也十分有限。甲骨文字中形声字占 20% 左右，[④] 到后汉《说文解字》中，形声字占 80% 左右，[⑤] 而东巴文字中的形声字则要少得多。

在这种情况下，东巴文字就不得不较多地依靠记意模式来记词。然而，记意模式并不很能产。于是，东巴文字的记意模式，便在使用种种手段记词时，也用到了黑色字素。虽然黑色字素作用毕竟有限，但是它的使用，却标志着东巴文字与其他成熟的意音文字的发展阶段上的差异。尔苏沙巴文字之所以用更多的色彩记词，也正标志着它在文字发展史上处在一个比纳西东巴文字更原始的阶段。

当然，书写工具、书写材料和书写方式，对于文字制度也有不小的影响。甲金文的广义上的书写形式是契刻和冶铸，这自然影响了虚实笔表义和别义的便利性和色彩使用的可能性。但是，这种书写手段的原因毕竟是第二位的，第一位的原因还在文字制度内部。应该说，尔苏沙巴文字的书写条件与纳西东巴文字相仿，但前者更多地用色彩表义和别义，

---

① 此部经书有几种不同版本，这里的统计据傅懋勣：《丽江么些象形文〈古事记一〉研究》，武昌华中大学出版社，1948 年。

② 第二节因有复合字形记录语段成分，故不作统计。

③ 此部经书由和芳讲述、周旭华翻译，丽江文化馆印于 1964 年 7 月。

④ 据郭宝钧先生统计，甲骨文中形声字占 18%。见郭宝钧：《中国青铜器时代》，241 页，三联书店，1988 年。据梁东汉先生统计，占 20%。见梁东汉：《汉字的结构及其流变》，33 页，上海教育出版社，1959 年。

⑤ 见唐兰：《中国文字学》，102–103 页，上海古籍出版社，1979 年。

这正说明了书写手段并非决定的原因。在这里，决定因素是：尔苏文字是一种尚未进入具备记音和意音两种记词模式阶段的文字，它仅仅凭借几百个象形字记录句子，[①] 于是只好变尽手段，借助各种色彩来记录更多的词。

## 四、褒白贬黑意识是纳西民族的传统心理

分析纳西东巴文字中的黑色字素，不难发现：黑色在东巴文字中除了表"黑"义和表与"黑"同音的词或词素（如"大"）以外，几乎都用于记录一些含贬义的词或词素，比如"鬼"、"毒"、"恶"、"苦"、"坏"、"下流"等等。

黑色字素与贬义事物的联系，同纳西族褒白贬黑的心理传统有着密切的关系。

几乎每部东巴经书，都反映了这种褒白贬黑的传统民族心理。

以东巴经史诗《白黑战争》为例，白方为正义的一方，黑方为邪恶的一方。这一诗篇的结局，是白战胜黑。[②]

在纳西语言和文字中，也体现出这种褒白贬黑的心理。如东巴文字𖼀𖽀意为"分清白黑"，即"辨明是非"，读 $[^3p'ər]$（白）$[^2na]$（黑）$[^2ts'l^2na]$，"白"表"是"。"黑"表"非"，"白"置于"黑"之前。又如"黑粮"（音 $[^2kɔ^3na]$）即"粗粮"，"白粮"（音 $[^1kɔp'ʌ]$）即"细粮"。[③]

如果说，我们已经从文字学角度找到了纳西东巴文字中体现出来的使用黑色字素的原因，那么，我们也可以从民族心理学的角度，去寻觅纳西东巴文字使用黑色字素时所含褒白贬黑心理的来源。

应该说，世界上的许多原始民族，都有把某些事物和概念同一定事物联系起来的心理特征。比如：中国古代就把四方同四种颜色联系起来，又把四季同四种颜色联系起来。它们之间的关系是：

[①] 据孙宏开先生的不完全统计，有 200 多个单体字。刘尧汉等先生认为有 100 多个基本字，加上变体共几百个。见刘尧汉等：《一部罕见的象形历书》，载《中国历史博物馆馆刊》，45、126 页，总第 3 期。

[②] 见《懂述战争》，此经书分上下卷，卷上由和正才讲述、李即善翻译，丽江县文化馆印于 1963 年 11 月；卷下由和芳讲述、李即善与周汝诚同译，丽江县文化馆印于 1964 年 7 月 20 日。

[③] 傅懋勣：《纳西族图画文字〈白蝙蝠取经记〉研究》（上册），15 页，日本亚非语言文化研究所，1981 年。

东　春　蓝
南　夏　红
西　秋　白
北　冬　黑①

朱尼人认为方位与颜色之间的关系是：

北　　　黄
西　　　蓝
南　　　红
东　　　白
天顶　　花
天底　　黑②

从以上二例也可以看出，在各个民族中，特定的颜色与特定的事物之间的对应关系并不相同。所以，决定事物、概念同颜色之间的对应关系的原因，是这一民族特具的传统心理。我们不妨到纳西族的早期神话中去寻找纳西族褒白贬黑心理的来源。

东巴经书《古事记》这样记载了事物的起源：

真和实变为白天，白天变为碧玉，碧玉变为白蛋，白蛋变为好声好气的叫唤者，声气变作善神依古阿格，依古阿格变为白蛋，白蛋变为名叫额玉额玛的白鸡，额玉额玛生下九对白蛋，每对变为神或人。这是神和人的来源。

假和虚变为夜晚，夜晚变为墨石，墨石变为黑蛋，黑蛋变为恶声恶气的叫唤者，声气变为恶神依古顶那，依古顶那变为黑蛋，黑蛋变为名叫负纪俺纳的黑鸡，负纪俺纳生下九对黑蛋，每对变为鬼和怪。这是鬼和怪的来源。③

与上述内容相似的推原神话，出现在许多部东巴经书的经文中。可见，纳西族褒白贬黑的传统意识，可以上溯到纳西先民对于白天和黑夜的看法。白天代表光明，黑夜代表黑暗，这正是纳西族处于蒙昧时代时人们的心理。因此，白天是万善之本，黑夜则是万恶之源。这种心理传

---

① 见列维-布留尔：《原始思维》，丁由译，206-207 页，商务印书馆，1981 年。"蓝"当作"青"。
② 见任日新：《山东诸城县前寨遗址调查》，载《文物》，212 页，1974 年第 1 期。
③ 见和志武编译，和芳、和牛恒读经：《纳西东巴经选译》，1 页，云南省社会科学院东巴文化研究室。

统显然是纳西先民自然崇拜感情的残余，但是它又闪耀着朴素的辩证法的光辉。因为黑和白被看作对立的东西，而且它们又分别可以转化为许多具体物。

顺便指出：据以上所述，方国瑜早年释"纳西"（音 [³na² ɕ]）为"黑人"的看法，[①] 难以成立。因为一个自古贬黑的民族，不会以黑自名。后来，方先生释"纳"（[³na]）为"大"，[②] 以"纳西"为"大族"，实际上是把"纳"看作一个假借字素，这才是合情合理的。

# 五、结　语

综合本文各方面的分析，可以看出：纳西东巴文字中黑色字素的使用，标志着纳西东巴文字比甲骨时代和两周铜器时代的汉古文字处于一个文字发展史上更为原始的时代——记音记词和意音记词两个系统都不够完善和不够发达的阶段。这个阶段离开文字脱胎于原始图画的时代而较甲金文字阶段为近。如果到文字外部进行观察，可以知道，由自然崇拜引起的纳西民族褒白贬黑的心理传统，仍是黑色字素经常使用于表达贬义事物和贬义概念场合的历史原因。纳西东巴文字中黑色字素的使用较多地反映出原始意识和原始宗教的残余，这也是从另一个角度证实了纳西东巴文字的原始性格。

刊于《华东师范大学学报（哲社版）》，1986 年第 1 期

---

① 见方国瑜：《么些民族考》，载《民族学研究集刊》，1944 年第 4 期。
② 见方国瑜、和志武：《纳西象形文字谱》，云南人民出版社，1981 年。

# 东巴文"大"字字形演变蹊径
# 对文字学研究的启示

## 一、引 言

正如一句关于词汇学与词典学的名言所说的"每一个词都有它自己的故事",其实,在文字学与字典学范畴中,我们也完全可以这样说:"每一个字都有它自己的故事。"不仅是汉字如此,我国的少数民族文字往往也是如此。

在我们对纳西东巴文字的研究中,我们遇到了一个汉语意义为"大"的东巴文字。令我们倍感兴趣的是,这个字竟然有不下8个的异体字。更令我们觉得有意义的是:这些异体字显示了这种发展程度较汉字为原始的古文字,虽然尚未发展到非常成熟的阶段,但其异体之众多、演变之复杂,已经足以使我们感到东巴文字内容之宏富以及这种文字在普通文字学意义上的关于文字演变研究的认识价值。

此篇小文将仅就纳西东巴文字中的这个"大"字的形体演变过程作一些初步的讨论,并进而在此基础上讨论若干与之相关的普通文字学的原理。

## 二、东巴文"大"字的异体及其演变蹊径

李霖灿《纳西族象形标音文字字典》中,收列汉义为"大"的东巴文字有以下8个。①

①ᛩ ②ᛨ ③ᛪ ④ᛯ ⑤ᛆ ⑥ᛰ ⑦ᛳ ⑧ᛥ

依据李先生在字典中的叙述,这些异体字大致经历了如下的演变过程:

---

① 参见李霖灿:《纳西族象形标音文字字典》,52页,云南民族出版社,2001年。

大，[dɯ³¹]，🐾 像人大腹便便之形，因而作"大"字解。或又曰此乃像胖人之形，胖人在纳西语中曰 [kɑ³³dɯ³¹]，为"力大"之意，故由此作为"大"用，亦通。此字唯见于北地、江边一带，及若喀地域内，或作坐像🐾，意形皆不变，过金沙江后，忽皆作🐾。🐾是最常见写法，丽江东巴云，此乃像中间大而四周小之形，实则此字由 🐾（大腹便便之人）演变而来。参看若干古本经典，始知此字之演变大约如下，"大"字之意念抽象，无从表现，因近取诸身画一大腹之人，作🐾，此立像，因又作坐像🐾，此后写之者不识其原意，遂成为🐾，颇似一件物而不似一人体，由纳西人迁徙路线，证"大"字之演变，知此说之较可征信，而"中间大而四周小"之说，未必即确实也。及至下游，又以讹传讹，更于其旁加一人字作🐾，成一形声字，读为 [dɯ³³]，表示得到之"得"。

由以上叙述出发，我们可以列出东巴文"大"字的字形演变图：

## 三、东巴文"大"字演变的文字学意义

如果我们从普通文字学或早期文字学的角度去审视上列东巴文的 8 个异体字，那么我们至少可以得出以下一些结论。

### （一）文字变异的频发性

由于李霖灿《纳西族象形标音文字字典》中所收的字还远非全部真正被使用的东巴文单字，我们可以估计，东巴文的"大"字的异体可达 10 余个。虽然东巴文使用的人口与范围远远无法同汉字相比，但是在这种文字创立之后竟在形体上发生了如此之频繁的变异，这似乎是远远出于我们意料的。

值得我们特别注意的是：纳西东巴文字至今还是一种处于早期文字向表词—意音文字发展阶段上的文字。而从上列的 8 个异体来看，它们的结构方式还是处于纯粹表意而不表音的阶段，同时由于"大"字是一个在东巴文中极为常用的字，我们可以相信："大"字开始造字并发生一些变异的时代，很可能尚处于东巴文还形成不久的早期文字时代。

因此，我们也可以进一步推断：至少在某些早期文字中，已经有了异体字现象。

上述的早期文字中可能异体字频发的状况，也可以给于我们的汉字研究尤其是汉字考释一些有益的启示。我们可以联想到：既然文字学研究已经证明甲骨文与殷周金文已经远远不是最早的汉字了，那么我们在考释古汉字时就必须意识到：甲金文中的异体字当比我们想象的更多。

### （二）文字变异的地域性

如果我们仔细比较各地的东巴经典，就会发现，各地经书在用字上有着很大的差异。这在很大程度上是由于：居于高山河谷地带的纳西族居住分散而交通不便，使得文字带有强烈的地域特性。例如鸣音乡的经书中繁体字较少而鲁甸乡的经书中繁体字较多。个中原因在于：两乡之间有数座高山相隔，走路尚需要六七天时间。由此限制了两地东巴互相交流，形成了它们各自的书写风格。鲁甸乡因与藏民族接触的机会多，受到藏族宗教唐卡画技的强烈影响，文字和东巴经书封面的装饰画都较为繁复。① 因地域阻隔，这一变化并未影响到鸣音乡。

再者，作为一个迁徙民族的纳西族，在文字发展的历程中，各地沿袭了不同文字发展阶段的特点。李霖灿就是凭借文字地域的分布推测出了纳西族的迁徙路线。若喀地区是东巴文创制地，离若喀较近的北地就保留了很多东巴文字的初形。而离若喀较远的丽江，很多字的读音和字形都发生了较大的变化，有些甚至变得面目全非。东巴文"大"字，在若喀地域内还写作可识别人形的 ⃟ 和 ⃟ ，而到了丽江地区则变为 ⃟ ，以致丽江东巴也难以识别其造字意图。可见，从客观上说，文字在不同地域的异写承载了文字的不同演变阶段。

在信息闭塞的原始社会中，地域阻隔的力量是巨大的，这种阻隔对于文字影响最直接的表现就是异写与异读现象的纷繁。在文字使用的实践中，这些文字变异无疑给识读带来了困难。但是对文字学者的研究来说却是一件好事，因为我们可以利用这种文字的差异去探索文字发生与演变的脉络。

### （三）文字变异的非理据性

如果我们追溯上列的 8 个异体的造成理据，我们还可以发现这样一个事实：除了作为初形的 ⃟ 与其形制改变后造成的 ⃟ 是由必然性的理据造成的以外，其余一些形体，都只能归入由于讹变而造成的异体。

由此可知，在处于早期文字阶段的文字体系中，文字处于相当不规

---

① 参见习煜华：《东巴象形文异写字汇编》，5 页，云南美术出版社，2003 年。

范的状态。不规范也就意味着无所谓正体与俗体。书写者凭个人的喜好而增减笔画绝非偶然现象。文字在这种有意或无意的变动中传承着，讹变现象也就在所难免。异体字发生的一个极其重要的原因就是讹变，而这种讹变的结果是大量的有理据字变为了无理据字。

上述的关于 ✿ 字"中间大而四周小"的说法之所以不足征信，也正是由于理据的佚失而造成。

因此，据上文所说，我们同样可以据东巴文的异体字的无理据状况来看待甲金文的结构研究。应该相信，至今甲骨文与金文的考释之所以未臻完善的现状并非文字学家的无能而往往是由于文字的初文与本义的较早佚失。

# 四、关于汉字"大"字造字理据的初步思考

汉字中的"大"字，在甲骨文中早已出现，至今虽有较为可信的"大"字本义或理据为"正面人形"的说法，但是对"大"的取象为何用此，似各家例证尚未取得一致或趋于完善。东巴文的"大"字的造字及其变异，或多少能给我们提供一些新的启发。

无巧不成书，汉字与东巴文的"大"字都取象于人的正面形象，这一现象不可能不是必然的现象，因为我们早已证明，东巴文与汉字并不是两种同源的文字。

然而引起我们好奇心的是：为什么汉族先民与纳西族先民，都把正面人形作为"大"字的造字出发点呢？

我们以为，目前虽难得到这一现象的十分充分的解释，但是以下几个相关的现象或值得我们深思：

首先，作为一个常用的形容词，"大"这个词在至少绝大多数民族文字中是一个必须表达又不易表达的词。

我们如果具备一定的早期文字知识，就可以了解到：东巴文早期文字多属于语段文字，即不完全表词的文字，其中被忽略的大多是非关键性表意的词，也包含形容词性的词汇。名词、动词是早期文字的主要构成要素，是表情达意的基础。在早期文字阶段，形容词还属于"奢侈品"，因为为它们造字颇不容易。从文字的渊源物来看，图画、符号、结绳等都不是形容词的直接来源。但是，在几乎任何文字系统中，形容词性意义的表达又是无法回避的，如表示颜色、形状、性质、状态的一些词汇。

于是，选择一个与名词有关的具体形象来为形容词造字，是十分可能采取的手段。

其次，"人"作为一个常用的名词，在至少绝大多数民族文字中是早早有了字来表达它的。而且，还往往产生了较多的由人的形象变化而成的字。无论是汉字还是东巴文字，都有这样的现象。

埃及圣书文字亦与之相似。我们可以发现，在这种也经历过早期文字阶段的古文字中，用作形符的人的形象与以人为基础变化出来的形象多达几十种。即使在我们熟悉的汉字或在纳西东巴文字中，亦颇多见人的形象及人的形象的变体。

再次，无论"人"与"大"，在绝大多数民族中都是褒义词，因此在一些民族的文化中这两个词完全可能有相通之点。就拿汉字来说，虽然在甲骨文中"大"已经不记录"人"这个词，但是且看《说文·卷十·大部》："天大地大人亦大，故大象人形。"这说明时至东汉，人们还未丢失对天地与人的神秘联系的记忆，也还有着对"人"的崇高地位的肯定的观念。

虽然目前我们很难对这种不同源的民族文字之间的同义字的神秘关系作进一步的解释，但是我们相信，随着文字科学的进一步发展，会有一日我们能解开这一谜团。

本文与刘悦（山东淄博高等师范专科学校副教授，博士）合作，刊于《华西语文学刊（第 1 辑）》，四川文艺出版社，2009 年

# 关于纳西东巴文"天"字的
# 若干文字学思考

纳西东巴文"天"字，作"⌒"，又作"⌐"。该字常见于东巴经典籍之中。若就字论字，则该字字形至简而字义至确，几无需考释。然而，在平凡的事实后面，往往隐藏着有意义的理论。若从文字学尤其是理论文字学的角度思考这个"天"字，那么，也许从它明白的形和义的深层，当可以发掘出一些我们还不太明白甚至我们从未注意过的东西来。

本文拟从文字学理论的角度出发，对从东巴文"天"字所引发出来的一些文字学问题的思考进行简单的介绍，这种介绍或能对东巴文字、汉文字乃至普通文字学的研究有所补益。

## 一、由"天"字看象形与指事的模糊性

如上所述，东巴文"天"字常写作⌒，亦有作⌐者。它们究竟是象形，还是指事？

据《说文解字·叙》，象形的定义为"画成其物，随体诘诎"，指事的定义为"视而可识，察而见义"，二者的区别在于象形是实物形象的描摹，而指事为实物形象的抽象。

可以说，光凭这两个定义，不能立即解决东巴文"天"字的字形结构问题。

因为，"天"字的两个形体中的任何一个，都可以看作"天"的形象的描摹。方国瑜、和志武先生《纳西象形文字谱》云："⌒，天也，圆而覆也。"[1] 这个意义上来看，这个字确乎"象"大了天的"形"。然而，"天"字又作⌐，且愈是近年的东巴经中，用这一形的愈多。这又说明，"天"字在产生之后，正走着一条逐渐简化、草化和符号化的路。虽然这种变化可说是书体变化的必然蹊径，但似乎⌒字正合许氏对指事

---

① 方国瑜、和志武：《纳西象形文字谱》，91 页，云南人民出版社，1984 年。

一书的定义。

　　回过头来看那个━━字，我们以为，说它是象形固然有相当的理由，但是说它不纯是象形字亦未尝不可。因为"天"这一形象，本身包含着极大程度的不可知性与不可写性，因此，我们不妨认为━━字亦有一定成分的抽象性符号特征。从这个意义上说，把它归为指事字，似亦无不妥。

　　实际上，综观东巴文，这类"似此又似彼"的字，绝不在少数。就拿"地"来说，东巴文作 ，咱们同样无法果断地确定它是象形字还是指事字。

　　其实，在汉字中亦不乏这样的"似花又非花"的字。然而，显然地，东巴文中的这类现象来得更多一些。这种差异恰恰可以用东巴文的原始性格来解释：愈是原始的文字，其造字愈是无"条理"、"规则"可循。东巴文正处于文字史上一个略早于汉字的阶段上，因此，以秦汉之时的汉字造字法则为依据的《说文解字·叙》，显然有时会在东巴文的文字结构分类时无能为力。

## 二、从"天"字看东巴文字字词对应规律的特征

　　在东巴经中，"天"字常被写在东巴经书格子的最上方的位置。如记录东巴经"那时的天和地还没有出现"时，"天"就写在最上方，而不管吟经时句子中各词的词序如何。如果说，这是由于"天"字在句子中本应为第一个词（这一句中的"那时"省略不记），那么，该放在第二字位置的"地"（"和"省略不记）却被置于格子最下方。显然，在这里，实物的方位在东巴文写词时代替了语言中词的顺序。

　　显然，这一现象是东巴文字带有一定的原始图画特征的反映。因为原始图画既是一种图画，则其布局肯定以照应实物的方位为主要依据。而东巴文字既然常常在写词时顾及实物的方位而相对地忽略了字序与词序的对应关系，则我们不妨认为，这种文字距离原始图画或距离早期汉字，显然比汉字更近一些。

　　同样值得注意的是，少数情况下，东巴经格子中亦有把"天"字放在较后位置上的。如傅懋勣本《白蝙蝠取经记》第 33 节，可读为"到达天宫"，经文由"到达"、"天"、"里面"三词（或三字）构成，书写序却为"里面"（居格子上方），"天"（居格子中间）和"到达"（居格子下

方）。其间原因比较复杂，但至少可以认为，东巴文字在其形成之后，也在局部地调节其字序使之与它所记的词序相符。

# 三、结语与余论

本文虽则仅就纳西东巴文字中一个字的两个特征进行了讨论，但从这种简单讨论中可以看出的问题却多有值得深思之处。现在把这些问题在东巴文研究、文字学和文字史研究中的意义胪列于下：

（一）象形字与指事字之间的模糊性这一说法，当具有多方面的涵义。

笔者过去曾经论述过，象形字可能在文字发展中转变为指事字。如东巴文中表"钻木"的 字，左为钻形，右为木形，后变为 ，义为"刺穿"，最后又变为 ，同样义为"穿通"。就以上演变而言，可认为象形字可由指事字演化而来。①

如果认为这一例为象形和指事的模糊性的表现，那么显然这种表现是在一个动态过程中发生的。而本文所举例则体现了即使就静态角度看，象形和指事也有模糊性，具体而言，可以认为有一些东巴文字既可以被看成象形字，又可以被看成是指事字。

（二）书体发展可能增加文字中的指事字。

就东巴文 与 二形而言，显然后一形更具符号性，这很可能是由于书体演化——草化而引起的。如果认为前一形更接近于象形字，则后一形当更带有指示性符号的性质。

当然，书体发展的一大原因在于书写者对便捷的追求，这种趋势当在东巴文字乃至多数表词—意音文字中普遍存在。因此，如果我们对汉字或其他表词—意音文字作更细致的研究、调查与统计，我们可能会发现更多的由象形字变化为指事字的例子。

# 四、纳西东巴文处于一个渐趋向成熟的阶段

虽然本文第二部分所举的例子看似当然，其实，述及《白蝙蝠取经记》中"到达天宫"一句时，我们却见到了一个反例。这个反例说明，虽然纳西东巴文字在字词位置对应关系（可视为"行款"）上带有十分浓

---

① 王元鹿：《汉古文字与纳西东巴文字比较研究》，华东师范大学出版社，1988年。

烈的原始文字乃至原始图画特征，但是未始见不到这种文字有时也在努
力挣脱原始图画和原始文字所造成的行款的不规范的桎梏。今天，东巴
文字已几乎不被使用，但是我们假设这种文字如不受汉文化与汉文字的
影响继续沿着它自己的道路发展下去，则它是完全有可能成为一种严格
意义上的表词—意音文字的。

刊于《语苑集锦》，上海教育出版社，2001 年

# 玛丽玛莎文两次调查所得单字的
# 比较及其文字学意义

## 引　言

　　玛丽玛莎文是一种仅为云南省维西傈僳族自治县塔城乡的百余户纳西居民使用的民族古文字。虽然这种文字字数不多，使用者有限，但是依据我们对于玛丽玛莎文单字的逐字考释，明白了它的绝大多数字的字源或它们的结构方式，从而确认了玛丽玛莎文是一种主体部分为东巴文、汉字、藏文的传播结果又有少数字为当地玛丽玛莎人自造字的体系。

　　据《维西傈僳族自治县志》，和即仁与和发源两位先生曾在1956年和1962年对玛丽玛莎文分别进行了调查，这两位学者的调查被归纳成表载于上述纳西县志中，作为"1962年前收集的玛丽玛莎文"，本文中把这些调查统称为"第一次调查"，行文中对相关字形缩称为（62）。《维西县志》又集"1995年收集的玛丽玛莎文"构成另一表，本文中统称为"第二次调查"，行文中对相关字形缩称为（95）。

　　对两次调查的结果的比较，显然是有价值的，因为这种文字在50、60年代到90年代这大约三分之一世纪的时间中，仍被当地人使用着，则必然在其使用过程中得到一定发展，而这些发展往往可以成为我们研究文字传播与发展历史的重要例证。

　　关于玛丽玛莎文的性质和特点，可供研究并在文字传播史和普通文字学方面有参考价值者甚多。本文将仅就相关的一个问题——玛丽玛莎文两次调查中所得单字的情况进行比较，并阐明这种比较所得出结论的文字学意义。

## 一、发展变化的一般情况

　　依据我们的统计，（62）的表共收有105单字，每单字一形、一音、一义，（95）的表共收有70单字，每单字亦一形、一音、一义。但这两张表中所收的单字可以说有着交叉关系，即（62）的表中有些单字（95）的表中未收，（95）的表中有些单字（62）的表中未收，而亦有二表重合的单字。显然，引起这一结果可能有三个原因：一是调查工作的不充分使每次调查存在遗漏；二是调查者或制表者有意识地省略了一些单字；三是两次调查时隔几十年，玛丽玛莎人的用字频率有了很大变化。由于这一情况原因纷繁，我们不可能对这一数据比较作出明确的解释。

可以进行讨论的倒是微观视角中两批字之间的关系问题。据我们统计，综合二表，有47个单字在意义上是一致的。也就是说，上述"交叉"部分在二表中各有47个在意义上可以合一。我们逐一对这47个字进行了字形的比较，得出了下述的结果：二表中字形完全相同者或基本相同者，19字。如 ⌒ 在二表中均表示"天"，形体完全相同；而"麦"，（62）作 �，（95）作 ⅲ，形体基本相同。由此我们得出这样一条基本结论：这30余年中，玛丽玛莎文的形体变化还是比较大的。这一结论也可在另一数据方面得到证明，即：二表中字形有明显但较小变化者，10字。如"尺"，（62）作 ⌐⌐，（95）作 ᕮ，字体方向、笔画均多少有明显变化；又如"手"，（62）作 ⅲ，（95）作 ⅲ，明显地实现了线条化；再如"四"，（62）作 ∷，（95）作 ℀，上下部件倒置。最后一个更有力的结论是：47字中的18字，是在二表中显示了明显且较大的变化，如"犁"，（62）作 ⟩，（95）作 ⟍，明显地以单线条代替复线条。如"三"，（62）中作 ⌣，得形于一个与"三"音近的东巴文的一部分，（95）作 ☰，是汉字的借用。

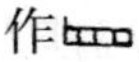

由以上数据可知，玛丽玛莎文在50、60年代到90年代中，发展变化是很大的。

# 二、变化的趋势

若在以上调查统计的基础上作更深入的研究，我们可以归纳出自60年代至90年代玛丽玛莎人造字和书写及用字的趋势。

我们尝试对上述的发生明显但较小变化的10字作了分析，发现这种变化大致可分以下几类：笔画简省（如上文所举"水"）者，1字；字体部分线条化（如上文所举"手"）者，1字；旋转角度（如上文所举"四"）者，3字；其余在体态上有所变化者，5字。

我们又对上述的发生明显变化的18字作了分析，发现这种变化大致可分为以下几类：彻底简化、线条化或符号化（如上文所举"犁"）者，

3 例；省减形体部分（如"岩羊"，〔62〕作 ，〔95〕作 ）者，1 例；字形由端正的写法转向较近"草书"的写法（如"叶"，〔62〕作 ，〔95〕作 ）者，5 例；改变部分字形（如"跑"，〔62〕作 ，〔95〕作 ）者，1 例；从引进东巴文变为引进汉字（如上述"三"）者，4 例；形体变化复杂或不可考者，4 例。

从上述数据，我们可以发现以下一些关于玛丽玛莎文在这 30 余年中变化的大致趋势：

（一）由繁趋简，具体表现在字形的线条化、简化方面。

（二）更多地借用汉字。

（三）以曲线代直线或折线者多。

# 三、结　语

通过本文提供的数据和对这些数据的分析，我们至少可以得出以下一些结论。

（一）即便是一种只被较少人使用的带表意成份的民族古文字，一旦由于其他文字的流入而形成，便会相对独立地生存、发展并变化，这些发展变化往往多少带有其文字的个性。

（二）这些文字的发展和变化往往以趋简为主要趋势。

（三）这些文字在其生存、发展、变化的同时，又可能引进其他在它们发生时并未较多借用的民族文字。

刊于《中国文字研究（第 4 辑）》，广西教育出版社，2003 年

# 玛丽玛莎文字源与结构考

## 一、引　言

玛丽玛莎文是一种仅在云南省维西县塔城乡自称"玛丽玛萨"的百余户纳西族居民中使用的文字。[1] 据一些学者的观点，玛丽玛莎文是东巴文的一个分支。而玛丽玛莎是在 200 余年前从木里拉塔（现属四川省盐源县）迁来，"玛丽玛莎"即"木里摩梭"的变读。[2]

对玛丽玛莎文的调查，据《维西傈僳族自治县志》，和即仁与和发源两位先生分别在 1956 与 1962 年在调查中收集到 105 字。该县志还认为："其中 70% 以上的文字直接借用东巴文形、音、义；15% 借用东巴文形或音而义不同；15% 与东巴文不同字源，系创新字。"该县志还载有两表，一表为 1962 年以前收集的玛丽玛莎文，另一表为 1995 年收集的玛丽玛莎文。

然而，学者对玛丽玛莎文的研究很不充分，至少从我们已见到的成果即已发表的材料看，这种研究还存在以下几个方面的不足：（1）对玛丽玛莎文是东巴文的分支还是派生文字，未有定论；（2）对每一玛丽玛莎文字的来历或构造，未作详尽考释。其实，这两个问题是相互关联的。若详尽考释了所收集到的玛丽玛莎文的每一个字，那么关于这种文字的性质与来源也就可以得出充分的结论了。

本文将从文字传播与文字结构的角度，对维西县志的上述两表中的每一文字进行考释。考释的目的主要在于弄清每一字的字形理据：若来自东巴文，则确定它来自哪一个或哪一些东巴文；若为当地人自造，则弄清其文字结构与写词方式。

据《维西县志》，1962 年所收字共 105 字，而 1995 年所收字共 70 字。每字均标一形、一音、一义。由于这两表中有意义重复的字，所以

---

[1] 和即仁：《纳西玛丽玛莎文》。和丽峰：《云南少数民族文字概要》，云南人民出版社，1999 年。

[2] 和即仁、姜竹仪：《纳西族简志》，民族出版社，1985 年．

我们考释时把两表中意义相同的字归为一字。这些成对的意义重复的字，若形体大致相同，则仅标一字形，若字形或读音不同，则把两个字形分别标出。这样，我们在本文中考释出的字共 112 个，另有 8 字待考。每字考释的格式是：字号、字形、读音、汉义，然后在括号中标明所出表的年份，后面是对该字的考释。

　　本文考释中方国瑜等的《纳西象形文字谱》缩称方，李霖灿等的《么些象形文字标音字典》缩称李，方和李二字后的阿拉伯数字为它们各自所收的东巴文字号码。

## 二、考　释

　　1.⌒，[mv³³]，天。（62、95）

　　方 1，李 1 均"天"作⌒，音均为 [mɯ³³]。此字得形自东巴文。

　　2.ooo，[mv³¹]，星。（62）

　　方 4"星"作。°。，又作 ooo，音 [kɯ²¹]。李 58"星"作。°。或 ooo，音 [kɯ³¹]。此字得形自东巴文。

　　3.⌒⟋⟋，[xɯ⁵⁵]，海。（62）

　　方 125 ⌒，[hɯ⁵⁵]，海。此字可能得形自东巴文，很可能是在方 125 基础上加一部件构成的形声字，部件补充说明音或义。该部件的音义待考。

　　4.ⴰ，[be³³]，雪。（62）ⴰ，[be³¹]，雪。（95）

　　方 17 ⴰ，[be³³]。李 103 ⴰ，[mbe³³]。此字得形自东巴文，取东巴文形态之部分。

　　5.吕，[dø³¹]，地方。

　　李 1639 ⵣ，[tɯ³³]，方位、位置、地方。傅懋勣《古事记》东巴文"路牌"作凸。[1]此字得形自东巴文中若喀字，为其倒书，亦可能直接得形自东巴文。

　　6.⋇，[mbu³¹]，峰。（62、95）

　　方 91 △、△，[dzy³¹]，"山"，与玛丽玛莎文形近而音异。方 92 △，[bu²¹]，"坡"，与之音近而义不同。此字有可能得形自东巴文"山"而得音自东巴文"坡"。

---

[1] 王元鹿：《汉古文字与纳西东巴文字比较研究》，70—71 页，华东师范大学出版社，1988 年。

7. ⊞，[lɯ³³]，田。（62、95）

方 79 作 ⬚，[dər²¹] 或 [lɯ³³]，"田"，形不似而音同。疑得形自汉字"田"而有变化。

8. ⬚，[dʑi³¹]，水。（62）⬚，[dʑi³¹]，水。（95）

方 112 ⬚，[dʑi²¹]，水。李 183 ⬚，[dʑi³¹]，水。此字得形自东巴文而在形态和方向上略有变化。

9. ⊕，[ndzo³¹]，桥。（62、95）

方 1139 ⬚、⬚ [dzo²¹]，桥。李 206 ⬚、⬚ [ndzo³¹]，桥。此字可能得形自东巴文而进一步符合化。

10. ⬚，[to³³]，坡。（95）

方 92 ⬚，[bu²¹]，坡，音不同。方 93 ⬚，[to⁵⁵]，岗，从坡，⬚（[to³³]，板）声。李 1128 ⬚，[to³³]，木板。此字得形自东巴文而形态和方向有变化。

11. ⫲ [li³³]，地。（95）

方 77 ⬚，[dy²¹] 又 [lɯ³³]，形不似。疑为玛丽玛莎人自造字或假借字。

12. ⫲ [ŋgu³¹]，仓库。（62）

方 866 ⫲ [ŋgu²¹]，仓，架木仓房。此字得形自东巴文。（按：11、12 似无关系。）

13. ⬚ [tha⁵⁵]，塔。（62）

方 1019 ⬚、李 1727 ⬚ [ta⁵⁵]。此字得形自东巴文，形态略简化。

14. ⊢ [bø³¹]，圈。（62）

方 874 ⬚，九层围柱也（牦牛圈），从柱从九。方 875 ⬚，七层栏椿也（猪圈），从椿从七。此二字音亦不似 [bø³¹]。此字或得形自东巴文，取方 874 或方 875 之部分表"栏"、"椿"、"圈"之类义。或为玛丽玛莎人自造字。

15. ⬚ [kə³³]，坛。（62）

方 886 ⬚，罐。方 882 ⬚，锅。此二字音不似 [kə³³]。此字或得形自东巴文。以上二字都不借音，或为玛丽玛莎人自造象形字。

16. ⬚ [mu³¹]，门。（62）

方 1005 ⬚，[khu³³]。此字得形自东巴文而形态略变。（按：[mu³¹] 为汉语"门"的关系词而 [khu³³] 为汉语"户"的关系词。）

17. ⬚ [dzɿ³¹]，佛铃。（62）

方 1111 ⬚，[tɕy²¹zo³³]，铃。此字当为玛丽玛莎人自造象形字。

18. ⬚ [tʂæ³¹]，对联。（62）

东巴文无此字。此字当为玛丽玛莎人自造象形字。

19. ⊕ [mu³¹]，簸箕。（62）

方 1039 ◉，[mu²¹]，簸箕。此字当得形自东巴文，形体略简化。

20. ▷ [thie³³]，旗。（62、95）

方 1091 ↳，[the³³]，旗。李 1166 ↳，[thɛ³³]。此字得形自东巴文，形体略简化。

21. ▭ [tʂhu³³]，尺子。（62）⊟ [tʂhu³³]，尺子。（95）

方 1095 ✐ 又 ↗，[lər⁵⁵dy²¹]，尺。此字得形自东巴文，音不同。玛丽玛莎文用汉语借词而东巴文用纳西语固有词，这种可能性的证明是丽江一带纳西族文明、文化较为发达。

22. ⊞ [pu⁵⁵]，甑。（62、95）

李 1304 ⬱，[pv⁵⁵]，甑子。此字当为玛丽玛莎人自造字。由于字形不似甑类物象形，可能为假借玛丽玛莎文中已遗失记忆或未在两表中收入的字，其本字结构当为会意或形声。

23. ○ [khua³¹]，碗。（62、95）

方 901 ⌣ 或 ☒，[khu⁵⁵]。此字当为玛丽玛莎人自造象形字。东巴文为侧视图而玛丽玛莎文为俯视图。

24. ✕ [tɕi⁵⁵]，剪。（62、95）

方 783 ⤨、✕ [tɕi⁵⁵]。李 1240 ✕，[tɕi⁵⁵]。此字当得形自东巴文而角度有异。

25. ○━ [ku³³]，针。（62、95）

方 790 ⌐ 又 ⌐，[ko²¹]。李 1415 ⌐ 古本作 ⌐，[ko³¹]，针。此字当得形自东巴文而角度旋转 90 度。

26. ➤ [tshø³³]，犁。（62）⟍ [tshø³³]，犁。（95）

方 846 ⅄ 或 ⋎ 或 ⋋，[tshı³³]，犁。此字得形自东巴文而形体略有变化。

27. ⊓ [to³³]，木板。（62）

方 1014 ▭ 或 ◻，[to³³]，板。方 1027 ⊓，凳，音不同。此字很可能得形自东巴文 ⊓（凳）而得声东巴文 ▭ 或 ◻（板）。由于凳有以木为质料者，故借其形表另一词。由于玛丽玛莎文另有"山片"一字（参本文 28），为与之区别，故不用"板"的本字而借用"凳"的形体。

28. ▭ [ŋgu³¹]，山片。（62）▭ [ŋgu³¹]，床头板。（95）

方 973 ⬒，[gɯ²¹dz²¹]，板房也，以板覆室。李 1523 ⬔，[ŋgɯ³¹]，划板也，指纳西人木屋顶上之该板，于屋上画划板之形，又作 ⬎。李 1136 ◍，[ŋgɯ³¹]，门板也。此字得形自东巴文。

29. ⌐ [tsa$^{33}$]，锄。（95）

方 840 ⌐，[tsa$^{55}$] 又 [tsho$^{33}$kv$^{55}$]，锄。李 1081 ⌐，[tsho$^{31}$kv$^{55}$]，锄头。此字当为玛丽玛莎人自造象形字。

30. ⌣ [sɯ$^{33}$]，木头。（95）

李 951 ⌒⋘，[sʌ$^{33}$hæ$^{55}$kɛ$^{33}$thy$^{33}$]，木料一截，丽江有时读 [sʌ$^{33}$]，木柴。此字与李 951 音有关但形不近。玛丽玛莎文"树"（95）作 ⅄（参见本文 43），木头当由此义借而形有变化。

31. Ⴒ [sa$^{33}$]，麻。（62）

李 1076 ⊨，[sa$^{33}$]，麻也，以 ⅏ 象形，以 ⟚ 注音。⟚ 原象人口出气之形，在此作一音符用，注麻之音也。此字得形自东巴文。此例引人注意的是取东巴文字的声符来构字写词。据此例可信玛丽玛莎文来自东巴文。

32. ⌄ [le$^{55}$]，茶。（62、95）

方、李二书中多个记"茶"的字均不似此字。此字当为玛丽玛莎人自造字，象茶叶之形。

33. ⋇ [kv$^{33}$]，蒜。（62）

方 264 ⋔，[kv$^{33}$]，蒜。李 1039 ⋔，[kv$^{33}$]，蒜。此字当得形自东巴文，略有形体变化，并作简化（主要是线条化）。

34. ⌒ [ɕi$^{31}$]，稻。（62），⋔⋔，[ɕi$^{31}$]，稻。（95）

方 250 ⚘ [ɕi$^{21}$] 或 ⚘ [ɕi$^{21}$pə$^{21}$]。似后一形略似此字。此字（62）有可能得形自东巴文，取东巴文的部分并作较大形体变化。此字（95）疑为自（62）之形体变化。亦不排斥此字为自造象形字。

35. ⌒ [zɤ$^{33}$]，烟。（62）↘ [zɤ$^{33}$]，烟。（95）

方 233 ⌄，[iə$^{21}$]，草名，又烟草也。李 1066 ⌐，[iʌ$^{33}$]。此字（62）有可能得形自东巴文而符号化。此字（95）与一般玛丽玛莎文得形自东巴文后由繁而简、由图画而符号化的变化蹊径恰恰相反，疑为自造字。

36. ⋎ [zɿ$^{33}$]，草。（62）⋎ [zɿ$^{33}$]，草。（95）

方、李的一些"草"类字与此字不似。此字疑为自造象形字。值得注意的是（62）与（95）虽形体不一致，但是：（1）（95）似（62）的草化，而（62）似是（95）的符号化；（2）（62）与（95）的共同点是二形均不左右对称。因此二字当有形体变化上的联系，但尚无法断定何形形成在先。

37. ⋔ [nie$^{33}$]，籼米。（62）

方 252 ⌀，[ne$^{33}$]，苋米。（按：当为籼米。）此字无法确认构字理据。

有两种可能性：（1）自造象形或会意字；（2）来自东巴文方 252 但有较大形体变化。

38. ⚘ [dze$^{33}$]，麦。（62）⚘ [dze$^{55}$]，麦。（95）

东巴文中无寻形、音、义类似的字。此字当为自造象形字。

39. ⚘ [zø$^{31}$]，青稞。（62）⚘ [zø$^{31}$]，青稞。（95）

方 248 ⚘，[zɿ$^{33}$]，青稞。李 1029 ⚘，青稞。此字当得形自东巴文而形体有较大变化。

40. ♂ [ly$^{33}$]，果实。（62、95）

方 180 ⚘，[dzər$^{21}$ly$^{33}$]，果。（按：[dzər$^{21}$] 为 "树"。）此字当为自造象形字。

41. ⚘ [da$^{31}$]，花。（62）⚘ [ba$^{31}$]，花。（95）（按：〔62〕之 [da$^{31}$] 当为 [ba$^{31}$] 之误。）

方 178 "花"（[ba$^{31}$]）有一形作⚘。李 993 "花"（[ba$^{31}$]）有一形作⚘。此字（62）当得形自东巴文而有较大形体简化。（95）当为自造象形字。

42. ⚘ [phiə$^{55}$]，叶子。（62）⚘ [phiə$^{55}$]，叶子。（95）

方 177 ⚘、⚘，[tshe$^{55}$] 又 [phiə$^{55}$]。此字当得形自东巴文而有较大形体变化。要之，（62）、（95）左右均不严格对称，这一特征与方 177 二字尤其是前一字一致。

43. ⚘ [ndzer$^{31}$]，树。（62）⚘ [ndzer$^{31}$]，树。（95）

方 170 ⚘、⚘，[dzər$^{31}$]。音同义同形略似。很可能（62）为东巴文之符号化而（95）是再次简化。尤其是四形左右皆不对称为东巴文、玛丽玛莎文四形所一致。此字很可能来自东巴文，因方 170 写实，而 62、95 二形皆符号化且与实物更远。

44. ⚘ [tɯ$^{31}$]，蕨菜。（95）

方 236 ⚘，[di$^{21}$]，蕨，又 ⚘、⚘、⚘。此字当得形自东巴文，与方 236 形尤近。要之，此字与方 236 的一个共同特征是左右均不对称。

45. ⚘ [mbər$^{31}$]，牦牛。（62）

方 360 ⚘，[bər$^{21}$]。此字当得形自东巴文而形体上作反写并作线条化。

46. ⚘ [zɿ$^{31}$]，蛇。（62）

方 440 "蛇"（[zɿ$^{21}$]）有一形作⚘。此字当得形自东巴文而形体符号化、线条化。

47. ⚘ [pa$^{55}$]，蛙。（62）⚘ [pa$^{55}$]，蛙。（95）

方 439 "蛙"（[pa$^{33}$]）有⚘、⚘、⚘、⚘四形。李 909 "蛙"（[pa$^{33}$]）亦有多形，其中有二形作⚘、⚘。李 1675（若喀字类）"蛙"（[pa$^{33}$]）有⚘、

。此字当得形自东巴文，为以上诸形的综合与杂糅。

48. [se³¹]，岩羊。（62） [se³¹]，岩羊。（95）

方 398 ，[se²¹]，岩羊。方 343 ，角。此字当得形自东巴文而形体变化较大，其中一角似取于方 343 。（95）为（62）的进一步简化。

49. [ʐuæ³³]，马。（62） [ʐuæ³³]，马。（95）

方 367 ，[ʐua³³]，马。此字疑是得形自东巴文而形体有较大变化。待考。（95）当为（62）的进一步简化。

50. [ʐu³¹]，绵羊。（62） [ʐu³¹]，绵羊。（95）

方 362 [bv³³] 又 [y²¹]，"羊也，绵羊也，歧角"。此字疑得形自东巴文而形体有较大变化。虽其形差别较大，但有两个理由使我们倾向这种可能性：（1）东巴文进入玛丽玛莎文时抽象化、简化、符号化与线条化的通例在此字上得到了体现；（2）方 362 以"歧角"为该东巴字特征，这一特征亦正好体现于（62）与（95）的字形。

51. [ɣuɪ³³]，牛。（62） [ɣuɪ³³]，牛。（95）

方 358 ，[mu²¹] 又 [le⁵⁵]、[ɣuɪ³³]。"牛也，钩角"。李 829 ，[ndzɯ³¹]，牛。此字（62）当从东巴文来，形体简化、线条化但仍保持东巴文强调钩角的特征（可与 50 强调歧角比较）。李 829 体现出东巴文中亦有把牛角线条化的做法。

52. [tshɿ⁵⁵]，山羊。（62、95）

东巴文中的同音同义字形体与之差距较大。此字疑为自造象形字。

53. [lv³³]，翅。（62） [dv³³]，翅羽。（95）

方 275 "翅"（[dv³³]）有 形。此字当得形自东巴象形文。

54. [tsho³¹]，象。（62）

方 382 ，[tsho²¹]，象。此字当得形自东巴文而形体上有线条化、符号化的变化。

55. [mæ³³]，尾。（62）

方 346 、，[mæ³³]，尾。李 ，[mæ³³]，尾。此字当得形自东巴文而形体上有简化、线条化、符号化的变化。

56. [kho³³]，角。（62） [kho³³]，角。（95）

方 343 、、，[kho³³]，角。此字二形均得形自东巴文。（62）为方 343 三形的特征的综合，（95）接近于方 343 第二形。

57. [xu³³]，鼠。（95）

方 376 ，[fv⁵⁵]，鼠。李 854 ，[fv⁵⁵]，鼠。此字当得形自东巴文，形体线条化。

58. ⌇ [bo³³]，猪。（95）

李 845 "猪"（ [bo³¹] ）有 ⌇ 形。此字当得形自东巴文。虽此字形体简单，但保持了李拱嘴、单耳的特征。

59. ⌇ [n̠i⁵³]，鱼。（95）

方 432 ⌇ 、⌇ ，[n̠i³³]，鱼。此字构字有两种可能：（1）得形自东巴文而符号化、简化；（2）自造象形字。

60. ⌇ [ɣe³¹]，鸡。（95）

方 292 ⌇ ，[æ²¹]，鸡。李 692[æ³¹]，"鸡"有一形作 ⌇ ，一形作 ⌇ 。此字当得形自东巴文而简化、符号化。

61. ⌇ [tshuæ⁵⁵]，马鹿。（95）

东巴文查无此字。此字与 62 年调查的"六"，同形同音。另，方 395 ⌇ [tʂua⁵⁵] 等形，鹿。鹿角与 ⌇ 极似。此字当得形自东巴文"鹿"诸形，然后借为"六"。

62. ⌇ [xɯ³³]，牙。（62）

方 715 有"齿"作 ⌇ 等形，音 [hɯ³³]。李 612 有"牙齿"作 ⌇ 、⌇ 等形，音 [hɯ³³]。又，李 613 ⌇ ，[hɯ³³]，义为"去啦"之去，原字为 ⌇ 而以"牙"注音而线指行动。此字当得形自东巴文。最可能的造字途径为：得形自李 613 而有所变化。依据东巴文"齿"、"牙"各异体，或李 613 尚有 ⌇ 、⌇ 之类异体，很可能此字如此得形。

63. ⌇ [khɯ³³]，脚。（62）⌇ [khɯ³³]，脚。（95）

方 728 "足"作 ⌇ 等形，音 [khɯ³³]。李 675 "脚掌"作 ⌇ ，音 [bʌ³³]。李 674 "足"作 ⌇ ，音 [khɯ³³]。此字得形自东巴文，得形自以上各形的综合。

64. ⌇ [la³¹]，手。（62）⌇ [la³¹]，手。（95）

方 722 ⌇ ，[la²¹]，手。李 618 ⌇ ，[la³¹]，手。李云："此字有多种写法，正看侧看，卷曲转折，多不胜画，要皆为手也。"此字当得形自东巴文。（62）为东巴文之简化、线条化，（95）为（62）的进一步简化、线条化。

65. ⌇ [phi³¹]，臂。（62）

方 727 ⌇ ，[pi²¹]，腿。李 1676（若喀字类）⌇ ，[pi³³]，肩胛骨。此字得形自东巴文，角度有变而不影响表义。

66. ⌇ [zo³³]，男。（62）⌇ [zo³³]，男。（95）

方 446 ⌇ ，[çi³³]，人。方 450 ⌇ 可省作 ⌇ ，读 [zo³³]，自、男、大丈夫。李 230 ⌇ [çi³³]，男子。此字得形自东巴文。

67. 夬 [no³¹]，你。（62、95）

方 555 夬，[nv²¹] 又 [nɯ²¹]，你。李 458 朩，[nv³¹]，你。此字得形自东巴文，简化并线条化。

68. 又 [me³³]，母。（62）又 [me³³]，母。（95）

方 1167 又，[me³³]，大，母。李 526 ⺂，[mɛ³³]，母。此字得形自东巴文。

69. 夬 [ŋa³¹]，我。（62、95）

方 553 夬 [ŋə²¹]。此字很可能得形自方 553，但形体变化较大。

70. ⻝ [nɯ³³]，心。（62）

方 731 ⻝，[nɯ³³]，心。李 632 ⻝ 或 ⻝，[nɯ³³]，心。此字得形自东巴文，为以上多形的综合。

71. ⻝ [xe³³]，佛。（62）

方 1289 ⻝，[o²¹] 又 [pv³³la²¹]，"窝神"或神。方 1290 ⻝，[he²¹]，恒神。方 424 页音 [he²¹] 的几个哥巴文"拜佛"。此字得形自东巴文。

72. ⻝ [xe⁵⁵]，菩萨。（95）

李 1788 ⻝，[in⁵⁵lo³³]，神之面偶。此字或来自李 1788，或借自其他东巴文字或玛丽玛莎文字。待进一步考查。

73. ⻝ [dʑə³¹]，跑。（62）⻝ [dʑə³¹]，跑。（95）

方 636 ⻝，[dʑə²¹]，跑，从 ⻝（[dʑə²¹]，秤垂）声。李 239 ⻝，[dʑʌ³¹]，跑。李 1181 ⻝，[dʑʌ³¹]，砝码也，戥锤也。此字当来自东巴文，为李 1108 之类"码"的音借。在形体上有此变化。

74. ⻝ [tø³³]，捶。（62）

李 1482 ⻝，[ty³³]，捶打。此字得形自东巴文，简化。

75. ⻝ [dʑu³¹]，有。（62）⻝ [dʑu³³]，镯。（95）

李 1436 ⻝，[dʑo³³]，镯。常音借为有。此字得形自东巴文，本义"镯"而音借为"有"。（95）⻝ 当为李 1436 或（62）之简化。

76. ⻝ [dʑu³¹]，镯。（95）

据 75，此字当与 75 为同一字，为 75 之形体上的简化。

77. ⻝ [mbø³³]，分。（62）

李 1583 ⻝、⻝，[mby³³]，分开。此字或得形自东巴文而有所增繁，或为自造指事字。

78. 矢 [ndzɿ³³]，吃。（62）

李 312 ⻝，[ndzɯ³³]。此字疑得形自东巴文而有较大形体简化且简化时受汉族书体影响。

79. ᘂ [tɕe³³]，勾。（62）

方 616 ᚦ，[ɣə²¹] 又 [tɕər²¹]。"捞也。从人执钩捞物"。（按：方 616 从字形可知与玛丽玛莎文为同一词。关于字义的解释可知至少与玛丽玛莎文同样可译为"钩"。）此字得形自东巴文而字形有变化。

80. ᘋ [mbi³³]，飞。（62）

李 296 ᘍ，[ndzi³¹]，飞。此字疑得形自东巴文而有形体简化。

81. ᐭ [pe³³]，碰。（62）

东巴文无形、音、义相近者。此字当为自造指事字。

82. ᗑ [khæ⁵⁵]，射。（62）

方 1070 有 ᘩ，[kæ⁵⁵]。此字得形自东巴文而略简化。

83. ᗟ [ndʐo³¹]，惊。（62）

李 293 ᘬ [ndʐɯ³¹]，惊。此字得形自东巴文而有简化。

84. ᘭ [da³¹]，浮。（62）

方 1083 ᘮ、ᘯ，[da⁵⁵]，砍。此字为东巴文"砍"的假借字。

85. ᘰ [ma⁵⁵]，做。（95）

玛丽玛莎文"油"作ᘰ，音 [ma⁵⁵]。此字为玛丽玛莎文"油"的假借字。参本文 91。

86. ᘱ [mi³³]，火。（62）

李 1357 ᘲ，[mi³³]，又借音自 ᘳ（听见、听到）。此字疑得形自东巴文，上部取"火"形而简化，下部取"听见"形而线条化。

87. ᘴ [xæ³¹]，金。（62）

方 1184 有 ᘵ [kæ²¹]，金。方 135 又简作 ᘶ。李 1439 ᘷ [kæ³¹]，有变体 ᘸ。李 1447 ᘹ，[kæ³¹]，绿。此字当得形自东巴文，当曾为东巴文"金"诸体的简化而最后取形自东巴文"绿"。

88. ᘺ [m̩³¹]，银。（62）

方 832 ᘻ，[ŋv²¹zɿ³³]，银耳环。李 1429 ᘼ [ŋv³¹]，银，又古本作 ᘽ。此字得形自以上诸形的综合且有形体变化。

89. ᘾ [ʂu³¹]，铁。（62）

李 1481 ᘿ，[ʂo²¹]，铁。此字得形自东巴文而线条化。

90. ᙀ [ər³³]，铜。（62）

李 1294 ᙁ，[æ³³]，铜。此字得形自东巴文，为李 1294 及 94"银"诸体的综合。

91. ᙂ [na³⁵]，油。（62）ᘰ [ma⁵⁵]，油。（95）（按：[na⁵⁵] 当为 [ma⁵⁵] 之误。）

李 46 ᙃ [mʌ⁵⁵]，不。此字（62）为东巴文"不"的假借。（95）为

（62）的形体变化。

92. ⊿ [ma³³]，不。（62）

李46 ⊃[ma⁵⁵]，不。此字形成有两种可能：（1）为东巴文李46音近形变假借。（2）自造指事字。

93. ℔ [ka³³]，好。（62）ℍ [ka³¹]，好。（95）

李1613 ℳ，[ka³³]，来自藏文字母"好"。此字（62）得形自借藏文的东巴文而有形体变化、旋转。（95）待考。

94. ☜ [na³¹]，黑。（62）

方1187 ℥，[na²¹]，黑，借藏文。此字得形自借自藏文的东巴文而形体反写。

95. ⌒ [pho³¹]，白。（62）

此字形音皆近100 △△ [phv³³]，价。待考。

96. 上 [shæ³¹]，上。（95）

李1616 ⊥，[ʂʌ⁵⁵]，"说"，为哥巴文但常见于东巴经典，李认为受汉字"上"影响。此字得形自来自汉字的东巴文。

97. ℬ [khv⁵⁵]，年。（62、95）

方57有"年"作℟，从鼠℣（[khv³³]获）声。此字为东巴文"获"得假借。

98. ∞ [thø³³]，节。（62）

李1317"数层相扣连"作℣，李云："……上下有线示其上下层节'扣联'之义。"可知李1317有"节"义。而李1317下文又云："此文常借音作'加被'福泽之意用，℥ ℣是也。"（按：℥形似∞字。）此字可能得形自东巴文℥ ℣，取其中之部分且旋转90°。

99. ⊀ [li³³]，里。（62）

♯（95）释地，与（62）形近。疑（62）与（95）有意义的联系，而在形体上略有变化。

100. △△ [phv³³]，价。（62）

此字形音皆近95 ⌒ [pho³¹]，白。待考。

101. ℬ [dɯ³³]，一。（62）⟶ [dɯ³³]，一。（95）

方1194 ℐ，一。此字（62）待考。（95）疑来自藏文或彝文。由"一"[dɯ²¹]等汉字，可知玛丽玛莎文的数字到95年的变化来自汉字的影响。

102. ℤ [ɲi³³]，二。（62）二 [ɲi³³]，二。（95）

李927 ℐ，[ɲi³³]，鱼。据李云，有时借作"需要"等，有时借"

（二）代。李 1536 � Π 音 [nˌi³³]，借作"需要"等。此字（62）得形自东巴文"鱼"而简化。（95）来自汉字。

103. ⱳ [su³³]，三。（62）≡ [su³³]，三。（95）

李 146 ☷、ⱳ，[so³³]，坪上之山。李 1177，大坪（[so³³]）有 ☷、☶、☳、☴ 等形。此字（62）得形自李 1777 诸形而取其局部。（95）得形于汉字。

104. ⁙ [lu³³]，四。（62）⁙ [lu³³]，四。（95）

李 166 ◬，[ru³³]，石。李 1538 ꞋꞋꞋꞋ，[ro³³]，四。方 1197 ꞋꞋ，[lu³³]，四。此字（62）疑从东巴文李 166 变形而来。（95）是（62）基础上的形体变化。

105. ∞ꞔ [ŋua³³]，五。（62）ꞔ [ŋua³³]，五。（95）

李 1445 ◈，[ɯa³¹]，绿松石。纳西语"五"音 [ɯa³³]。此字疑为东巴文"绿松石"之假借而形有简化。

106. ⽊ [tʂhuæ⁵⁵]，六。（62）六 [tʂuæ⁵⁵]，六。（95）

（62）形、音同（95）之马鹿（参 61）。此字（62）为玛丽玛莎文"马鹿"的假借（参 61），而（95）得形自汉字。

107. ◠ [sər³³]，七。（62）ℬ [ʂər³³]，七。（95）

李 108 ꙮ，[zɯ³³ʂʌr³¹]，长命、长寿。李 570 ꙮ，长命富贵。（62）疑得形自东巴文含"长"义的一些字而取其部分。（95）待考。

108. ◠ [xu⁵⁵]，八。（62）[xu⁵⁵]，八。（95）

方 1169 ꙮ，[ho²¹]，慢也。方 1136 ⌒，[hɯ⁵⁵ʐɿ³³]，远路。此字（62）得形自东巴文"远路"，为音近假借。（95）为（62）的形体变化。

109. ⊠ [tshɿ³³]，十。（62）十 [tshɿ³³]，十。（95）

李 1320 ⊠，[tshe³³]，盐。此字（62）为东巴文"盐"的假借，（95）得形自汉字。

110. ⌣ [py³³]，升。（62）

李 1142 ⌣，[pɣ³³]，升。此字得形自东巴文"升"，形体有减省。

111. ⋀ [bɯ³¹]，半升。（62）

李 1143 ⋀，[bɯ³¹]，半升。此字疑为自造指事字。

112. ⱷ [a³³]，阿。（62）

李 597 ◡，[ʔɛ³³]，啊。方 759 ◠ [a³³] 又 [ə³³]，呵，从口出声。方 713 ◠，口。此字得形自东巴文，有简省。

另有 8 字待考：[ ꙮ [tho³¹]，推。（62）]、[ ꞁ [tæ³³]，粘。（62）]、[ ∞ [ŋa³¹]，我（62）]、[ ꙮ [tʂhɯ³³]，吊。（62）]、[ ⋈ [ue³³]，堆。（62）]、

[ $t$ [nə$^{55}$]，守。（95）]、[ 米 [gv$^{33}$]，九。（62）米 [kv$^{33}$]，九。（95）]、[ Ɗ
[bu$^{31}$kno$^{31}$]，1/4 升。（62、95）]。

# 三、结　语

通过本文第二部分的考释，我们终于对玛丽玛莎文字有了以下一些
基本认识：

（1）玛丽玛莎文字的造字理据或字形来源是可以考释的。

（2）玛丽玛莎文字的绝大部分源自东巴文，多得形自东巴文而略有
形体变化，这种形体变化的主要方面是简化和线条化，亦有取东巴文某
字的局部者，但毫无变化地搬用东巴文者仅是一小部分。

（3）少数玛丽玛莎文字得形自汉字，极少数得形自藏文。

（4）少数在东巴文中找不到对应字形的字往往是玛丽玛莎文的自造
字，在这些字中尚未发现形声字。

总结以上，可知多数学者认为玛丽玛莎文是东巴文的一个"分支"
的提法，不如认为是东巴文的变种更为合理。因为依据本文考释的结果，
玛丽玛莎文是一种独立的文字，仅仅来自东巴文而已，而非东巴文的一
部分。更加精确地说，除玛丽玛莎文也有少数来自汉字或其他文字（藏
文）的字外，亦有少数仿东巴文造字法所造的自造字。本文的另一主要
工作是玛丽玛莎文是如何借用东巴文的。简言之，可以认为这种借用是
以简化为主的。这一发现在文字传播学上有一定的意义。

刊于《华东师范大学学报（哲社版）》，2004 年第 2 期

# 尔苏沙巴文的特征及其在比较
# 文字学上的认识价值

近年来，在我国四川省新发现了一种文字——尔苏沙巴文字。尔苏沙巴文字是一种相当原始的文字，对它的研究在比较文字学和文字史的研究方面，都有着不容忽视的认识价值。

尔苏人共有 2 万左右，居于我国四川省凉山彝族自治州、雅安地区与甘孜藏族自治州的一些县。汉族对尔苏人的旧称为"西番"。尔苏人的语言属汉藏语系缅语族羌语支。①

尔苏沙巴文字的主要用途是历法和宗教，写在尔苏人的历书——《母虎历书》上。只有尔苏人的巫师即所谓"沙巴"才能识读。关于尔苏沙巴文字，至今发表的材料为数不多，但依据这些材料，已经可以对其性质作一些初步的研究。

孙宏开先生曾指出："沙巴文虽然已经列入文字的行列，但它是刚从图中脱胎出来的……它在许多方面还具有图画的特征……研究它的性质和状况，对于研究文字起源及文字发展史具有重要的理论意义。"② 这是十分正确的。我们认为，正是由于尔苏沙巴文字在文字史上处于一个较为原始的阶段，因此，它为研究文字的发生、初期文字的特征及其发展提供了珍贵的材料。本文拟就文字制度和符号体态两方面，对尔苏文字的特征进行观察并把这些特征同其他一些文字进行比较，从而讨论尔苏文字的性质并说明这些性质对文字研究的启发意义。

## 一、文字记录语言的方式

一种文字的性质的主要方面，一种文字的内容，首先是由其文字制度决定的。文字制度具体表现在以下两个方面：一、文字记录语言的方式；二、文字的符号与它所记录的语言单位的对应关系。本节先讨论第

---

① 见孙宏开：《尔苏沙巴图画文字》，载《民族语文》，44 页，1982 年第 6 期。
② 见孙宏开：《尔苏沙巴图画文字》，载《民族语文》，48 页，1982 年第 6 期。

一个方面。

　　要判断一种文字记录语言的方式，主要要分析这种文字的构造方式。依据我们所见的材料进行分析，可知尔苏沙巴文字主要有这三种造字方式：

　　（一）象形："月亮"作〔，"星"作〇。

　　（二）会意：如"三星"作⁂，为三个"星"字之合成；又如"带枷的太阳"作⊛，为"太阳"与"枷"之结合。

　　（三）示意：如👁表"风"或"疯狂症"，👁👁表"开会"或"集会"。①

　　上述三种造字方法中，象形、会意与汉古文字的象形、会意大致对当，毋需多说。而第三类"示意"则较为特殊，这里作一点说明。

　　先从形体看，似乎这种造字法与象形一般无二，细察之，可知"示意"并不合于许慎对象形的定义即"画成其物，随体诘诎"。因为，象形字所"画成"的是"其物"，字形与它所记录的词有同一性。而"示意"字并不如此。如以眼睛的形象表示"开会"，是借用众人竖睫瞪眼注视演讲者来记录"开会"这个词；又如以🌳（吹折的树的形象）表示"大风"，是借用树木弯曲断折来表示"刮大风"。在上述二例中，字形与它所记录的词之间并无同一性，只是意义上的相关性，可说是一种"化成他物，随体诘诎"的造字方法。刘尧汉等先生文中归入会意字，② 似不如自立一类为妥，姑称之为"示意"。

　　应该说，"示意"作为一种造字方法，是有着相当古远的历史的。许多民族的原始文字中均有此类造字法。如大科达人用毡毯的形象来记录"讲和之年"（1840），③ 又如印第安人用胀满的帆表示"风"。④

　　除了上述三种造字方法之外，我们还发现尔苏人还有用颜色来表示意义或区别意义。据孙宏开先生的调查，"沙巴文""多用竹笔或兽毛蘸上各种颜色来书写，目前所见到的各种沙巴文经书中，共出现红、黄、

---

① 本文中述及的关于尔苏文字的具体材料，主要得自刘尧汉等先生的《一部罕见的象形文历书——耳苏人的原始文字》（载《中国历史博物馆馆刊》总第 3 期）和孙宏开先生的《尔苏沙巴图画文字》（《民族语文》1982 年第 6 期）。由于这些材料本文引用较多，恕不一一注明。

② 见刘尧汉等：《一部罕见的象形文历书——耳苏人的原始文字》，载《中国历史博物馆馆刊》，127 页，总第 3 期。

③ 见孙常叙：《假借形声和先秦文字的性质》，载《古文字研究（十）》，329 页，中华书局，1983 年。

④ 见胜见胜：《ABC 的历史》（陈青今译），9 页，文字改革出版社，1959 年。

蓝、白、黑、绿六种颜色表示不同的含义。如星星、月亮，画成黑色，表示黯淡，不明亮，画成白色，则表示明亮，引申吉祥如意的意思"。①"同一个动物的头像，涂上黄色表示土日，涂上红色表示火日……"② 可见色彩在尔苏文字的构成和记词中，确乎起着字素的作用。可以把色彩视为会意字的部件。

这种以色表义和以色别义的手法，也存在于世界上另一些民族的较为原始的文字中。如阿兹忒克文字中"颜色的象征性有巨大作用"，"比方，液体符号涂上蓝色表示水，涂上红色表示血"。③ 又比如，我国纳西族的东巴文字也以黑色代表"黑"义或一些贬义。④

综上所述，我们对尔苏沙巴文字的构造特点归纳如下：

（一）基本上都是独体字。有些会意如上述的 ⊗（带枷的太阳）和一些以色表义的会意字也往往是独体字。

（二）从文字记录语言的方式看，尔苏沙巴文字尚未超出表形和表意的范围而进入表音阶段。也就是说，尔苏沙巴文字中还未出现假借手段与形声造字。

（三）有"示意"造字法和以色表义、以色别义的造字手段。

（四）多异体字。

以上四个特点，证明了尔苏沙巴文字确是一种相当原始的文字。

首先，这是因为它尚未具备以音记词的手段，一直停留在表意文字阶段上。我们知道，纳西东巴文字虽则也是一种比较原始的文字，但已具备假借和形声。

其次，即使丢开表音与否不说，仅就纳西话东巴文字的表意手段的成分同尔苏沙巴文字相比，尔苏沙巴文字还是显示出其原始性。这是因为：

第一，纳西东巴文字已经有了不少指事字和合体会意字，而尔苏沙巴文字的会意字多独体且无指事字，这说明它的结构较为简单。

第二，纳西东巴文字同尔苏沙巴文字一样有"示意"字，但是尔苏沙巴文字的"示意"造字法较为原始、不成熟。应该说，"示意"字的出

---

① 见孙宏开：《尔苏沙巴图画文字》，载《民族语文》，44 页，1982 年第 6 期。

② 见孙宏开：《尔苏沙巴图画文字》，载《民族语文》，48 页，1982 年第 6 期。

③ 见 V. A. Istrin：《文字的发展》（杜松寿译），94 页，文字改革出版社，1966 年。

④ 见拙作：《纳西东巴文字黑色字素论》，载《华东师范大学学报（哲社版）》，59-63 页，1986 年 1 期。

现，本来就是其他造字手段不济时的一种特殊措施。在较为发达的文字中，由于有多种造字手段，尤其是有能产性极高的形声造字法的使用，当然不必求助于"言此而指彼"的"示意"，因为这极易造成阅读上的混淆。而同是"示意"造字，为什么说尔苏沙巴文字更为原始？这是因为，纳西东巴文字虽有不少"示意"字，但这些"示意"字往往是为了表示一个词而向一个现成的字去借其形体的结果，而且这种借用往往是一对一的，如"斧"作⟡，借作"铁"，也只能借作"铁"，而尔苏沙巴文字的"示意"字则有为了表示一个词而借用一个不是字的形体的现象，而且这种借用不一定是一对一的，如借"眼睛"可以表示"会"，也可以表示"风"，还可以表示"疯狂症"，而且⟡形本身倒并不表示"眼睛"。显而易见，相对纳西东巴文字来说，尔苏沙巴文字的"示意"字更容易引起识读上的混淆。

第三，纳西东巴文字与尔苏沙巴文字一样有以色表义、以色别义的手段，但尔苏沙巴文字的这一手段使用更频繁、更广泛。在纳西东巴文字中，真正能起表义、别义手段的仅黑、白二色，东巴们偶然随兴之所至也用其他颜料写经，但并不藉以表义和别义，只是一种装饰和美化的手段而已。[①] 而在尔苏沙巴文字中，经常被使用的色彩有多种，每种都用以表义、别义。只要我们承认色彩的使用不在较为先进的意音文字中出现，承认以色表义和以色别义是一种文字在历史上和性质上与原始图画相接近的标志，那么，我们也就能从以上比较中看出，尔苏沙巴文字在此再次显示了它的原始性格。

# 二、文字符号与语言单位的对应关系

文字制度的另一个重要方面，是一种文字的符号与它所记录的语言单位的对应关系。

应该说，一种成熟而发达的文字，其文字符号能够精确、完整地记录语言中的词。这具体体现在：一方面，语言中的每一个词，都能在文字符号中得到记录；另一方面，文字符号的次序与语言的词序保持一致，并无紊乱和颠倒。比如，现代汉字就充分具备了这一特征。

而一些原始文字则并不如此。比如有一首原始民族的情歌，其第一句当唱作"这是我的歌，使我变成上帝"，而记录它的原始文字只画了一

---

① 此为承习煜华先生指教，谨此鸣谢。

个人形（见图一）。① 显然，在这里文字符号在数量上远远少于它所记录的词，更说不上字序与词序的一致。

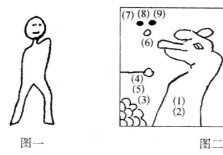

图一　　　　　　　　　　图二

在尔苏沙巴文字中，同样存在着这种文字不能精确记录语言的现象。试以《母虎历书》中的一段②（见图二）为例：这段经文，据孙宏开先生所记经文的读法和直译，③ 共 81 个音节。但写出的字仅 8 个单体，如果把以色表义等手段也算进去，符号也仅 13 个。（1. 狗；2. 红色；3. 雾；4. 陶罐；5. 红色；6、7. 星星；8. 两个；9. 黑色；10. 太阳；11. 枷；12. 法器；13. 宝刀。）这些文字符号所记音节为 18 个，仅占诵读音节数的 22%。

我们知道，大多数纳西东巴文字也不能精确地记录语言。据我们对纳西东巴经书《古事记》（傅懋勣先生本）④ 的前 11 节（除去第三节）计算，诵经时所读音节数为 187 个，经书中只写了 72 字，记录了 75 个音节，占诵读音节数的 40%。这个比值大致符合于一般纳西东巴经中的情况。

从以上比较可知，尔苏沙巴文字比相当原始的图画文字记录语言的精确度为高，但又低于处于语段文字向表词文字发展过程中的纳西东巴文字。

让我们再看看尔苏沙巴文字的字序与它所记录语言的词序的对应关系。

────────────────

① 见葛劳德：《比较文学概论》（林祝敬译），46-47 页，商务印书馆，据 1935 年版本，译于 1937 年。
② 见孙宏开：《尔苏沙巴图画文字》，载《民族语文》，46 页图，1982 年第 6 期。
③ 见孙宏开：《尔苏沙巴图画文字》，载《民族语文》，46-47 页，1982 年第 6 期。
④ 见傅懋勣：《丽江么些象形文〈古事记〉研究》，武昌华中大学出版社，1948 年。

　　尔苏沙巴历书的每格之中，记一日之事，常有好几句话。而其文字符号的排列，与词序保持着一定的关系：最先读格子中下方的那个兽名，然后从格子右下方起始，以兽头为轴心按顺时针方向读下去，一直读到格子右下方为止。例外并不多。所以尔苏沙巴文字的行款方向大致是环形的。

　　纳西东巴经书同样把符号写在格子中，每格记一个或二三个句子。在同一格子中，行款方向一般自左而右，当几个符号同在一竖行中时，从上向下写。也有少数例外。所以纳西东巴文字的行款方向基本上是直线走向的。

　　可见，尔苏沙巴文字在字序和词序的对应关系方面，水平与纳西东巴文字相近。当然，某些更为原始的语段文字的字序与词序的对应关系十分紊乱，还达不到这样的水平。

　　可以说，尔苏沙巴文字字序与词序的对应关系的水平较纳西东巴文字略低。如果我们注意到大量现代文字的行款几乎无例外地是直线走向的，那么就应承认，尔苏沙巴文字的环形行款毕竟比纳西东巴文字的直线行款落后了一截。

　　综本节所述可知，从文字符号与语言单位的对应关系看，可以认为，尔苏沙巴文字正处于从语段文字开始向表词文字过渡的时期。

# 三、符号体态的特征

　　一种文字除了它的内容方面——文字制度，还有其形式方面即符号体态的特征。一种文字的符号体态也往往能从一个侧面反映出这种文字在文字史上所处的地位。

　　从尔苏沙巴文字看，文字形体与图片接近。如"刀"作🗡，"白海螺"作🐚。

　　从量的角度看，各个字的大小和每个字的长宽比值都很不均匀。

　　汉古文字中，甲骨文"刀"作𠂇，与尔苏沙巴文字的"刀"相比，其形体已远离图画而符号化了。另外，甲骨文的各个字的大小比值和每个字的长宽比值，也远比尔苏沙巴文字划一。

　　显然，上述差距也说明了两种文字发展程度的差距。尔苏沙巴文字既然脱胎自原始图画不久，那么无疑会在外形上有较多原始图画的特征。因此，它不仅在外观、笔触上接近图画，而且在大小、长宽上也不像发达的符号那样匀称、和谐、划一，而是带着很大的任意性。

　　同时，这种差距也证实了尔苏沙巴文字是一种发展到较高水平的表意文字。由于表意文字缺乏意音文字中能产性极强的假借、形声等记词手段，就必然只能用一些以独体为主的符号直接记录语言，在这种限制下，如果一味追求文字外形的符号化而盲目地简化其体态，就会造成识字和阅读上的困难。

　　当然，从另一面来看，尔苏沙巴文字的体态也并不等于图画，因为它毕竟是一种文字，而且是一种得到了一定发展的原始文字。如"陶罐"作ᖶ，显然不同于图画中陶罐的形象。

　　据上文的分析，我们可以从几个不同角度概括出尔苏沙巴文字的特征：

　　（一）从文字的记录语言方式看，它是一种表意文字。

　　（二）从文字符号与语言单位的对应关系看，它是一种处于从语段文字开始向表词文字发展的初级阶段的文字。

　　（三）从文字的符号体态特征看，它是一种带有较强图画特征的文字。

　　由于尔苏沙巴文字处于上述特殊的发展阶段，而且它有着固定的读法，有着相当数量的材料，这就使得它在文字史和比较文字学上具有了极珍贵的认识价值。本文以上的讨论，就已经说明了这种价值至少体现在以下几个方面：

　　（一）从文字制度内部看，一种表意文字往往同时是语段文字。

　　（二）从文字制度与符号体态的关系看，一种表意—语段文字又往往是图画性较强、符号性较弱的文字。

　　（三）在表意—语段文字中可能存在着"示意"造字法和以色表义、以色别义的造字手段。

　　（四）表意—语段文字的行款方向有可能是环形的。

刊于《华东师范大学学报（哲社版）》，1990 年第 6 期

# "坡芽歌书"的性质及其在文字学领域中的认识价值

2009 年 2 月 18 日，赵丽明教授在《中华读书报》上发表了题为《"坡芽歌书"是什么文字？》一文。① 赵丽明教授本着严谨的学问态度，在文章中重点介绍了在云南文山州富宁县剥隘镇坡芽村发现的、壮族人民创造与使用的"坡芽歌书"的形式、内容及其社会背景，又对这个符号系统的性质作了有意义的探讨，并提出了她对这一符号系统的若干认识。我们以为，依据赵丽明教授在她的文章所展示的材料并在她的许多宝贵意见的基础上，进一步讨论"坡芽歌书"的性质及其在文字学领域中的认识价值，既是可能的，又是十分必要的。

## 一、"坡芽歌书"是一种文字

对于文字学研究者来说，一种符号系统是否为文字的问题，也就是一个符号系统的定性的问题，是对于这一系统进行研究的前提。

从普通文字学的研究史来看，对于一种符号系统究竟是否属于文字，大致上有两种不同的看法：一种认为只有那些可以精确地（完整而顺序地）记录语言中的词或其他基本语言单位的符号系统才是严格意义上的文字；另一种认为一个符号系统，只要它能够记录语言中的一部分词或其他语言单位，也可以视为是一种文字系统。

文字的调查与文字学研究的实践，使得文字学者的做法愈来愈朝着后一种标准转变。这种转变可以从我们对东巴文和尔苏沙巴文的性质的认识得到有力的注脚。学者们的相关研究证明，在判定一种符号系统是否为文字时，这后一种标准更凸显出了其更具合理性的一面。

依据我们的统计，由那些往往被我们称为"原始文字"的纳西族的东巴文字书写而成的东巴经，绝大多数只能记录它所记录的口头诵读的

---

① 见《中华读书报》2009 年 2 月 18 日第 14 版。下文所引赵丽明教授的观点及"坡芽歌书"的图符资料如未特别注明，均引自此文。

东巴经语言中的 40% 左右的词，① 但是自从东巴文字被发现，直至今日，从来没有人怀疑东巴文的"文字"的身份。

除了东巴文字之外，远在我国四川省的尔苏人使用的一种宗教文字即尔苏沙巴文字，所记录的语言中的词的比率还要低得多。依据我们的初步统计，大概其沙巴经书所记录的词的比率仅占语言中词的 20% 左右，② 但是也没有文字学者怀疑其"文字系统"的身份。

这种观点的改变，并不是文字学家们的风尚的改变或主观的意图，而是文字的材料的增加与文字学的理论研究所导致的认识上的进步。

对纳西东巴文的详密调查与研究告诉我们：已经发现的东巴经文的文字记录语言的精确度是不同的。据上所述，大部分的东巴经书只记录所诵唱的词的 40% 左右。然而，亦有这种比率达到 60% 的东巴经书。甚至还有记录语言精确度达到 100% 的东巴经书。我们自然会把最后一类称为文字。那么，第二类即记录了语言中 60% 的词的东巴经书也应称为文字，因为它们毕竟记录了语言中大多数的词。甚至那记录语言中的词的 40% 的第一类，也不能把它们摈弃于文字系统之外。因为，那第二类东巴文字完完全全是从第一类东巴文字发展而来的。

下面，我们就从文字与非文字的界限入手，来谈谈对"坡芽歌书"的性质的认识。

首先，文字是语言的书面记录。我们从赵教授的文章中可以看到，她所展示的"坡芽歌书"的 81 个符号，的确有与它们的形体相对应的音和义，而且所记录的是词（如图符 66 表示"房屋"、图符 64 表示"斧头"、图符 46 表示"草鱼"等）、词组（如图符 14 表示"落泪"、图符 55 表示"罾中鱼"等）和句子（如图符 33 表示"双手扶紫梅"、图符 80 表示"咱俩在一起"等）三类语言单位。

其次，文字是约定俗成的符号系统。从赵教授的文章中我们可以发现，虽然"歌书"只有一部，但是能识其字、能用此书的歌者为多人。该歌书"流行于坡芽村及周边几个乡镇十几个村庄的壮族社群中"，因此，这本"歌书"不能不算是一个约定俗成的符号系统。虽然我们不清楚歌书的原写手与其最初版本的书写时间，然而依据常理可以断定，这

---

① 王元鹿：《汉古文字与纳西东巴文字比较研究》，119 页，华东师范大学出版社，1988 年。
② 王元鹿：《尔苏沙巴文字的特征及其在比较文字学上的认识价值》，《华东师范大学学报（哲社版）》，1990 年第 6 期。

本"歌书"自然不应是当地壮族人的最早的"歌书",也不是他们的唯一的一本"歌书"。

第三,文字系统往往要有一定的量。此"歌书"共计 81 个符号,论其符号数量,虽不算多,但是其字数在我国的民族文字系统中亦已不能算是极少的了。如现在普遍被学术界看作是文字的几个系统,其文字数量均不算多:尔苏文,字数未必上百;① 玛丽玛莎文,字数近二百;② 达巴文的字数亦不过百。③ 而且,随着语言与文化工作者的进一步调查,完全可能发现更多的"歌本"与更多的字。

第四,文字系统往往有一套造字的基本方法。据赵教授的研究,"坡芽歌本"已经具备了象形、指事、会意三种造字方法。与之相比,尔苏沙巴文字至少没有指事造字法。④ 由此亦可见"坡芽歌本"在我国的民族古文字家族中不仅应居一席地位,而且还算不上是这些文字系统中最原始的一种。

赵文认为"坡芽歌书"符号"仅仅是文字萌芽阶段的一种辅助性帮助记忆、记录民歌的原始方式"。依据我们上面的分析,明确地把它视为一种文字系统应是没有疑义的。

当然,由于"坡芽歌书"在记录语言上的种种不完整与不成熟性,我们必须把这种文字称为"早期文字"或"原始文字"或者"语段文字",以把它同如汉字这样的成熟的文字区别开来。关于这个属于文字类型学的问题,我们将在下文有所说明。

为行文方便,下面我们暂且将这一文字系统称为"坡芽文字"。

## 二、"坡芽文字"是一种早期文字

我们以为"坡芽文字"是一个文字系统,但从文字类型学角度上看,应将它视为一种早期文字或语段文字。用较为通俗的话来说,它是一种原始文字。

---

① 宋兆麟:《耳苏人的图画巫经》,《东南文化》,2003 年第 10 期。
② 王元鹿:《玛丽玛莎文字源与结构考》,《华东师范大学学报(哲社版)》,2004 年第 2 期。
③ 邓章应:《摩梭达巴文初步研究》,见《中国文字研究(第 7 辑)》,广西教育出版社,2006 年。
④ 王元鹿:《尔苏沙巴文字的特征及其在比较文字学上的认识价值》,《华东师范大学学报(哲社版)》,1990 年第 6 期。

　　由于文字学家可以从多个视角去观察文字，文字类型学上的文字分类与文字归类也往往可以是多角度的。

　　一种常用的分类方法是结合文字的发展阶段，以文字史上文字记录语言单位的精确程度为依据，可以把文字分为语段文字、表词文字、音节文字与音素文字这几类。[①] 表词文字，如我们使用的汉字，一个字形往往记录的是语言中的一个词（或词素）；音节文字，如日文中的假名，一个字形记录的是语言中的一个音节；音素文字，如英文、俄文字母，一个字母记录语言中的一个音素。而所谓语段文字，则是一个字形记录语言中的一段话语的文字类型。我们要讨论的"坡芽文字"，恰恰是这样的文字类型。

　　如赵丽明教授的文章所言，此种文字"标记最大的语言单位是句子"。如赵文中提及的"图符 58 🐾"是一个字形，其意义为"妹坐凳数钱"，当为一个字形记录一句话的现象。

　　同时，据赵丽明教授在其文章中所列的符号来看，此种文字一个字形记录一个词时，记录的多为名词，亦有动词，而未见其他词性者。由此可以想见，此种文字在记录语言时，一定有许多词被省略，因为仅用名词与动词是难以精确记录一种语言中所有的词的。可见其记录语言不可能精确到词。应该说，此种文字有一个或几个字记录一段话的现象。

　　从以上分析看，显然，"坡芽文字"对文字的记录是不很精确的。从这个意义上来说，它是一种在文字的发展史上还处于早期阶段的所谓"早期文字"。

　　文字的类型还可以从文字记录语言的方式（即这个文字系统用何种方式造字来记录语言）来判断。从这个角度看，我们又可以把文字系统分为表意文字、意音文字与表音文字 3 类。[②] 表意文字是某些直接用文字的形体表现它所记词的意义的文字系统，如尔苏沙巴文字。意音文字是某些既含一些直接用文字的形体表现词义又含一些文字中有表音成分的文字系统，如汉字。表音文字则是用字母来记录语言的音的文字系统，如日语的假名与许多字母文字。

　　根据上述各种文字类型的特点，并结合"坡芽文字"的实际，我们可以将它归入"表意文字"一类，其理由是十分明显的。依据赵丽明教授的文章所提供的信息，这种文字中没有含表音成分的假借字和形声字，

---

① 王元鹿：《普通文字学概论》，46 页，贵州人民出版社，1996 年。
② 同上。

除了象形、指事和会意那三种结构方式造成的字，还有以图形表示整个句子意义的做法。可以说，这种文字在记录语言时不与文字所记的语言中的音直接发生关系即不含以音记录语言单位的方式。所以，由文字记录语言的角度上来看，我们将这种文字称为"表意文字"应是符合该文种的特点的。

由上面的分析可见，"坡芽文字"是一种语段文字，也是一种表意文字。由于语段文字与表意文字都不能精确地记录语言，所以，赵教授把它称为"文字早期雏形"也是可以接受的。

## 三、"坡芽文字"在文字学领域中的认识价值

虽然"坡芽文字"是一种使用范围有限而且迄今资料有限的文字系统，它又是一种相当原始的文字系统，但是它在文字学研究上还是有其特殊的认识价值的。

首先，在文字发生学上，这种文字为我们提供了解决文字学者们所关注的一些问题的新的例证。

如关于文字产生的动因问题。以往的传统见解往往解释为"文字是社会发展到特定阶段的社会需要的产物"。[①] 然而，"歌本"的出现使我们更加相信，不仅文字发生的动因可能是多方面的，而且某一种看似极不重要的因素或需要，也可能催化文字的萌芽。可以认为，"坡芽文字"的发生纯粹是文化上的原因，因为仅仅是为了记录歌词从而导致了这种文字的产生。

又如关于文字的创始者问题。关于汉字创始者的问题，我国历史上的神话传说中的"仓颉造字"说，多年来一直受到怀疑。这主要是由于研究者们认为如汉字这样内容宏富的文字系统不大可能是个人的创造，仓颉至多不过是一个汉字的整理者。然而，近年来学界开始注意到傈僳族农民汪忍波一人创造了傈僳竹书文字，文字不可能由个人创造的说法就显得过于武断了。时至今日，"坡芽文字"又再一次证实，文字由个人创造的情况确实是存在的。当然我们还不太清楚"歌本"的文字的创造者究竟是谁，但是我们相信，至少是少数壮族的农民创造了这种文字。所以，"坡芽文字"为文字可能由少数人甚至是一人创造的说法提供了佐证。

其次，"坡芽文字"的发现为我们提供了关于早期文字刚刚形成状态

---

① 王凤阳：《汉字学》，46 页，吉林文史出版社，1989 年。

的一个生动的例证。

纳西东巴文字虽然是一种没有完全脱离早期文字状态的文字，但是它创始的年代已经相当久远，现在我们所见到的东巴经的文字已远非其发轫时代的状态。至少，东巴文现在已有大量的假借现象与形声字。我们欲了解东巴文的早期状态，除了可以以普通文字学的原理为依据进行推理，还可以以那些与东巴文有着某些共性的民族古文字为比较的依据进行研究。而"坡芽文字"恰恰为我们提供了一个极有价值的参照物。

如赵丽明教授所描写的："坡芽歌书的一个图符直接对应不是一首歌的歌词内容、整个章节，而仅仅是一个物象概念的词语；再由这个词语提示一首歌。"也就是说，"歌本"的作者却只是记录下一些被赵教授称为"引导字"的字形，与这些字形直接相关的往往只是语言中的一些词或短语。而恰恰是这些"引导字"帮助歌者们记忆起全部的歌词。我们可以想见，诸如纳西东巴文字之类的较为发达的文字系统，很可能也在其产生之初同样地用这些"引导字"来启发记忆，于是有了最早期的东巴文字。甚至于，当历史悠久而内容丰富的汉字开始它的漫长历程之时，很可能也是由制造如此简陋的一批"引导字"以构成了它的基础。从这个意义上来看，"坡芽文字"可以称为是比纳西东巴文字更加原始的一块"原始文字的活化石"。

细察"坡芽文字"的特点，在许多方面与东巴文所含的早期文字特征相符。如它的造字方式兼有象形、指事、会意 3 种，如它的亦含用复合图形记录意义的方式，如它在其文字符号与语言单位对应关系方面亦多含以一个字的形体记录一句话的做法，还如它的符号体态与东巴文有着惊人的"巧合"等等。凡此种种，恰恰都是这两种无同源关系的文字所暗合的特征。因此，借助"歌本"文字去解决东巴文以及其他一些早期文字历史上的一些谜团，是极有可能得到意外收获的。

第三，"坡芽文字"对于我们认识早期文字的发展规律具有十分重要的参考价值。

普通文字学的研究表明，早期文字能否进一步发展，主要受多方面因素的影响，如社会对文字需求的影响、语言特点对文字的制约、文字记载的内容对文字的制约、其他民族文字体系对该文字的影响、书写材料和书写工具对文字的影响，等等。①

---

① B.A. 伊斯特林：《文字的产生和发展》( 左少兴、王荣宅译 )，499–520 页，北京大学出版社，2002 年。

根据已有的调查，"坡芽文字"的 81 个符号记录的是 81 首情歌，当地的歌手目前仍能讲解每个符号的含义，并演唱每个符号所对应的歌曲。也就是说，这种文字仍在小范围内使用着，它还"活"着。但同时，我们也可以发现，这种文字除了记歌，尚未发现有其他用途，且文字本身已经停止了发展。"坡芽文字"之所以具有这样的命运，我们认为主要是受到如下因素的制约：（1）社会需求的制约；（2）文字记录对象的制约；（3）其他民族文字体系的制约。

坡芽村的壮族人民为了传唱 81 首具有浓郁民族风情的情歌，创制了这一文字体系进行记录。这可以看作是影响这一文字产生和发展的唯一需求。正是由于这一需求的特殊性，从而导致了这一文种记录对象的单一以及掌握这一文种的人群的特殊。这使得这一种文种具有先天发展的不足，这是影响该文种进一步发展的主要因素。而其他文字体系的存在和使用，在客观上抑制了这一文字体系进一步发展和扩大使用范围的可能性。

由此可见，"坡芽文字"为我们更好地理解早期文字的发展规律提供了一个很好的个案。

本文与朱建军（上海外国语大学国际文化交流学院副教授，博士）合作，刊于《华东师范大学学报（哲社版）》，2009年第 5 期

# 水文在文字学研究中的
# 认识价值与研究方法

## 引　言

　　中华民族的文字系统，据至今的发现与统计已不下 50 种。可以说，每一种民族文字都与其他的文字不同，各有其自身的特征和特殊研究价值。这正应了一句名言："世界上没有两片完全相同的树叶。"然而，就中华民族古文字而言，不妨添加一句话："水族用以书写水书文献的水文，正是那片片树叶中有着特殊色彩的一片。"

　　这是因为，水文及用它来书写的水书，有若干迥然不同于包括汉字在内的其他民族古文字的特点。正是这些特点，决定了水文研究所具备的多方面的研究价值。比如说，用水文记录的水书，是一种很有价值的宗教经书，水文的研究无疑会有益于咱们对这些经书的诠释与理解。然而，本文要作简要阐述的，仅仅限于水文在文字学研究上的价值及研究水文必须注意的一些问题。

## 一、水文是一种典型且具特色的"拼盘"文字的研究个例

　　普通文字学与近年来的中国民族古文字的研究告诉我们：世界上和中国的民族古文字系统往往不是由其本民族独自制造的，而往往由其他民族文字系统传播而来。这样的例子不胜枚举。就拿日文来说，无论其平假名、片假名和汉字，都与中国汉字有扯不断的渊源关系。

　　当然，我国也颇不乏几乎纯产于本民族内部的文字系统。如纳西族的东巴文字，除了后期有极少量的藏文进入之外，绝大部分都是纳西族先民的自己创造的字。①

_____

① 参见王元鹿：《纳西东巴文字与汉字不同源说》，《云南民族学院学报（哲社版）》，1987 第 1 期。

　　而水文则与上述的二类文字截然不同。它既含自源字即水族先民自己制造的字，又含借源字即自其他民族传播而来的文字。水文中无论是自造字还是借源字，在文字学研究上都有很大的价值，这些价值我们将在以下几节中论述。

　　我们首先要说的是，水文作为一种"拼盘"文字的意义，在于很可能水文中还含一些上述两种字拼合起来的字。如"冬"，有多个异体，其中的 参，当从汉字"冬"传播而来然后微改其形体而造成，但另一异体 参，如果说中下部还是汉字的传播结果，则上部显然是水文的自造偏旁。

　　同样有趣的是"南"字，水文作 多，下半部似来自汉字草书或章草，而上半部极似水文"位" 3。① 可以相信，此亦为一拼合汉字和水族自造字的字。

　　仅此两字，就是文字传播研究方面十分罕见的例证。

　　此外，还有一些字，几乎分不清是自造字还是借源字，如"凶"作 ⊠，似乎像汉字"凶"字，但也难确定，类似字的研究还未开始而极有难度。这无疑又是一个水文研究的有趣题目。

## 二、自造字在比较文字学上的材料价值

　　水文的本民族自造字虽则字数较借源字为少，但亦有一定数量。尤其是一些表生产、生活用具和鸟兽鱼虫草木的字中颇多自造字。

　　值得特别注意的这些自造字的相当一部分，与汉字是"源异理同"的。如"马"，水文作 今，汉字小篆作 馬，都是象形字，汉字虽肯定在其初形基础上几经变化已显得不太象形，然而马腿与马的三根鬃毛宛然可见，与水文"马"的三根鬃毛几乎如出一辙。又如水文"上"有 ⑴、⑴、∘∘、∘、⌒ 等一群异体字，与古汉字的 ⸺（甲骨文）相比，虽然形体不同，但"一物在另一物之上"或"向上"可说是它们的共同理据。同样，水文"下"有 ⸚、⸛、⸜、⸝、⌐ 等多个异体字，与古汉字的 ⸺（甲骨文）相比，亦同理据。②

　　更有意思的是，水文"中"作 哉，理据显然是"在四抽象物中间"，此例至少可见水族先民具惊人的抽象思维能力之一斑。

----

　　① 参见王元鹿：《水文方位字研究及其对普通文字学研究的启发——兼论水文研究的必要性和方法论》，《湖州师范学院学报》，2003 年第 2 期。
　　② 同上。

同样，"行"字水文作↓，"下"字水文又作↓，亦都是显现抽象思维能力的指事字。

凡此种种，都是水文自造字中颇值研究的内容。简言之，水文自造字既有一部分造字构意与汉字不谋而合的字，又有一些显示出水族先民造字构想独特性的字。无论哪一类字，都足以成为比较文字学研究中的宝贵材料。

## 三、借源字在文字传播学上的宝贵意义

水文的借源字占水文单字的多数，而借源字的研究作用同样值得重视，尤其是在文字传播规律的探寻上。

水文的借源现象中最值得研究的也许是这一现象：照搬汉字的情况较少，多数情况下通过把汉字倒写、反写或改变笔划造成水文文字。正因如此，许多人把"水文"称为"反书"。如汉古文字"左"作广而"右"作彐，水文却恰恰"左"作彐和"右"作广。又，"七"字水文写作才，亦是反书。"五"字更典型，水文"五"的三个异体是亚、王和X，第一字反写，第二字倒写，第三字则是汉古文字的"五"。①

这类现象当然可以归为民族意识的体现：既然水族是不同于汉族的另一民族，那么在借用汉字时作一些笔划的变化以区别于汉字自不足为怪。至少彝文中亦有相同做法。然而，仅用此一原理就不太容易去解释另一些借源字的情况。如水文"一"作一，"二"作二，"三"作三，"四"作囬，"八"作八，与汉字并无二致。可见，至少民族意识并不是这类现象的唯一解释。什么情况下反书、倒书，什么情况下仍汉字之旧不变，这是一个值得深入探讨的问题。

还有一个问题亦发人深思。如水文"三"作三，又作山，"四"作囬又作回，这都是表同一个词自造字和借源字并存的情况，那么，是借源字先构成水族文字的基础还是自造字先发生于水族内部，亦是不好轻易得出结论的。

此外，水文借了汉字是没有疑问的，但是水文是否还借了其他的文字？至今的相关文献上并未发现相关的说法，我们不妨作进一步探索。

---

① 参见王元鹿：《水文方位字研究及其对普通文字学研究的启发——兼论水文研究的必要性和方法论》，《湖州师范学院学报》，2003 年第 2 期。

## 四、水文一些待解谜团及其对文字史研究的意义

种种原因导致了水文文献的大量收集工作开始较迟。现在这一工作尚在进行之中。而随着大量水文文献的面世，抄本的真伪鉴别及其时代的确定显然是一项重要的工作。但是无论如何，总有相当数量的水文文献确有其可靠性。对于文字学研究者来说，水文字数的增加显然既增加了工作的量，同时也补充了研究工作的材料依据。材料的充实显然有利于咱们解决一些本文"一"、"三"部分中提及的未知问题，亦有利于解决其他的一些问题。

关于水文的未知问题很多。例如，水文的发生时间始终是一个众说纷纭的问题，更多资料的出现对这一问题的解答显然是有所助益的。

又如，水文既有自造字和借源字之分，那么，究竟自造字发生在前，还是借源字发生在前？也就是说，究竟是水族历史上未见过汉字之前就有一种水族本民族的字，还是汉字先行流入然后水族人在之后又按汉字原理补充了一些自造字，或是在这同时创造了一些自造字？对这一问题亦不易得出结论。笔者曾在对水文方位字的研究中推导出一个想法：自造字应在前。[①] 然而，笔者此想法是仅就刘凌女士所收的不到千字的水文字汇中得出的，随着更多的水文单字涌现，也许这一想法需作新的考虑。

关于水文的谜团还有很多。比如，如果自造字的确是独立发生的，那么其渊源物又是什么？又如，水文多异体，那它们又是因何造成的？再如，我国西南地区的少数民族的文字之间往往有一些联系，而水族人聚居区与广西较近，水文与壮文在构成成份上相似，它们之间又会有何种历史上的渊源？甚至于，贵州长期未得破译的红岩石刻，与水文有何关系，亦可尝试考察。上述种种，也还只是关于水文谜团的一小部分。随着这些谜团的逐渐得解，新的谜团又将产生。由此看来，水文的研究工作与其资料一样，资料无涯，学问亦无涯。

## 五、从事水文研究应取的态度

水文的资料工作与研究，相对东巴文、壮文等研究较为成熟的文种，

---

① 参见王元鹿：《水文中的数目字与干支字研究》,《华东师范大学学报（哲社版）》, 2003 年第 4 期。

起步的确较迟。然而这一事实带给研究者的既是困难，又是挑战。在政府弘扬民族文化政策的指引下，在当今文字学尤其是中华民族文字学充分发达的情况下，在文字信息化处理不断取得进展的条件下，水族文字的研究成就应是指日可待的。

显然，咱们首先必须看到这一事实：与东巴经和东巴文的经书的大规模和系统性整理相比，水书和水文的相应工作迟了半个世纪。为数已十分有限的精通水书的先生们的遗产，咱们需及时继承下来。当然，汲取东巴文、彝文等经书的整理和文字研究的经验并汲取他们的教训，是应特别注意的。

其次，水文研究既然是一种科学研究，那么，在水文研究中，保持客观的科学精神是必须强调的，任何以先入为主的态度去处理材料导得结论的方法是不可取的。至于专事炒作、哗众取宠，更是必须坚决反对的。

正因如此，我们必须注意在研究中充分利用传统汉字六书理论、比较文字学理论、文字传播理论等古今中外的先进文字学理论，同时又引进信息化处理技术作为整理与检索材料的先进工具。在此基础上，一系列相关的成果是必能取得的。

还要指出：文字是记录语言的书写符号，因此在广义上说，文字研究也是一种语言研究。然而，文字是一种特殊的语言，则它的自身规律必有特殊之处。我们在研究水文的时候，既需注意到水文同水语的联系，又需注意水文作为文字系统的内在文字学性质。如果用语言学的一些原理与方法套用到文字中去，必然或隔靴搔痒，或浅尝辄止，或言不及义。

刊于《中国文字研究（第 9 辑）》，2007 年

# 水文方位字研究及其对普通文字学研究的启发

## ——兼论水文研究的必要性与方法论

## 一、引　言

　　水文是我国贵州省水族人使用的一种民族古文字。虽然水文的发明与使用已有不短的历史，但是文字学界对这种文字的资料搜集与理论研究，却还起步不久。因此，关于水文的发生及其性质，尚有不少谜团有待解开，而对于这些问题的研究，亦将会对汉字与普通文字学的研究提供新的参考资料。

　　本文将就水文中的一批有相当研究价值的字——表示方位的字及与表示方位有关的一些字进行观察和研究，借此解决上述种种问题，并进而阐述这些研究在普通文字学研究方面的意义。

　　水文的一大特性是它是一种既包含本民族自造字又包含汉字流入后被借用的字的文字，先有自造字还是先有借用字就成为关于水文的一个至今未解的谜团。同时，我们对于水族自造字与借用汉字之间的共同特征，至今也缺乏较多的研究，因此，本文的研究将从这两个方面展开。

　　作为本文研究对象的水文文字的相应汉语方位词的意义为："东"、"南"、"西"、"北"、"上"、"下"、"左"、"右"、"中"，另外还附带"方"和"位"字及"倒"、"进"、"退"、"下"、"在"、"出"几个常用作动词的与方位词有关的字。

## 二、初步的观察与分析

### （一）"东"、"南"、"西"、"北"和"方"、"位"

　　水文中"东"、"南"、"西"、"北"这四个表四方的字分别为："东"：屯（参、亏）（括号为异体，下同）；"南"：易（易、名、易）；"西"：西；"北"：氺（氺、非、氺）。

　　水文中表四方的字从整体上来看，当是从汉字传播而来。最明显的是借汉字金文或小篆的“西”和几个“北”。“北”字可能来自金文、货币文或陶文。而“东”、“南”则很可能亦是来自汉字，但时代稍晚。其中字极为有趣，下半似来自汉字章草或草书，而上半极似水文“位”，作。

还值得注意的是，“东”和“南”虽从形体上看确乎来自汉字，但并不直接借汉字的“东”、“南”二形。“南”字借同音汉字“男”而“东”字似来自“虫”[hui]字。

从词源看，表四方的词均来自汉语，为汉语相应词的借词。

此外，与四方有关的“方”、“位”两字，“方”作，可能为汉字之借，战国玺文“方”有作“”者，形体或笔势略似。“方位”之“位”字（或直接表“方位”这个词）作，似为一水族自造字。

**（二）“上”、“下”、“左”、“右”、“中”**

水文“上”作（、、、），仅用以表方位。“下”作（、、、），亦仅表方位。从此二字来看，形体均与汉字无涉，当为水族人自造字。

水文“左”作而“右”作，相当于甲金时代或稍后汉字形体，但汉字的“左”、“右”在水文中对换了角色，这也是十分引人注意的。

由语源来看，水语“上”、“下”、“左”、“右”均非汉语借词。

另外，水文“中”字作，为一典型的水族人自造字。

此外，水文还有“颠倒”之“倒”（或表“反转”义）字作（、），亦为水族自造字，形体则与水文“上”和“下”相关。

**（三）表动词的“进”、“退”、“下”、“在”、“出”**

水文“进”作而“退”作（、），形体相反。“下”作。以上三字当为水族人自造字。

水文“在”作，似汉字“在”之草化。而“出”作，当来自汉字“出”。

## 三、对现象的进一步思考

从上面所述现象，至少可得出这样一些结论与想法：

**（一）水族人在汉字流入之前就有了他们的自造字**

从上面揭示的一些水文字来看，表四方的字在总体上来自汉字，表左右的字亦来自汉字，还有两个动词“出”和“在”亦均来自汉字。而“上”、“中”、“下”和“倒”、“进”、“退”六字则为水族人自造字。那么，又如何看待这一现象呢？

至少，我们可以认为：从总体上看，后一组作为自造字的形成应该更早一些。因为，四方字在语言上也是汉字借词。从文化学角度看，其形成的时间当会相当晚，这在我国其他少数民族语言中亦可得到旁证。而"左"、"右"二字，可能亦比"上"、"下"、"中"为晚造。而"倒"字，该字形与"上"、"下"有关，则极可能"上"、"下"二字造成不久也产生了"倒"字。

因此，我们可以相信，当汉字流入水族时，水族已经有了他们最早的自造的"象形字"。

### （二）水文"象形字"中有相当部分是与汉字同理的

虽然水文自造字与汉字不同源，但由上文述及的一些自造字看，水文的造字亦与汉字有许多同理之处，尤其是凭借位置与方向来造字。

看看汉字"上"、"下"，我们会看到汉字与水文的惊人相似。贾公彦《周礼疏》："人在一上为上，人在一下为下。"吕思勉先生深以为然，他认为："段氏臆说二、冖，殊非。"由字形来看，《说文解字》中小篆"上"作𠄞，"下"作𠄟，真像小篆或更早古汉字中"人"在"一"的上、下。现在看水文的"上"、"下"二字，虽然我们还不清楚一画的上下方为何物，但在一画上下加一具体物或抽象物来表"上"、"下"之义的造字构思，却是与汉字同样的，且很可能两种文字中均既可用具体物（如汉文中的"人"和水文中的∞之类）又可用抽象物（汉文中的短横和水文中的○或○○）置于一画的上下。

另外，水文"倒"作ᚁ或ᚂ，即"上"中之附件的颠倒，这又非常似古汉字中"逆"，初文作ᚃ，为ᚄ（"大"即"人"）之倒，和"覆"作ᚅ，即"皿"作ᚆ之倒。

以上种种，均为水文中方位表义的例子，真是与汉字如出一辙。

### （三）水文中来自古汉字的亦可能有"反写"现象

水文中来自古汉字的往往在水文中有"反写"现象，如"丁"作ᚇ，"五"作ᚈ。又如本文所举的"左"、"右"二字，来自汉古文字，但左右互换，可见即便借自汉古文字的水文，亦有"反写"现象。

## 四、关于水文研究的必要性与方法论

以上的研究虽仅以水文的局部资料为对象和以其部分问题为目的，但至少向我们证实了继续深入开展水文研究的必要性，并启发了我们关于这种研究的方法论上需注意和改进的地方。

## （一）继续对水文进行研究的意义

由于种种原因，研究者在 20 世纪 70 至 80 年代之间只见到了一小部分水文字，直至 80 年代，我们才真正得睹水文的全部文字。再加上研究投入的有限和相关研究（我国各民族古文字研究乃至普通文字学和比较文字学研究）水平的有限，至今我们对水文的个别字的结构分析和造字理据、整个水文系统的历史和性质，远未达到细致而又准确的把握。因此，作为我国民族古文字大家庭中富有特色的一员的水文的研究，应成为我国民族古文字研究中的一个亟待加强的环节。

水文的最明显特点在于它是一种既含其本族人自造字又含汉字传播而成的借源字的拼盘文字，这一特点赋予了水书以极难能可贵的普通文字学研究方面的意义。

水文的继续深入研究甚至还有助于解开诸如"红岩石刻"之类的西南摩崖石刻谜团。"红岩石刻"位于贵州安顺地区，何时、何人、以何种文字所刻，数百年来为学界关注和探讨，但至今说法不一。可以相信，不管刻者是否与水族先民有族属关系，水文多少对此石刻的破译有着启发意义。

## （二）关于水文研究的新视角和新方法

不少学者认为水文仅有数百字且大半来自汉字而无多大研究价值。其实，这是由于囿于狭隘视角而导致的片面认识。

如果我们真正站在普通文字学和比较文字学的高度去看待水文，那么对水文的研究将可采取许多新方法，得到许多新视角。比如，若要寻觅我国各民族古文字在发生、发展、传播、结构、类型等方面的共性，那么水文即是一个极好的标本。水文的发生至少有自源字和借源字两方面，借源字的发生又牵涉到文字的传播。水文的结构也至少需从自源字与借源字两方面去分别研究，尤其是其自源字的结构足以启发文字史的研究。自源字与借源字的互相影响亦是研究者至今未曾涉足但极有启发性的课题。可以说，本文以及笔者的另一文《水文的数字与干支字研究》（刊《华东师范大学学报》，2003 年第 3 期），即是这类研究的初步尝试。

本文所用材料多采自刘凌女士《水书常用词汇》（未刊本），谨此鸣谢。

刊于《湖州师范学院学报》，2003 年第 2 期

# 水文中的数目字与干支字研究

## 一、引 言

水文是贵州省水族人民用来书写他们的经典"水书"的一种民族古文字。由于种种原因,长期以来对水文的调研进行得不够,直到 20 世纪 70、80 年代之交,专家们才开始较充分地对水文情况有所了解和研究并进行了介绍和评论。然而,由于水文字数不多,又有不少自汉字传播而来,所以对它的研究的重视与投入相当不足,研究者不多,高水平深入研讨的论文亦十分有限。

实际上,水文是一种对普通文字学研究极有价值的民族古文字。就来源而言,水文的特点在于它是一种"拼盘文字",也就是说,水文的来源至少有两个:一是水族人自造的所谓"象形字",另一是由汉字传播而来的文字。前一类在早期文字的发生和构造的研究上有很大价值,后一类则在文字传播的研究上亦颇具价值。

本文试图对水文的数目字与干支字进行一些考察,通过综合这二类字的共性并比较这二类字的个性,在文字的发生学、类型学、传播学角度上对水文作较为深入的研究,进而提出一些由此得出的普通文字学方面的启示。

本文中所引关于水文的材料多采自刘凌女士《水文常用字表》(未刊本),特此鸣谢。

## 二、水文数目字与干支字的共同状况

本文的研究对象,是水文中的 10 个天干字、12 个地支字及 11 个数字(一至十及百)。下文所说的"几个字",往往是指汉字对应于水文的天干字、地支字或数字的字数,而"几个形"则是指与汉字的这些字相对应的水书的字形(包括异体字)数。本文中"某字水文的异体"这一提法指某一汉字对应的水文字的所有写法。对水文这 33 字的直接观察,可以发现水文的数目字与干支字的共同特点是:

(一)往往得形于汉字。如"甲"作"⼽⼿⼾⼧","一"作"一",

"二"作"二"，来自汉字"一"、"二"当无疑问，而"乙"的 5 个形虽与汉字均有差异，但还是可以构拟出以下的变化图：

又如"戊"作"⿱⿰⿱"六形，虽然看似无一与汉字"戊"字形近，但其结构与体态说明它们很可能从汉字借音而得。

（二）得形于对汉字进行改造后的写法往往来自汉字古文字的形体。前一类如"丁"为汉字"丁"的反写而"丁"为汉字"丁"的缺笔。后一类如"夘"、"邜"均取汉字"卯"的古文字字形。

（三）同一字多异体。水文多异体，干支字与数目字亦然。综观这 33 字，异体最少者为"丙"和"丁"各含 3 形（即 3 异体），最多者为"辛"和"辰"各含 9 形。

（四）少数字为水族人自造字。如"一"作伙"⊥"，"二"作"⊥⊥"。

# 三、数目字与干支字的状况差异

除上述水文中数目字与干支字的若干共同特点以外，我们还可以发现二类字之间的不同个性。

（一）干支字的异体多于数字。22 个干支字异体共 124 形，平均每字 5.6 形以上。而 11 个字符字异体共 25 形，每字不及 2.3 形。

（二）干支字的异体往往均来自汉字，而数目字的异体有水族自造的。我们不难看出，干支字异体虽多，但找不到一形为水族自造成的"象形字"。而数目字异体虽不多，但每字至少有 2 形。仔细观察，似可把这 11 个数字分为 2 类。从"一"至"四"的一类，每字均既有得形自汉字者，又有本族自造者。如"一"、"二"、"三"分别沿用汉字形体，而"四"则为来自小篆者；而"一"作"⊥"、"二"作"⊥⊥"、"三"作"⊥⊥⊥"、"四"作"⊞"当为水族自造者。

# 四、由综合与比较引起的思考

上述综合与比较虽然可轻易得出此结论，但若要给这些现象以一个充分合理的解释，却并不十分容易。换言之，我们由此可以引出若干水文研究及普通文字学研究上的思考与结论来。我们至少可以归纳出以下一些结论。

（一）水文是从其本民族中最早发生的。

据上文所述，水文作为一种"拼盘文字"，既有自造成分，又有汉族文字流入后借用的成分，何者在先一直是一个悬而未决的问题。而通过以上的观察，我们可以看见，水族"象形字"的发生当在汉字流入之前。因为，任何一个有文字的民族往往在文字产生或流入之前就有了它自己对数的认识。而依据的国外许多关于原始民族思维的资料，对最小的几个数的认识往往是这些民族很早就具备的，而对稍大的数则不容易认识清楚。因此，水文中仅对一至四这四个数有自造字而对五以上则完全借用汉字，恰恰证实了在汉字数目字流入之前水族先民就有了他们的四个数目字。反过来，我们也相信汉字流入虽较晚亦不至太晚，这是由于水族人在汉字流入时当还没有"五"以上的数的概念。至于天干、地支字则由于其抽象且其概念完全来自汉文化而没有水族的自造字。

（二）一种文字向另一民族的传播，往往经过了改造之路。其实，汉字流入水族时，虽然时间较早而水族当在一个相当原始的时代，但一旦流入，水族先民还是较为顽固地保持了其原始文字系统而仅把汉字作为补充。水族人对汉字的改造几乎是彻头彻尾的。当然，对汉字的改造可能还有其他文化与社会方面的原因，这里不进一步讨论了。

（三）借源文字容易产生异体字。从上文述及的水文数字与干支字多异体即可显然地推出这一结论来。本文所研究的 33 字共有 149 个异体字，平均每字异体在 4.5 字以上。产生这一结果的原因当较为复杂，但就借源角度究其原因，很可能是：某种文字被借时不从一个时间（乃至时代）、地点流入，不同的借源者把它改成了不同的形或流入的是不同的形。

（四）某些"拼盘"文字从文字发生学角度讲形成了"自源字"和"借源字"。在对水文的文字学研究方面，需把它们分开来作研究，同时又需注意它们间的关系与区别。

刊于《华东师范大学学报（哲社版）》，2003 年第 3 期

# 关于我国少数民族古文字库建立的
# 若干设想与难题及其对策

## 一、关于字库建立的基本设想

我国是一个多民族的国家，我国古代与现代民族可使用的文字达数十种之多，这些文字具备了世界五大文字圈的各种文字类型。我国平等的双语和多语政策为少数民族文字信息处理和现代化创造了条件，而民族地区的计算机应用又迫切要求民族文字信息处理的标准化。其中，有些文字和藏、蒙、朝、维的信息处理工作已取得了比较显著的成绩，但我国民族古文字的信息化处理几乎是一片空白。

同时，我国又是一个历史悠久的国家，多种民族古文字是我国古代文明和古代文化的重要组成部份。民族古文字的研究必将极大地丰富中华民族文明与文化的宝库。

出于以上两个方面的考虑，我们就产生了尝试建立一个我国民族古文字系统的标准字形库的设想。

为种种客观条件所限，我们设想建立的字形库，暂包含以下两类文字系统：（一）我国历史上一些民族使用过的各自源文字系统，包含纳西东巴文、纳西哥巴文、彝文、尔苏文与水文等；（二）各汉字类型文字，包括方块壮文、契丹文、西夏文和女真文等。

这一尝试旨在运用现代计算机技术于古老文字的整理、检索与研究。其具体的操作原则可以是：（一）对各民族古文字以字形为纲进行全面的整理与分析，在此基础上，建立上述各种文字的标准字形库。（二）依据文字结构的字素分析理论，对每一字形进行分析，建立文字结构数据库。数据库将包含文字的形、音、义等各种属性。（三）以数据库为平台，开发出内容丰富、使用便捷的检索系统应用软件。

# 二、难题及对策

如果把这一设想付诸实施，那么，在许多方面会遇到困难。以下，我们就将可能遇到的困难及这些困难的解决对策做一扼要叙述。

## （一）文字的释读

民族古文字的释读，其实是本专题的最重要的基础之一。

有些民族古文字的释读工作，进行的比较充分，如纳西东巴文、纳西哥巴文、尔苏文、水文和女真文等。但是，即便这样的民族古文字，在建立字形库的实践中还是会遇到不少困难。一方面，一些研究充分、材料丰富的文种如东巴文，有多种工具书可据，同一个字在这些工具书中的考释结论（主要是义和音）常有一些不同，同时，各本工具书所使用的标音系统亦有所不同（如方国瑜、李霖灿、洛克的三本东巴文字典）。我们的做法是选定某一本工具书，用它的考释结果与标音规则，再参考其他工具书，补充一些内容（如词条、词义的义项）。

有些民族古文字虽在释读工作上有较多成功，但有些字的释读尚未臻于完善。如关于水书，我们正在刘凌女士的《水书常用词汇》一书的基础上，再加考证与检查，拟以此书的修订本作为字形库中水书材料的基础。①

有些民族古文字的释读工作，则进行得比较迟缓，如契丹文。虽然经过 70 年以上的考释，仍然有大量的字没有取得可靠而一致的结论。对于这类文字，我们的做法是宁缺毋滥，把一些考释结果实有把握的字收入，其余均纳入以字形为纲的附录而让各家注释同时出现以备查考。

## （二）对有多个分支的文字系统的收字选点

有些古文字系统，一个民族有多种类型（亦可认为是多个分支系统）。如彝文，仅在云南一省就有多个系统。如果仅收凉山一地的规范化过的文字，就可能至少在研究该种文字性质、传播和结构等方面以及在研究该文字古碑与古籍时有所欠缺。我们打算至少收四川一种（凉山）、云南二种（禄劝、路南）和贵州一种（大方）的文字。这一做法，不仅可以提供更多的全面的彝文信息，还可以进一步通过检索系统的设计对各地同形的或同义的或同音的文字进行比较，这必有益于对彝文发生、发展、传播及性质的研究。

———————————

① 韦宗林：《水族古文字计算机输入法》，《贵州民族学院学报》，2000 年第 4 期。

多少与之相似的一个问题是纳西族的东巴文，至少有所谓"玛丽玛莎文"一个分支，我们亦把它一并收入。至于被称为"若喀文"的东巴文，由于依据较新研究，当属东巴文的早期形态。① 我们的想法是仍可将它们收入一般的纳西东巴文中，但在解说中设有其地域描写项，在研究东巴文的发生与传播时便会大有益处。

### （三）关于字素分析与结构分析

对民族古文字的字素分析与结构分析，是两个在具体操作中十分重要但又颇费思量的难题。

从某种角度看，字素分析是一个字典学的问题，而字形结构分析（诸如汉字的"六书"）则是一个文字学的问题。一个真正有价值的字形库，当既能在检索工作上充分利用字素分析原理又能提供其所收文字的结构方面的准确信息。

从理论上说，对各种古文字都可以进行使用同一标准、同一原则的字素分析。但是，在实践过程中，我们发现，由于各种古文字系统的个性差距较大，又只可能采取大原则一致、小原则个别的做法。

由于各民族古文字性质和来源上的区别，我们考虑将一部分文字如作为自源文字且结构与汉字相似的文字纳西东巴文、尔苏文和彝文等进行文字结构的分析，而把另一部分如形体多来自汉字的壮文和部分来自汉字、部分来自东巴文、另一部分来自其他一些来源且性质为音节文字的哥巴文进行字源的考证。因为，从广义来说，对这些字的字源分析，所解决的还是关于文字的造字问题。②

### （四）对于异体字的处理

民族古文字普遍存在着异体现象，因此，在某一个字的众多异体中，如何选择该字的所谓"标准字形"，是选择一个，还是选择多个，亦为必须确立的一个原则。

我们的设想是："标准字形"应尽可能选择一个，这对于实践操作会带来极大的方便。至于选择标准字形的标准，首先需顾及该字的代表性（即广泛的适用面和较高的使用率）。

此外，我们还拟选择一些虽不合上述"代表性"条件但在文字历史上却有特别研究价值的字形，并把一些有研究价值的地方变体字亦收入

---

① 王元鹿：《由若喀字与鲁甸字看纳西东巴文字流播中的发展——兼论这一研究对文字史与普通文字学研究的意义》，刊《华东师范大学学报（哲社版）》，2001 年第 5 期。
② 李静生：《论纳西哥巴文的性质》，载《东巴文化论》，云南人民出版社，1991 年。

其中。

### （五）对于图式结构文字的处理

有些文字常常存在的图式排列，亦是文字库的一大难题，这一现象尤其多见于纳西东巴文和尔苏沙巴文中。由此引发的第一个问题是：在这种情况下，是否要切分它们（或提炼它们）为单字？考虑到整部字典的规格体例，我们应该尽可能把那个代表字提炼出来。第二个问题是：如果无法切分或提炼，应采取何种处理方法？我们的想法是，即使无法把相应的字形提炼出来，也应把图形原样列入，但必须把该图形所表示的词提炼出来，以利检索。

与此相关的是许多文字系统中均存在着同一个文字字形有微小差异的问题，这方面的解决方法当参考上述异体字的处理方法。

刊于《中国文字研究（第 3 辑）》，2002 年

# 第五篇 文字研究与文化

# 说“方”

《辞源》（修订本）以“方圆之方，指形体正直者”为“方”字的第一个义项，以“并船”、“也指竹木编成的筏”为第二个义项。而其所列“方”字的前头 8 个义项，都是名词用法。看来，《辞源》是把“方”字作为一个本义是名词的词看待的。

《中文大字典》以“并船也，与舫同”作为“方”字的第一个义项，说取自《说文》。在“解字”部分，引《说文部首订》：“指事。按：方训并船，无实体可象，故为指事字。”

由于汉字源远流长，有一些字的本义及它们的早期形体的结构方式，在古代文献中已经佚失。对于“方”字的本义及其形体结构，也必须作深入的考查，才能确切了解。

“方”字，甲、金文分别作方、才。对于“方”字的本义，诸家看法并不一致。《说文·八下·方部》：“方，併船也，象两舟省总头形。”高鸿缙以“方”为“刀倚架旁”，① 朱芳圃先生以“方”为“刀柄”之形，② 徐中舒先生则以“方”为象“耒”形。③

依据“方”字及一些“方”声字的古义并结合“方”字的读音和形体进行综合考查，笔者以为，“方”字的本义，当可释为“以刀判物”。

综合典籍中“方”字所表意义，大致可归为以下四类：

# 一、“判分”义

《国语·楚语》：“不可方物。”注：“方，犹别也。”《鬼谷子·阴符》：“方者，所以错事。”“错”当表“判别”义。《广雅·释言语》：“义，宜也，裁制事物，使各宜也。”可见“方”字含“判分”义。

“妨”字也含“判分”义。《古今人表》：“秦女妨。”可知“妨”在

---

① 《字例·二篇》，207-308 页，转引自周法高等《金文诂林》卷八，5369-5370 页。
② 朱芳圃：《殷周文字释丛》卷下，159-160 页。
③ 《耒耜考》，《“中央研究院”历史语言研究所集刊》第一本一分册，17-18 页，转引自周法高等《金文诂林》卷八，5367-5369 页。

上古用作姓氏，当是一个较早造成的"方"声字。因此，它回过头又被借来表"方"字本义的可能是比较大的。《左传·隐公三年》："贱妨贵。"疏："妨，谓有所害。"《国语·越语》："将妨于国家。"注："妨，害也。"典籍中"妨"、"害"常连用。如《韩非子·饰邪》："妨害于治民者也。"而"害"，就是"割"。《释名·释天》："害，割也。如割削物也。"《国策·秦策》："必割地以交于王矣。"注："割，犹分也。"《吕氏春秋·孟冬》："大割，祀于公社。"注："大割，杀牲也。"《太玄·元错》："割，犯血。"《广雅·释诂一》："割，断也。"《广雅·释诂二》："割，裁也。"《广雅·释诂四》："割，截也。"综合以上可见，"割"当是一种祭名或祭式，意义为"二分牺牲"。《诗·小雅·甫田》："以社以方。"传："方，迎四方气于郊也。"说未必确，但显然"方"为祭名无疑。既然"割"即"害"，而"方"又训"害"，则"方"必在意义上近乎"割"，为"二分牺牲"的祭式。《书·尧典》："汤汤洪水方割。"疏："刀害为割。"可见"割"、"方"，都有"以刀判分"义。

又，《文选·魏文帝·与钟大理书》："白如截肪。"李注引《通俗文》："脂在腰曰肪。"《说文·四下·肉部》："要，身中也。"《释名·释形体》："要，约也，在体之中，约结而小也。"可见"肪"字亦含"从中判分"义。

# 二、"正直"义

训"正"。《国语·吴语》："为万人以为方。"陈注："正四方。"《广雅·释诂一》："方，正也。"

训"直"。《后汉书·鲍永传》："诚能释利以循道，居方以从义，君子之桀也。"注："方，直也。"《后汉书·儒林列传》注："方领，直领也。"

训"正直"。《左传·隐公三年》："教之以义方，弗纳于邪。""义"、"方"皆有"正直"义，与"邪"恰为对文。

一些意义从"正直"义引出。如：

训"横"。《国语·齐语》："以方行于天下。"注："方，犹横也。"

训"平"。《山海经·海内经》："术器首方颠。"注："方颠，头顶平也。"《后汉书·邓张徐张胡列传》："方轨易因，险涂难御。"注："方轨，谓平路也。"

训"常"。《国语·晋语》："官方定物。"注："方，常也。"《论语·内则》："博学无方。"注："方，犹常也。"

训"法"。《礼记·儒行》："儒有合志同方。"疏："方，犹法也。"《荀子·大略》："博学而无方。"注："方，法也。"

训"则"。《诗·大雅·皇矣》："万方之邦。"传："方，则也。"

训"道"。《书·舜典》："陟方乃死。"传："方，道也。"《论语·雍也》："可谓仁之方也。"郑注："方，犹道也。"《庄子·列御寇》："奚方而反？"《释文》引李注："方，道也。"《淮南子·天文》："地道曰方。"

训"术"。《吕氏春秋·必已》："如此其无方也。"注："方，术也。"《后汉书·桓谭冯衍列传》："臣谭伏闻陛下穷折方士黄白之术。"注："方士，有方术之士也。"《说文二下·行部》："术，邑中道也。"因此，"术"字亦含"正直"义。

# 三、"对称的二物"义

《韩非子·解老》："所谓方者，内外相应也，言行相称也。""方"在此当训"相对称的事物"。

训"併"（以下用"并"）、"並"。《说文·二下·方部》："方，并船也。"《国语·齐语》："方舟设泭。"注："方，并也。"《庄子·山木》："方舟而济于河。"《释文》引司马注："方，並也。"

训"比"。《后汉书·吴盖陈臧列传》："始皇方斧。"注："方，比也。"《礼记·檀弓·上》："方丧二年。"疏："方，谓比方也。"

一些意义从"对称的二物"义引出。如：

训"类"。《广雅·释诂三》："方，类也。"《孟子·万章上》："故君子可以欺以其方。"注："方，类也。"

训"等"。《广雅·释诂三》："实方实苞。"笺："方，齐等也。"《考工记·梓人》："广与崇方。"注："方，犹等也。"

训"左右"。《仪礼·大射仪》："左右曰方。"注："方，出旁也。"

此外，"方皇"训"两头蛇"。《庄子·达生》："野有方皇。"《释文》引司马注："方皇，状如蛇，两头，五采文。""两头蛇"的形象当大致为"对称的二物"。

"对称的二物"义，也体现在一些"方"声字上。如：

"防"。《诗·秦风·黄鸟》："百夫之防。"传："防，比也。"

"旁"。《淮南子·本经》："旁薄众宜。"注："防，并。"

"傍"。《礼记·中庸》："想思其傍偟之貌。"《释文》："傍，谓左右也。"

"房"。《释名·释宫室》:"房,旁也,室之两旁也。"《大戴礼记·文王宫人》:"脯醢陈于房中。"注:"房,西房也,诸侯左右房也。"

# 四、"一半"、"一旁"义

训"旁"。《逸周书·皇门》:"乃方求论择元圣武夫,羞于王所。"注:"方,旁。"

训"边"。《史记·扁鹊仓公列传》:"视见垣一方人。"索隐:"方,犹边也。"

训"异"。《管子·任侠》:"皆私设立方以教于国。"注:"方,谓异通术也。"

训"半"。《汉书·扬雄列传》:"奋以方攘。"注引晋灼:"方攘,半散也。"

"一旁"、"一半"义,也体现在一些"方"声字上。如:

"房"。《诗·鲁颂·閟宫》:"边豆大房。"传:"大房,半体之俎也。"

"旁"。《礼记·丧记》:"士旁三揖。"疏:"旁,犹面也。"

由"一旁"、"一半"义引出"区域"义。这在甲金文中常见,如甲文的"土方"、"马方",金文的"鬼方"、"邢方"等等。

另有一些意义,是上述四类意义各自的进一步引伸,这里就不再举例了。

综观以上论列的"方"字的四类意义,可知:如果用"以刀判物"来训释"方"的本义,则每种意义都能够得到较为合理的解释。"判",则第一义"分割"。"以刀判物",必须行刀正直,合第二义;"以刀判物"的结果,是一分为二,左右对等,合第三义;由第三义,当进一步引出第四义即"一半"、"一旁"。《说文》的"併船"说,只能解释三、四两义。朱芳圃先生的"刀柄"说,也只能解释三、四两义,况商刀形制,常呈图(1)状,少有呈图(2)状者。徐中舒先生的"耒"形说,可释四类意义,但除"正直"义外,释另三义似略嫌牵强。至于高鸿缙的"刀倚架旁"说,几乎不能解释四义中任何一义,难以

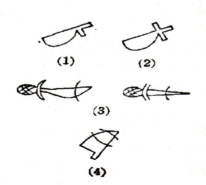

(1)　　(2)

(3)

(4)

成立。

　　以音言之，"方"、"分"、"判"、"别"、"併"、"並"、"半"、"比"、"边"等，上古都读重唇音，当非偶然。另外，吴方言中至今仍多以"方"为语源的词汇。如苏州方言中，物裂为二为 [pā˧]，合第一义。将线状物拉直为 [₋pā]，合第二义。比较大小、优劣为 [bā]，如"比比看"为"[bā˧bā˧] 看"；"差不多"、"不相上下"为"[₋bā] 七 [₋bā] 八"，合第三义。

　　纳西东巴文"砍"作图（3）状，象以刀割不定物。[1] 从造字角度讲，也是在"刀"上加一抽象符号，真可谓与甲金文源异理同。又，属商代前期的河北藁城商代遗址出土的陶器残片上作图（4）状，为刀形加上两条弧线，恐即"方"字的早期形体。[2]

刊于《辞书研究》，1986 年第 2 期

---

[1] 方国瑜、和志武：《纳西象形文字谱》，316 页，云南人民出版社，1981 年。
[2] 季云：《藁城台西商代遗址发现的陶器文字》，《文物》，1974 年第 8 期。

# "心"字探源

　　商代甲骨文中未见"心"字，亦未见以"心"为组成部分的字（在本文中称之为"心"旁字），商代青铜器铭文中，也找不出"心"字和"心"旁字。西周初期的青铜器铭文中，开始出现"心"字和"心"旁字。后汉许慎的《说文解字》，仅"心"部字（部首为"心"的字）就收录了 263 个，还收有重文 23 个。

　　本文将探讨"心"字和"心"旁字在商代不可能产生的原因以及它们在西周初期必然产生的原因。

## 商代无"心"说

　　先让我们考察一下商代甲骨文中两个偏旁"似心又似非心"的字究竟是不是"心"旁字。

　　🜚郭沫若先生释为"🜚"，① 孙海波先生释为"棋"。② 而陈邦怀先生则将"贞，虫（侑）于，🜚"③ 的🜚释为"杫"，④ 认为"'杫'为人名，乃殷之先公也"。⑤ "余谓🜚当即根圉，盖🜚字或写作🜚，与根形近而伪耳"。⑥ （案：根圉或作"曹圉"、"粮圉"，为商第五代帝王。）我以为，既然商代甲骨文中未见"心"字和其他"心"旁字，且两周金文中的"心"字，亦不见为🜚形的，那么，释🜚为"心"，释🜚为"杫"，就颇有可商量的地方。

　　远在五万年前的山顶洞人的遗迹中，就有了贝类化石，山顶洞人还盛行贝壳葬礼。⑦ 这些外壳坚致、美丽、光泽的海贝，大量产于印度洋和南

---

① 见郭沫若：《卜辞通纂考释》，68 页，日本文求堂，1933 年。
② 见中国社会科学院考古研究所：《甲骨文编》，265 页，中华书局，1965 年。
③ 见陈邦怀：《殷代社会史料征存》卷下，天津人民出版社，1959 年。
④ 同上。
⑤ 同上。
⑥ 同上。
⑦ 见胡在钧：《古时候的航海》，载《航海》，36 页，1979 年第 1 期。

海诸岛附近。① 商代，海贝流入数量很少，十分珍贵。② 商代素有以物为人命名之习，用珍贵而美丽的海贝充当帝王的名字的偏旁自然不无可能。据丁山先生考："曹圉，世本作粮圉。粮圉，当是禹疆的语伪。禹疆，《山海经》一作'禹京'，东海神也。郭沫若先生尝谓粮圉即甲骨文所见王吴（通纂考释，331 片）。王吴，《山海经》一称'天吴'，水神也。"③ 海贝既产于东南沿海，那么，以水神或东海神之名命名的商代帝王名中有"贝"旁，也就更有可能了。可见，🐚释为"责"或"枧"似较为合理。

另外，戴家祥先生认为，🐚释为"椿"更为可信。

无论是郭沫若和孙海波两先生的说法，还是戴家祥先生的看法，都以为🐚不是一个"心"旁字，这是同我们的基本观点即"商代无心"不相矛盾的。

"文"。甲骨文中偶有🔯形或🔯形的"文"字。加之两周金文中有些"文"字当中明显有一个"心"，这就使不少人认为商代甲骨文中也有从"心"的"文"字。侯外庐先生等认为"殷王系最后出现的人名'文'字，字从'心'，从大'人'……"④ 我认为，商末的"文"字也许还不从"心"。我们考察了《甲骨文编》（1965 年版）中收录的"文"字，按其形体归类后得表 1。

表 1

| 类别号 | 形体代表 | 收录个数 | 占百分比 | 占百分比（合计） |
|---|---|---|---|---|
| 1 | 🔯 | 1 | 3.8 | 15.4 |
| 2 | 🔯 | 2 | 11.5 | |
| 3 | 🔯 | 1 | | |
| 4 | 🔯 | 11 | 42.3 | 84.6 |
| 5 | 🔯 | 2 | 7.7 | |
| 6 | 🔯 | 3 | 11.5 | |
| 7 | 🔯 | 1 | 3.8 | |
| 8 | 🔯 | 5 | 19.2 | |
| 总计 | | 26 | 100 | 100 |

① 见郭宝钧：《中国青铜器时代》，94 页，三联书店，1963 年。
② 同上。
③ 丁山：《中国古代宗教与神话考》，548 页，龙门联合书局，1961 年。
④ 侯外庐等：《中国思想通史》第一卷，63 页，人民出版社，1961 年。

　　表 1 中，1、2、3 类"文"字当中的部分"似心又似非心"仅占总数 15.4%。其中第一类 ，根据上面对 的分析可以推知，"文"字当中的部分与其说是"心"，毋宁说更像"贝"，况且海贝亦有花纹，加在"文"字当中很说得通。而第 2、3 类"文"字中的 、 的形状，很难说是"心"的象形，且所占比值也不大。而 4—8 类，则是明显不从"心"的，它们占了总数的 84.6%。"文"字本有"花纹"义，《说文》："文，错画也，象交文。"因之，在花纹上再加一点花纹，未始不可。这不妨看作是一种特殊的緟益现象。朱芳圃先生曾用上古时"文身"之习来解释"文"。① 实际上也是把緟益的部分视作花纹。

　　如果进而对两周金文中的"文"字作一番考察，问题就会更加清楚。两周金文中有一些"文"字显然是从"心"的，如君夫毁的 ，史喜鼎的 。我们对容庚先生《金文编》（1959 年版）中收录的"文"字的形体也作了分类统计，得到表 2。

表 2

| 类别号 | 形体代表 | 收录个数 | 占百分比 | 占百分比（合计） |
|---|---|---|---|---|
| 1 | 𢏚 𢏚 | 12 | 18.8 | 18.8 |
| 2 | 𢏚 | 1 | 1.6 | |
| 3 | 𢏚 𢏚 𢏚 | 21 | 32.8 | |
| 4 | 文 | 14 | 21.9 | 81.2 |
| 5 | 文 | 8 | 12.5 | |
| 6 | 文 | 8 | 12.5 | |
| 总计 | | 64 | 100 | 100 |

　　从表 2 可以看出，这些大部分为两周字的金文中大量出现的"文"字，真正从"心"的仅占 18.8%。况且《金文编》是注意多收同字异体的，因而这个比值还不是从"心"的"文"字在两周金文的"文"字中所占的真正比值。

　　于是，我们再进一步对郭沫若先生《两周金文辞大系图录考释》所收的 323 个器的铭文中的"文"字进行考察，得出了三点结论：（一）"文"字同其他字结合而成的词或词组，无非是"文王"、"文考"、

① 见朱芳圃：《殷周文字释丛》，67 页，中华书局，1962 年。

"文且（祖）"、"前文人"之类表示祖先观念的，可见从意义上来说，"文"不必从"心"。这说明两周"文"字从"心"，不是必然现象，而是偶然现象。（二）在这些铭文中找出的50个较为清晰的"文"字中，明显当中有"心"的仅3个，占总数的6%。这个比值远比《金文编》的为低。这说明两周"文"字从"心"，不是普遍现象，而是特殊现象。（三）最早出现从"心"的"文"字的君夫殷是穆王时器，而在穆王之前已有其他"心"旁字在金文中出现。这说明两周"文"字从"心"，不是选字现象，而是緟益现象。

两周金文中个别"文"字从"心"的现象，可能由这两个原因导致：（一）"文"字当中原来緟益上的花纹，有一些正巧与"心"字形体相近，因此，当周初"心"字和某些"心"旁字再现时，人们就自然地用"心"来代替这些花纹，也可以说，这些从"心"的"文"字实质上是一种讹字。（二）由于"心"字和某些"心"旁字带有道德和智慧的意义或带有其他一些褒义，因之，用来表达对祖先的尊敬和对祖先功德的怀念的"文"字緟益上"心"，在意义上也是合适的。

如上所述可知，"文"字中的"心"出现于西周金文，从实践上来考察，商代没有从"心"的"文"字，也没有"心"字。

下面让我们探讨商代不产生"心"字的原因所在。

文字史是我国上古史的轨迹。一个新字或新偏旁字的出现，总是有其社会经济、政治、军事、科学技术和思想文化方面的原因的，一个新字，总是应顺社会历史发展而诞生的。历史的发展一方面要求产生新字，一方面又为产生新字准备条件。正因为如此，我们常常根据历史的发展去研究新字的产生，又常常反过来根据新字的产生去追寻历史发展的蹊径。

据郭宝钧先生的统计结果，商代文字中象形字占37%，指事、会意字共占40%，而形声字仅占18%。[①]可见，在商代，能产性最强、便于大量造字的"形声"造字法尚未得到广泛使用。因而，在商代，每产生一个新字所需具备的条件，也就必须更加充分。只有在历史进程中，非造一个新字就无法表达某一概念，非造一个新偏旁就不足以概括某一类概念时，才会有一个新字、新偏旁应运而生。

"心"字的涵义，大致上可以从两个方面理解。从生理学角度看，"心"字代表的是人体内部器官"心脏"这一概念。《说文》："心，人心，

---

① 见郭宝钧：《中国青铜器时代》，239-242页，三联书店，1963年。

土藏，在身之中，象形。博士说以为火藏。"这是偏重于生理角度的理解。从心理学角度看，"心"字则是代表人们思维、意识、精神、内心、思想、情感、性情、意志和欲望等等概念的字，总之，它代表人们的主观世界，它概括了人们主观世界范畴中的大量概念。春秋或战国时代写成的我国最早的医学著作《黄帝内经素问》说："心者，君主之官也，神明出焉。"①（这里的"神明"是指思想意识活动的表现。②）这是偏重于心理学角度的理解。由于上古、中古及至近代人们医学知识的缺乏和某些偏见，心脏常被认为担负着实际上是大脑所具有的功能。《黄帝内经素问》另一处说："心者，生之本，神之变也。"③就是说："心是人生命的根本，同时又掌握着人的精神活动。"④这句话则概括了"心"字从古至今的两种表意作用。总之，从"心"字产生之时开始，它就一直是它的生理意义和心理意义的统一体，而值得注意的是，两个意义中经常起作用的是后者。两周金文中的"心"字和"心"旁字，《尚书·盘庚》和《诗经·周颂》中的"心"字和"心"旁字，都几乎无例外地具有表主观世界意义的作用。因之，对于商代无"心"字和无"心"旁字的原因的考察，应该从商代医学史和思想史两方面出发，并以思想史为主要依据。

首先从生理学角度来看，商代既有战争，则在杀伤或杀死敌人时，肯定会有使敌人的心脏暴露的可能。此外，商代还有人祭。"人祭的方式是极其残酷的，多数以戈勾颈而死；有些'杀而施之'，即破腹陈尸；有些则割取人头祭神"。⑤可见人祭时也可能使人的心脏暴露出来。既然如此，那么为什么商代文字中还没有"心"字？我以为，看到和触及心脏是一回事，给心脏命名则是另一回事。古代，只有当人们对在生活中接触到的一些事物发生注意，并感到这些事物同他们密切相关的时候，他们才会为这些事物造出相应的字。由于商代生理学和医学的落后，对于人体尤其是对于人体的构造的认识还十分浅陋，他们能注意到的，往往只是人的外表。因之，甲骨文中只有表人体外部器官的"耳"、"目"、"手"、"足"、"齿"等字，至多造了"肉"字，而"心"、"肺"、"肠"、

① 山东省中医进修学校编：《内经摘要语释》，24页，山东人民出版社，1959年。
② 山东省中医进修学校编：《内经摘要语释》，16页，山东人民出版社，1959年。
③ 山东省中医进修学校编：《内经摘要语释》，24页，山东人民出版社，1959年。
④ 同上。
⑤ 郭沫若主编：《中国史稿》第1册，178页，人民出版社，1976年。

"胃"都没有出现。即使在两周金文中，代表人体内部器官的字也只有"肉"、"骨"、"胃"等寥寥几个。至于另一个可能引起人们对心脏的注意的因素——食人之风，即使在我国原始社会中存在过，在奴隶制相当发达的商代也肯定早已消失。可见，商代不见生理意义上的"心"字，是说得通的。

其次再考察为什么商代不见心理意义上的"心"字。

商代，有一种同巫术紧密结合的宗教迷信——对"帝"的崇拜，它在商代社会的精神生活中，占着极为重要的地位。这种宗教思想又同社会经济生活、政治生活和道德思想等有着密切的关系。因此，我们就从宗教入手，对商代无"心"的原因进行探讨。

据陈梦家先生的分类，在商代人的心目中，"帝"的主管事项有令雨、令风、令𤲃（隮）、降莫（饉）、降祸、降𩁹（潦）、降食、降若（祥、顺）、帝若（诺）、受（授）又（佑）、受（授）年眷年、允（咎、灾）、帝与王、𢆶与邑、管（𢞤、忧）、帝与其他共十六项，[1] 可以说，"帝"的威权遍及了商代人生活的一切方面。从这十六项来看，有几乎一半是同农业生产直接有关的，这体现了"帝"的主要实质是农业神，而作为农业神的"帝"，是一元神。商代人对"帝"的崇拜几乎是绝对的，这只要据罗振玉先生把卜辞内容分为九类而"卜祭"在数量上占主位，[2] 即可证实。马克思和恩格斯指出："意识在任何时候都只能是被意识到了的存在。"[3] 作为商代"帝"的偶像产生的根本原因，也只能是生产力和对自然力认识能力的低下。既然无法解释自然现象的发生原因，就把它们一古脑儿归结为"帝"的意志和力量；既然无法预知将要发生的一切和自己未来的命运，也就只能把"帝"对问卜的回答作为预测吉凶和决定行动的依据。而商代人最关心的，则肯定是他们赖以维持生存的农业生产的状况。"帝"的崇拜可以说明，在商代，人的认识能力和思维能力十分低下，人的意志和欲望很难实现，完全脱离体力劳动而专事脑力劳动的人也必然是极少的。正如郭宝钧先生所说："……当时人劳动占去人生活大部，甚少闲暇能作思想考虑，而宗教只许作盲目崇拜，更不容人

---

[1] 见陈梦家：《殷虚卜辞综述》，562–571 页，科学出版社，1956 年。

[2] 这九类是祭、告、享、出入、渔猎、征伐、年、风雨、杂卜，见罗振玉《殷虚书契考释》卷下。

[3] 马克思和恩格斯：《德意志意识形态》，载《马克思恩格斯选集》第三卷，29 页，人民出版社，1972 年。

多加怀疑；这样，人意念单纯，代表（意念——笔者注）的字就不需要多制。"①可见商代的生产力的发展状况，决定了当时不可能造出"心"字，"心"字必须要在生产力和人类思维发展的较高一些的阶段上才有可能产生。

　　恩格斯说："一切宗教都不过是支配着人们日常生活的外部力量在人们头脑中的反映，人间的力量采取了超人间的力量的形式。在历史的初期，首先是自然力量获得了这样的反映……但是除自然力量外不久社会力量也起了作用……最初仅仅反映自然界的神秘力量的幻想，现在又获得了社会属性，成为历史力量的代表者。在进一步的发展阶段上，许多神的全部自然属性和社会属性都转移到一个万能的神身上，而这个神本身又只是抽象的人的反映，这样就产生了一个神教……"②"帝"的偶像的产生，除了生产力和认识论的原因外，还有其阶级原因。商代的统治阶级，不管他们自觉与否，正是利用了"帝"作为欺骗人民和压迫人民的工具。"帝"在回答问卜时所说的话，往往就是奴隶主想说的话。另外，我们还可以看到，在商代的社会条件下，只有奴隶主的意志和欲望有实现的可能，而这种意志和欲望又被披上了"帝"的意志的外衣，因此，在当时，只能看到"帝"的神圣命令，而看不到人的主观愿望。因之，在商代，代表人的意志和欲望的"心"字和"心"旁字也没有产生的条件。

　　可见，在商代，代表人的思维、意识、意志、欲望等概括人的主观世界范畴中的许多概念的"心"字和"心"旁字，尚无条件产生。其他代表这一类意义的非"心"旁字，基本上也没有产生。

　　尽管在商代代表主观世界的字尚未产生，然而，主观世界和人的思维却早就存在着了。虽然它们尚处于较低的发展阶段上。我们又如何看待这一似乎是矛盾的现象呢？问题在于"心"字出现的充分条件不是存在着思维，而是必须要存在着"对思维的思维"。列宁说："任何词（言语）都已经在概括。"③人们感受到客观存在的某一事物而产生相应的概念有一个过程；通过对这一概念进行抽象和概括而产生相应的词又有一个过程；词（言语）发展到由与之相应的文字把它记录下来，则还必须经历一个过程。在商代，人的思维虽然存在，但是还不够发达。人们对客观世界有所认识，但是对这个认识过程，他们倒没有予以充分的注意，

---

① 郭宝钧：《中国青铜器时代》，242 页，三联书店，1963 年。
② 恩格斯：《反杜林论》，载《马克思恩格斯选集》第三卷，417 页，人民出版社，1972 年。
③ 列宁：《哲学笔记》，278 页，人民出版社，1960 年。

他们还来不及对"思维"这一事物进行充分感受。因之很可能还没有产生"思维"这一概念，即便是产生了表"思维"这一意义的词，至少还没有用文字的形式把它固定下来。可以说，商代人还没有充分地意识到自己是在思维。也正是由于当时的思维水平较低就更谈不上思维的精密化，所以，不仅概括主观世界范畴的"心"字尚没有产生，而且表主观世界范畴中某些特定概念的"心"旁动词、"心"旁名词和"心"旁形容词以及与这些词意义相当的非"心"旁字，亦尚未以文字的形式出现。只有个别的例外，如"梦"字，无疑是表人的思维和意识的一种特殊形式的字，它在商代甲骨文中已经出现。不过，当时的人们只是把"梦"看作一种疾病或一种神秘的自然现象，他们对于"梦"的本质和原因是不理解的，因此，"梦"字在当时应不是对思维的本质的正确的认识、反映和表达。甲骨文中没有一个表正常的思维和认识形式的字，却反而光有一个表被歪曲和被颠倒的、支离破碎的思维和认识形式的字，这恰恰证明了商代人还没有充分地意识到自己的思维。

# 周初造"心"论

以上，我们否定了"心"字和"心"旁字在商代的存在并指出了其原因。下面进而考察"心"字和"心"旁字在西周的产生过程和产生原因。

我们先具体考查一下两周金文中"心"字的意义。

以下是郭沫若先生《两周金文辞大系图录考释》中9个有"心"字的器的有关铭文节录，括号中是"心"字的意义：

（一）师望鼎："穆穆克盟（明）厥心。"（内心）

（二）大克鼎："悤𢽅（冲让）厥心。"（内心）

（三）散氏盘："散氏心贼。"（企图）

（四）师訇𣪘："敬明乃心。"（内心）

（五）盨𦥑："敬明乃心。"（内心）

（六）王孙遗诸钟："余恁（柔也）台子心。"（性情）

（七）叔夷钟："𢖯（小心）。"（虔敬）

（八）叔夷钟："弘膺乃心。"（心地）

（九）素命镈："弥心畏誋。"（内心）

这9个"心"字，具体意义不尽相同，但是它们无例外地属于人的主观世界范畴。如果对《尚书·盘庚》和《诗经·周颂》中的"心"字和

"心"旁字进行考察，得出的结果也几乎是相同的。既然如此，那么"心"字和"心"旁字产生的充分必要条件，也就在于人的主观世界的发展。具体地说，在于思维的发展和精密化，在于人的主观能动作用的加强。下面，就着重从这方面来考察"心"字和"心"旁字的产生过程和产生原因。

我们不妨仍然从宗教出发。如果说，在"心"字尚未问世的商代是由"帝"主宰着社会精神生活的一切，那么，出现"心"字的周代，对"天"的崇拜则占据着十分重要的地位。

"天"的概念出现于西周之初。尽管商代已经有了"天"字，但是这个"天"还只是"大"字的演化，尚未具有"上天"的意义。① 西周的"天"字，则已经有了"上天"之义，并已经开始取"帝"的威权而代之。"天"成为祭祀对象，"天"主宰着社会经济生活和政治生活，"能命"，"能赐人以福佑"，"有威可畏"，"能降祸乱"。②

从周初"天"的崇拜的许多不同于商代"帝"的崇拜的特点，可以看出"天"的崇拜的产生是周初宗教思想的一大进步，它是社会经济、政治、文化进步的结果，也是由社会经济、政治、文化的进步造成的思维与主观世界的发展的标志。

"天"比"帝"具体。由于商代人对自然力、对客观规律的本质了解得很少、很浅，所以，自然力和必然性在人们的头脑中只能留下一个模糊、抽象的概念。周初，随着生产力和人们认识能力的提高，在人们头脑中隐隐约约地产生了一种感觉，即那种造化宇宙万物、左右人类命运的力量，似乎是从天上来的，即来自"上天"。人们尤其感到农业同"天"的关系之大，人们渐渐感到，崇拜可望而不可即的"天"，较之崇拜既不可望又不可即的"帝"，多少更实在和更合理一点。从本质上看，这正是商代农业神崇拜的必然结果，它证实了农业生产在周初的飞跃。"天"的崇拜的实在性和合理性，突出地反映出周初人们对自然力认识能力的飞跃，也反映出当时人们思想中唯物论和相对论因素的增长。

与"帝"的崇拜相比，"天"的崇拜还具有多元性。商代人一心一意地崇拜"帝"，他们对祖先的崇拜只不过是附带的。而周代人则是在崇拜"天"的同时，还保留着对"帝"的崇拜，尤其值得注意的是还崇拜"先王"、"先祖"。这说明周初开始，纯粹的对自然力的崇拜已经逐渐让位给对人（尽管是死了的）的崇拜。这也证实了随着周初人类主观能动作用

---

① 见郭沫若主编：《中国史稿》第 1 册，273 页，人民出版社，1976 年。
② 见郭沫若：《金文丛考》，2 页，人民出版社，1954 年。

的加强，人的地位在当时已被提到一个新的高度上来了。

　　"天"的崇拜还比"帝"的崇拜带更强的政治性。商代的"帝"虽是帝王崇拜的象征，但是，商代人对灵魂世界的"帝"是现实世界的帝王的反映这一关系，理解得不很自觉，表达得不很明确，他们把这种关系表达为一种影射式的、遥遥相应的关系，或者说，商代的"帝"仅仅是在实质上充当统治阶级的代言人。而西周人却明确地把人间的帝王称为"天子"，认为"天子"受"天"之命统治天下，① 甚至"天子"对"上帝"而言被称为"下帝"，② "上天"对"天子"而言被称为"上天子"。③这里，灵魂世界的统治者和现实世界的统治者之间的关系被表达得十分明确，"上帝"、"上天"赤裸裸地表现为人间帝王的翻版，被表现为阶级统治的工具。尤其值得注意的是，周初的统治阶级用更加实用主义的态度来对待"天"，他们要求异民族和被统治阶级遵从"天命"，而对自己却往往不作此要求，④ 这更说明了"天"的崇拜已由充当偶像转化为充当工具，这也说明随着人的思维的发展，统治阶级已经开始对"上天"指挥如意了。

　　周初宗教的最显著特点和最大进步，也是最能说明人的思维和主观能动作用之点，在于周初人不仅提出了"敬天"，还提出了"以德配天"的思想。周初的班毁中首先出现了"德"这个"心"旁字："唯民亡（泯）径才（哉）彝志（昧）天令（命），坟亡。允才（哉）显，唯敬德，亡遒违。"郭沫若先生译为："顽民们真够蠢啊！经常瞎捣乱，不明白上帝之意，故活该灭亡！诚然是很明显的，总应该虔敬修德，不能有所违反！"⑤ 这里已把"敬天"、"遵天命"同"修德"相提而并论之了。

　　这种"以德配天"的思想，是周初的大思想家周公提出的伦理观。⑥周公的时代，离周灭商不远。这个伦理观的提出，同商周之交的民族斗争是分不开的，同周初统治阶级的政治目的也是分不开的。为了解释周灭商，西周统治阶级抬出了"天命"——这是"天"的意旨。同时，周初的统治者又从事实中看到，人的作用也是周灭商的一个重要原因，商

---

① 如大盂鼎："古（故）天异（翼）临子，法保先王，□有四方。"又如大克鼎："不显天子，天子其万年无疆，保辥周帮，□有四方。"
② 见周公毁。
③ 见洹子孟姜壶。
④ 郭沫若：《青铜时代》，16 页，人民出版社，1954 年。
⑤ 郭沫若：《班毁的再发现》，载郭沫若《出土文物二三事》，75 页，人民出版社，1972 年。
⑥ 见任继愈主编：《中国哲学史》第一册，23 页，人民出版社，1963 年。

奴隶起义促成的商灭亡使他们懂得了人民力量的伟大，周初统治者在灭商和防止商顽民反叛时也作出了很大的努力，这一切事实都使周初统治者意识到了人的主观能动作用的不可忽视的力量。从这里，周初统治者也意识到为了维持和巩固他们既得的胜利，也就必须要求自己讲究"德"的修养即作出主观的努力。此外，"德"字的产生，也是同周初社会状况的变化或周初统治者的一些具体做法分不开的。我们看到，作为权利和义务的对立统一体的道德，在奴隶制的商代，有一种特殊的分化现象，那就是奴隶主有权利而无义务，奴隶则无权利而只有义务。因之，权利和义务分属于两个不同的阶级，这是商代不见表权利和义务的对立统一体"道德"这个概念的原因，如侯外庐先生等指出的："殷人并没有权利义务的道德之创设，周代道德观念才从其制度中反映出来。"[1] 到周初，统治阶级多少给了人民一点权利，他们自身也多少为人民承担了一些义务，因此，代表权利和义务的统一体的"德"字有产生的条件。当然，提出"以德配天"思想的根本原因，还是周初生产力的大飞跃。正是由于生产力的前进，人们开始不再觉得自己在自然界和必然性面前是无能为力的了，他们在一定范围内和一定程度上能够认识、解释乃至预测自然现象的发生和变化。他们（主要是统治阶级）也多少地懂得了一点客观事物和社会的发展中带规律性的东西，他们的某些意志和欲望有了得以实现的可能，他们也多少有了一点左右自己命运的力量。从而，在总结以前生产斗争、民族斗争和阶级斗争的经验的基础上，周初统治者提出了"以德配天"的道德规范。侯外庐先生等指出："周代社会已经不像过去那样，完全听命于祖先神的主宰，因为地上的社会现实发展了，这就迫使周代统治者在意识上作出能动性的道德规范。"[2] 实际上，这种"以德配天"的思想，也就是"天人合一"的思想。如侯外庐先生等所说："一方面受天命，一方面尽人事，因此，道德就出现了……"[3]

作为周代统治阶级的道德规范的"德"，在其质的规定性方面，有着十分具体、明确、详尽的内容。郭沫若先生归纳了"德"的内容。在"得之内者"，即主观世界方面，"明德在乎明心"，[4] 要做到"明心"，又

---

① 侯外庐等：《中国思想通史》第一卷，64 页，人民出版社，1957 年。
② 侯外庐等：《中国思想通史》第一卷，93 页，人民出版社，1957 年。
③ 侯外庐等：《中国思想通史》第一卷，84 页，人民出版社，1957 年。
④ 见郭沫若：《金文丛考》，22 页，人民出版社，1954 年。

必须"谦冲"、"恭敬"、"果毅"。① 在"得之外者"，即对待他人、对待客观世界方面，又要做到"崇祀允神"、"帅型祖德"、"敦笃孝友"和"敬慎将事"。② 可见，"德"中包含着智慧和道德两个方面的意义。这个代表人的思维和人的主观能动作用的"心"旁字即"德"字的出现，无疑是我国古代思想史上的一个里程碑。

"德"字是出现最早的"心"旁字之一。最先出现"德"的班毁，是成王（前 1063—前 1026）时器。

在成王之后 100 多年的恭王时代（前 924—前 921）的师望鼎的铭文中，我们开始看到了"心"字。此后，"心"字又多次出现在其他器的铭文中。"心"字产生的原因，也在于人的思维、人的主观世界和人的主观能动作用的发展，理由有三个方面，下面一一叙述。

理由之一：根据前面的考察，"心"字在青铜器铭文和其他较早的古代文献中的意义，都是表示思维、主观世界和主观能动作用范畴中的概念的。

理由之二："心"字同代表人的智慧、道德和主观能动性作用的"心"旁字"德"的关系十分密切。"心"字和"德"字常常形影相随地出现在许多器的铭文中。师望鼎："不显皇考宽公，穆穆克盟（明）厥心，想？厥德。"说明"明德在乎明心"。③ 这里，"明德"的先决条件是"明心"，必须内心光明，才能洞悉外物。大克鼎："穆穆朕皇祖师华夫，恩𢝔（冲让）厥心，宝静于猷，盘瑟厥德。"说明内心"谦冲"，④ 也是"明心"和"明德"的先决条件。王孙遗诸钟："余惄（弱也，柔意也）台子心，征□余德。"说明使内心"荏染"，⑤ 也是"明心"和"明德"的先决条件。叔夷钟："余弘猒乃心，余命女（汝）政于朕三军，箫成朕师旟之政德。"说明"明心"和"明德"必须虔敬，⑥ 且心地开阔。以上所举的铭文中，"心"和"德"的联系不仅是外在的，而且是内存的。"明心"一直被视作是"明德"的先决条件。既然"德"字代表着智慧、道德和主观能动作用，那么，"心"字也就必然代表着"德"的产生原因——思维、认识和主观世界。

---

① 见郭沫若：《金文丛考》，22 页，人民出版社，1954 年。
② 见郭沫若：《金文丛考》，23 –24 页，人民出版社，1954 年。
③ 见郭沫若：《金文丛考》，22 页，人民出版社，1954 年。
④ 同上。
⑤ 同上。
⑥ 同上。

　　理由之三："心"字的出现时间先于"德"字，"德"字是从"心"且"心"为不可缺少的组成部分的一个会意字。为什么我们作出这样的判断呢？虽然，在我们所见到的可确定时代（据郭沫若先生《两周金文辞大系图录考释》一书）的两周青铜器铭文中，"德"字比"心"字先出现100年以上，但是，由于金文篇幅和文体形式的限制，更由于至今我们能够看到其铭文的青铜器只是古代所有青铜器中的沧海一粟，所以，我们今天看到的铭文，绝不能代表当时的全部文献，先见"德"字后见"心"字，不足证明先产生"德"字后产生"心"字。从造字法来看，倒似乎"心"字先于"德"字产生是十分显然的，因为往往是一个比较简单的象形字先产生，然后再由这个象形字同其他字构成比较复杂的会意字或形声字。但是如果我们又仅仅根据这一点而认为"心"肯定先于"德"字产生，我们就又可能在另一个极端犯了主观臆断的错误了。因为这样，我们就忽略了另一种可能发生的造字现象，即先产生的倒是一个比较复杂的字，然后，这个字的一个组成部分，由于它的形体上的某些优点和使用上的对它的某些需要，逐渐发展成为一个单独使用的象形字。既然上述两种造字情况都有可能发生，那么，我们就只能借助推理来考知"德"、"心"二字出现的先后。

　　在《金文丛考》中，郭沫若先生对"德"字的分析是："循者巡省之本字也，敽巚'师雔父𢔖道于囗'即言师雔父出巡，道至于舒也。……是则古人造文实是以省心为德，省者视也。"[1] 这是第一种分析方法，"德"字被分析为会意字。后来，郭沫若先生又在他主编的《中国史稿》中说："'德'字照字面上看来是从'徝'（直）从'心'，意思是把心思放端正，不要胡思乱想。"[2] 这是第二种分析方法，"德"字仍被分析成为一个会意字。《说文》："德，升也，从彳，悳声。"这是第三种分析方法。"德"字被分析为形声字。再据《说文》："悳，外得于人，内得于天，从悳从心。"作为形声字"德"的声符还是一个由"心"充当其组成部分的会意字，而且十分显然，这个形声字的声符"悳"也有一定的表意作用，未始不可以称为形符，所以"德"在这种分析方法之下仍可视为会意字。以上三种分析结果，无论取哪一种，"心"字都不是可有可无的，都代表着它的心理意义。此外，还不妨提一提第四种分析方法，这种分析方法认为"德"字本来无"心"，后来縋益上"心"旁而意义不

---

① 见郭沫若：《金文丛考》，21 页，人民出版社，1954 年。
② 郭沫若主编：《中国史稿》第 1 册，276 页，人民出版社，1976 年。

变，《中国古代思想史》就采取这种分析方法。这本书说：殷代"德"字作"**徝**"，"没有加上底'心'"。[1] 接下去又说："从'德'字的含义上来说，'德'就是'得'，就是做事做得适宜，无愧于心。这就是'德'，也就是'得'。卜辞中有些'得'字。"[2] 实际上，甲骨文中的"**徝**"是用来表示"得到"之义的，是指得到实物，并不是指"做事得宜"。因此，甲骨文中的"**徝**"，并不表示任何智慧、道德和主观能动作用的意义，第四种分析方法即认为"德"字的"心"旁是可有可无的缀益部分的观点，显然是难以成立的。

关于"心"字先于"德"字产生，还有一些佐证，那就是前述成王时代的器中大量出现过的"懋"字以及班殷中的"**志**"字。《说文》："懋，勉也，从心楙声。"勉，勤勉义。既然成王时已经有了这样一个表达人的主观努力的"心"旁字，而且已经用它来为人命名，足见"心"字在当时已经产生。况且据《说文》，"懋"字重文为"悉"，我以为用"心锐利如矛"来表示勤勉、努力义，是合于语源的。还值得一提的是，"矛"、"楙"、"懋"、"勉"四字都属明纽。另外，班殷中的"**志**天令"，据郭沫若先生译文，"**志**"即"昧"，即"不明白"之义。可见在这里，"**志**"是一个会意字，它的"心"旁肯定是表主观世界的，这也是"心"字产生于成王之时或成王之前的一个佐证。

上面，我们证实了"心"字的产生先于"德"字。

综合以上讨论的结果，我们可以肯定地说，"心"字产生的原因，在于人类思维的发展和人类主观能动作用的加强，而这些原因又根源于社会生产力的发展。

我们总结一下"心"字和"德"之间的关系。从产生时间来说，"心"字和"德"字大致产生于武王或成王之世，年代在前 1066—前 1026 年这 40 年间；"心"一旦呱呱坠地，"德"字也紧接着发生。从词义来说，"心"字和"德"字有密切联系，但"心"字带较多的表心理和思维义的成分又兼有生理义，而"德"字则带较强的处向的、行动的成分和道德的、智慧的意义。从产生原因来看，"心"字和"德"字的产生原因也几乎是同一的，最主要的直接原因在于人类思维的发展和人类主观能动作用的加强，而这两个原因又是密不可分的、互相影响的、互相促进的。造成这两个原因的根本原因，则是社会生产力和社会制度的发展。

---

[1] 杨荣国：《中国古代思想史》，9 页，人民出版社，1973 年。

[2] 同上。

另外，周初起，在青铜器铭文中还陆续出现了许多其他"心"旁字，出现在两周金文中的"心"旁字至少有 30 个（不算重文）。① 对这些"心"旁字的意义、词性和造字法进行考察后，得到了这样一些结果：从词性角度分析，比重最大的是形容词，动词次之，名词最少；从造字法角度分析，主要是形声字和会意字，② 名词绝大部分是会意字；而形容词和动词则以形声字为主，也间有少数会意字。这些结果说明了什么呢？形容词特别多，这说明人们已经意识到了他们的许多活动以及自然、社会现象中的许多领域已经越来越多地带有思维的性质，带有主观能动作用的因素，因此，必须造许多相应的"心"旁形容词去描述这些活动和领域，于是出现了"懿"、"恁"、"愉"、"憃"、"恒"等字。动词也比较多，这说明人们已经意识到，许多活动是人的思维活动，是人的能动作用，为了叙述这些活动，就必须造出相应的"心"旁动词，于是出现了"念"、"慶"、"慕"、"忏"、"忘"、"忌"等字。名词则特别少，而且从意义上来看，这些名词的产生并不表示建立了多少思维活动的新范畴，"惠"代表"专心"或"仁"，🦋代表"我"，"悳"与"德"相近，"愆"代表"过失"，"鎠"是一个用以"心"作为形符的会意字作为声符的形声字，表一种实在的物品。而且这些名词多以会意方式构成，这说明它们产生的时间可能多半比前述的形容词和动词为早。"心"旁名词在两周尚未大量出现，这说明在当时，虽然人们意识到了他们的许多活动是思维活动或带有思维意味，但是由于历史条件的限制，这些思维活动毕竟没有达到高度精密化的水准，因之，还不可能造出大量的"心"旁名词把这些思维活动作为领域和范畴以名词形式固定下来。尽管如此，"心"旁形容词和"心"旁动词的大量涌现还是应该被看作一个思维活动向高级和精密化发展的标志，因为这意味着人们已经开始意识到了思维，注意到了思维，发现了他们行动中的思维活动，认识到他们的行动离不开思维，于是，他们开始描绘和叙述思维，这样，"对思维的思维"就产生了。虽然在当时，人们还没有充分注意到思维范畴的归类，但是，大量"心"旁动词的产生，正说明了思维活动开始分工和分化，这是迈向思维精密化的第一步。此外，还有一些字如"車"、"攵"，原无"心"旁，到

---

① 容庚：《金文编》（科学出版社，1959 年）收"心"旁字至少 30 个。

② 有一些形声字，实际上是由"心"旁和其它字合成会意字，然后再由这些会意字同别的字合成形声字，我们把它们也归入会意之列，因为我们关心的是"心"旁同其他字的结合方式。

"心"字出现之后，縄益上了"心"旁。虽然在许多场合，它们的基本意义未变，但是在实际上，这是一种升华，这种縄益上的"心"旁多少赋予了这些字所代表的概念以较新的、较高级的、带思维义的成分。

还值得一提的是"心"旁名词🙂，①用"以"代"余"或"予"，是通假现象，再縄益上"心"旁，这也是"心"表主观世界意义的有力佐证。

通过上面的分析，可以看出，西周初期生产力的发展造成了物质条件的发展，这就允许较多的人用较多的时间和精力从事精神生产。同时，随着生产力（包括科学技术）的发展，人的思维能力和主观能动作用日趋增强，思维得到发展，开始分工并走向精密化。在这种条件下，文字艺术和哲学思维也得到发展，散文产生了，这也是"语言和逻辑思维进一步发展的结果"。②历史发展到了这样的时代，思维活动已经在反映和促进社会发展方面起着不容忽视的作用了。在人类的语言和文字中，再也不能没有"思维"这个词了。于是，这个表人的主观世界的"心"字终于产生了。许多表人的主观世界和思维活动范畴中的一些特定概念的"心"旁字，也迅速地涌现出来了。可见，周初"心"字和"心"旁字的产生，既是历史发展的迫切要求，又是历史发展的必然结果。

从"心"字和一些"心"旁字在周初出现起，表思维的字就出现了，但是我们注意到，两周出现的30多个"心"旁字中，还找不到表一些较大的思维活动范畴的如"思"、"虑"、"想"之类的字，这是不足为怪的，这同甲骨文中有"牛"、"马"、"虎"、"象"，而没有表一般动物义的字，道理一样，这正是人类思维从感性到理性、从具体到抽象、从特殊到一般的规律的体现。这种情况说明周代人的"对思维的思维"尚未达到理论化的水准。

战国秦汉时期，更大量的"心"旁字涌现出来了。近年出土的中山王墓四器中，"心"旁字为数甚多，特别值得注意的是，到春秋末期或战国时期，"思"和"惟"两字的出现，标志着人们对思维开始有了较为系统的和理论上的认识，我以为，"思"和"惟"一产生，就在基本上表示了现代意义上的思维，这一点，更有力地证实了"心"字在周初产生的必然性以及它的产生是思维发展的必然结果。

"思"字由🙂和"心"构成。《说文》："🙂，头会，匘盖也，象形。"

---

① □王义楚锡："永保🙂身，子孙□永保。"
② 游国恩等主编：《中国文学史》（一），18页，人民文学出版社，1963年。

因之，《说文》虽以❖为"思"字的声符，而❖在此未始不可看作一个形符。可见，至迟到后汉许慎的时代，古人已经多少意识到了思维同大脑的关系，同时，"思"字有"心"旁，说明当时仍是把"心"也视作思维的器官的。"心"和❖同音，"思"和"心"、❖同纽（更迟出现的"想"亦与"心"同纽），更说明了"思"与"心"的关系之密切。两周金文中未见"思"字，但是在上古文献中多处出现"思"字。《周颂·赉》有"敷时绎思"、"于绎思"之句，《论语·为政篇》有"学而不思则罔，思而不学则殆"之句，《论语·公冶长篇》有"季文子三思而后行"之句，这些句子中的"思"字，都表示思维义。既然在音、形、义三方面，"思"和"心"的关系都是如此密切，那么足见"心"字出现的时代，思维已经发展到相当高的水平了，"心"字出现是思维发展的结果。

再看"惟"字。《说文》："惟，凡思也，从心隹声。"可见，从音、形、义三方面看，"惟"字同思维之"维"都有着密切的关系。在许多古代文献中，表"思维"义的"维"写作"惟"，不少古代文献的不同抄本、版本中，"维"、"惟"、"唯"常常互相代用。商末和两周的大量器的铭文中，经常由"唯"充当发语词。我们注意到，还是在西周初期开始，就有一些器（如成王时的明公毁）的发语词"唯"。我们还发现，春秋时代的陈虞因❖镈的铭文中，这个"唯"又缠益上了"心"旁成为❖，放在句首的"其"字之后，同"其"字结合起来充当发语词。从"隹"发展到"唯"进而发展到❖，这正证明了随着时代的发展，人的思维能力不断提高，他们已经意识到"言为心声"，意识到说话和写作是思维的结果了。

总之，我们证实了"心"字和"心"旁字这类代表人的思维、意识、意志、欲望以及人的主观世界和主观能动作用的字，是在周初的特殊历史条件之下产生的，是周初特殊历史条件促使的思维的发展、思维开始趋向精密化以及人的主观能动作用加强所导致后果的必然产物。

本文的粗浅探讨，从一个侧面说明了周初是大变动的时代，正是在这个时代中产生了"心"字和"心"旁字。"心"字和"心"旁字的产生，标志着人类思维发展到了一个新阶段，标志着人类主观能动作用实现了一个大的飞跃。也正是在这个大时代中，我们的祖先第一次把人类思维的伟大力量载入了中华民族的史册。

写于 1979 年 9 月 12 日，

改于 1979 年 12 月 17 日

刊于《古文字》，1980 年第 2 期

# 东巴文计数习俗中所见原始思维

计数，是世界上任何一个民族都会经常使用的一种为生活所必需的手段。极其原始的民族也罕有数不到“二”的。数字的构造又是如此简明易知，要找一种比计数更为简单的民俗，恐怕很不容易。

然而，愈是司空见惯的习俗，就愈容易为研究者们忽略。我们很少由一个民族用于计数的语言和文字以及语言中使用数字的习惯、文字结构中的构件数目联想到这个民族的心态和文化的深处蕴藏着的东西。其实，如果用文化人类学的目光去看看那些貌似简单的数字及与数字相关的种种，展现在我们面前的世界将是无比的丰富和深刻。

本文将对一个无论在语言、文字方面还是民俗、文化方面都具显著特色的民族——我国西南的纳西族——的计数习俗进行考查，并进而指出其背后的种种原始思维特征。

日本已故著名语言学家桥本万太郎先生曾说过：“中国的纳西族，身居云南深山，地处偏僻的长江源头。他们既不畜牧，也不发生大规模通商，而可以用自己的语言一直数到99 999 999，只是到‘亿’或‘兆’，才借用汉语。”桥本先生还指出，日语中“一万便是最大的数”，“比不上纳西族”。① 何以一个经济较为落后的民族却比另一个经济相当发达的民族具备完整得多、庞大得多的计数系统呢？这应当是一个饶有趣味而又发人深思的题目。不过本文则重在依据纳西族数词的使用和数字的构成，去探寻该民族思维特征中的较为原始的那个底层上的东西。

## 一、从数字使用看思维的飞跃

纳西族所使用的一种较为原始的文字——东巴文字，其数字中的“一”至“九”，分别作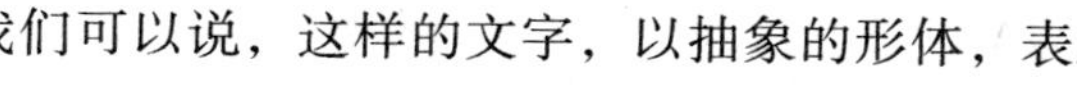。到“十”才作。从汉字“六书”理论的目光看，“一”至“九”的东巴文数字当是一群指事字。我们可以说，这样的文字，以抽象的形体，表示“数目”的概念，已经显示出纳西人对数的抽象能力了。如果我们回顾较

① 桥本万太郎著：《讲言地理类型学》（余志鸿译），21页，北京大学出版社，1985年。

早期的东巴文献中的计数手段，则更能证实这一想法。

纳西族的《创世纪》有多个写本和版本，书名亦不尽相同。在傅懋勣先生《古事记》一书中，"九对蛋"写作⸬。① 而在周汝诚先生《崇搬图》一书中，同段经文中"九对蛋"则写作⸬⸬。②

从文字学角度看，显然周本为较原始的本子，因为这个地方，周本说明了东巴文字中曾用过一种更为原始和直观的计数法，直接画上九个蛋来记录"九对蛋"这一词组。马叙伦先生指出："当他们（埃及人——笔者注）要说鸟的时候，他们就画或刻一只鸟的样子，假若他们要说几只鸟，他们就把几只鸟画在一起。"③ 这种用文字计数的方式，与纳西东巴文真可谓源异而理同。恐怕这种现象在世界其他民族的文字史上也是普遍经历过的一个阶段。前苏联文字学家伊斯特林先生也指出过："在文字发展的早期的图画文字阶段，还不存在着狭义的数字，表示实物数目的时期就画出这些实物，是多少数目的重复画多少个实物……"④ 伊斯特林先生还举了印第安人墓志铭中以两个月亮表示"两个月"的例子。⑤

在东巴文典籍中，还能找到同样的一些例子。如"三颗种子"作⸫，⑥"三兄弟"作𝝭，⑦ 而"四兄弟"作𝝭，⑧ 等等。

显然，从上述东巴文字两种计数方法的比较中，我们看到了这样一种飞跃：在较为原始的文字阶段中，还没有把语言中的数词和名词区分开来、把数词明确地抽象出来；到后来，文字中已出现了纯表数目的字。当然，文字的飞跃并不一定与语言的飞跃、思维的飞跃同步，我们无法肯定最初出现《崇搬图》写本时在语言中和思维中是否实现了《古事记》体现出来的那种抽象，但是我们至少可以断言文字的抽象和语言、思维的抽象是同方向的。因此，在这个意义上，我们不妨把文字的抽象视作

---

① 见傅懋勣：《丽江么些象形文〈古事记〉研究》，20、59 页，武昌华中大学出版社，1947 年。

② 见和芳讲述、周汝诚翻译：《崇搬图》，丽江县文化馆，1963 年。

③ 马叙伦：《中国文字之源流与研究方法之新倾向》，载《马叙伦学术论文集》，30 页，科学出版社，1958 年。

④ V. A. Istrin：《文字的发展》（杜松寿译），325 页，文字改革出版社，1966 年。

⑤ V. A. Istrin：《文字的发展》（杜松寿译），49 页，第 3 图 6，文字改革出版社，1966 年。

⑥ 见傅懋勣：《丽江么些象形文〈古事记〉研究》，20、59 页，武昌华中大学出版社，1947 年。

⑦ 见和芳讲述、周汝诚翻译：《崇搬图》，丽江县文化馆，1963 年。

⑧ 同上。

思维和语言的抽象的折光。

从以上的举例和分析中，我们看到了原始思维中数和量界限不分明的状态，也看到了原始文字中把"数"提取出来的过程。

# 二、从东巴文字看"三"的特殊地位

如果说，上面介绍的"数"的抽象过程是各个民族所共有的现象，那么，"三"的特殊地位也许在纳西族先民的意识中表现得更加突出。

纳西族的神话、传说和宗教活动中，"三"这个数字地位特别显赫。

纳西族的英雄崇忍丽恩有三子。据说，由于这三个儿子说出了三种不同的话语，便形成了藏、纳西和白这三个不同的民族。

据东巴经记载，汉、藏、纳西三种文字，是由分居三地的三位圣人同时创制的。

纳西族祭天时，以三棵神树为祭祀对象，以三坛米酒为祭品。

我们随便翻开哪一本东巴经书，都可以见到层出不穷的"三"数。

请看和志武先生所译《崇邦统——人类迁徙记》中的一段：

"……人生大地上，三根冰凌柱，撑三滴白露；三撮黑土块，撑三丛绿草；三棵青蒿枝，撑三棵白栗；三棵白松树，撑三棵红栗；三棵云杉树，撑三棵柏树；三座高岩呀，撑三座大山，什罗山顶撑上天，天不再叫唤；山脚镇住地，大地不动荡……"①

又如和志武先生所译《休曲苏埃——神鹏和龙王的斗争》中的一段：

"（龙王说：）'即使你呀不停地拉我，我的身躯越拉越伸长！我的身子可以绕三绕，绕了三次还会伸长呵！'"②

此外，作为"三"的整数倍的"六"和"九"，出现得也特别多。如：

纳西族的东巴（巫师）祭天时，要唱颂"男神九兄弟开天，女神六姐妹辟地"的事迹。

和志武先生译东巴经《东埃术埃——东族和术族的结仇战争》中有这样几段：

"盘族呀，生下九个儿子，建下九个寨，养了九个女儿，辟了九座庄。"

---

① 和志武编译，和芳、和牛恒读经：《纳西族东巴经选译》，云南省社会科学院东巴文化研究室，1983 年。
② 同上。

"禅族呀，生下九个儿子建下九个寨，养了九个女儿辟了九座庄。"①

以下还有"恒族"、"东族"、"龙族"和"争鬼"、"毒鬼"、"术鬼"所生的子女和建的寨和庄的数字亦都是"九"数。②

为什么"三"这个数字在纳西先民的计数中据有如此显赫而又神秘的地位呢？

如果我们把目光稍稍从文献传说和习俗移向文字，兴许可以找到问题的答案。

东巴文字中，以三个相同的构件合成的文字特别多。如"星"作∴，"雨"作ιιι，"露"作ιιι，"雪"作ᴧᴧᴧ，"神座"作呈，"石"作⌂，"火"作Ɱ，"炭"作▰，等等。值得注意的是这些文字所表的词都是不可计数的名词。可见上述文字中的"三"个构件其实只是表示"许多"而已。以上诸字的造字原理，同汉字中"森"、"淼"、"焱"等字可说是如出一辙。

此外，数字中以六个相同构件构成的字也特别多。如表植物的字多此类型："树"作羊，"落"作荔，"艾"作艹。

亦不乏以九个相同构件构成的字，如"杉"作朳，"刺枝"作朳。

这种以"三"代"多"的做法，也常见于当代原始民族的计数中。许多原始民族只能数到"三"，阿兰达人中最渊博者也只能数到"五"。③许多原始民族数名只是"二"或"三"为止，超过"二"或"三"他们就说"许多，很多，太多"。④显然，以上例子都是纳西族语言文字中以"三"代"多"的旁证。

综上所述，可知纳西东巴经书和纳西习俗中大量的"三"数是表多数，这一习惯的很重要的原因是原始思维在纳西先民意识中的孑遗。作为习俗、思维与语言的投射的东巴文字证实了这一点。

当然，"六"和"九"在文字中的常见除了由于典籍、生活中常有这两个数字以外，还有其他诸如构字上追求左右平衡之类的原因。但是从思维角度看，则还是"以三为多"的原始思维特征的扩展。

---

① 和志武编译，和芳、和牛恒读经：《纳西族东巴经选译》，云南省社会科学院东巴文化研究室，1983 年。

② 同上。

③ 乔治·彼得·穆达克著：《我们当代的原始民族》（童恩正译），19 页，四川省民族研究所，1980 年。

④ 见列维·布留尔：《原始思维》（丁由译），175 页，商务印书馆，1981 年。

# 三、对"大数"的朦胧认识

纳西语的"十"、"百"、"千"、"万"四个词，从语音看，与汉语的"十"、"百"、"千"、"万"并不十分相似。"十"读 [ts'e²¹]，"百"读 [ʃɿ³³]，"千"读 [tv²¹]，"万"读 [mɑ³³]。但语音上与汉语的对应关系则依稀可辨，尤其是"十"与"万"，声母的对应是明显的。若果与汉语有对应关系，即为汉语的同源词，则可知纳西语的"十"、"百"、"千"、"万"早已出现。若与汉语无对应关系，则它们也很难说是汉语的借词，因为借词之间的相似关系更为明显。无论从前二说中哪一说，都合乎上文所引桥本万太郎先生的判断：纳西族早有自己的较大数字了。

从"十"、"百"、"千"、"万"的东巴文字形的使用看，我们还可得到更多的启发。

"十"，据《纳西象形文字谱》，作 Ⅹ。但李霖灿等的《么些象形文字字典》指出，此字常与"百"字混用。

"百"，东巴文作 十，与"十"的表达方式如出一辙，只是方向转了 45°。

"千"，东巴文作 ✳，在表达手段上以"十"和"百"相乘。

"万"，据《纳西象形文字谱》，作 ㄕ，其造字依据是借东巴文"天"的形和音。对"万"字，《么些象形文字字典》则另有一说，认为"万"作 ◌，读 [kɯ³¹]，其造字依据是借"星"的形和音。

此外，据《纳西象形文字谱》，东巴文作 ✍ 为"亿"。这可能是个汉语借词，形体则借"鸭"。

上述一些材料确乎发人深思。

为什么"十"和"百"在文字使用上有混淆之处？看来，这正是由于纳西先民对"十"以上的大数的认识是朦胧的。

为什么"万"的音和形不甚确定？原因当亦在这里。

为什么"万"或借"天"的音和形，或借"星"的音和形？天之高远，难以数字计；星之多少，难以数字数。这二说不管从何说，还是都可成立，都证实了纳西先民对"万"这样的大数，认识就更模糊了。

为什么"亿"在纳西语中是个汉语借词？为什么它在东巴文化中又借了一个意义、形体都与"亿"不相关的字来表达？这正说明，纳西语中的"亿"产生较晚，是从汉族输入的；也说明了纳西族人对"亿"这样的巨数根本无感性认识，因此干脆借了仅在字音上与"亿"相同的一个字。

从以上分析可知，在纳西族先民的思维中，对"十"以上的大数有过一个认识模糊的阶段，对于"百"、"千"、"万"、"亿"的数字则认识愈加朦胧了。

# 四、结　语

从本文所述及的纳西族人凭借语言和文字计数的习俗以及纳西语言、文字、文献中透露出来的种种与数目有关的信息，我们挖掘出了一些纳西先民意识中的原始沉积物。如果我们进一步对世界各民族的计数习俗进行比较研究，当能对原始思维的研究提供新的素材并进而得出更多的带普遍意义的结论。

刊于《中国民族古文字研究（第 3 辑）》，1991 年

# 猪与古代文化

## 一、写小说想到猪与古代文化

某夜，我接到一文艺刊物编辑的电话，嘱我写一篇以猪为题材的小说，以迎接将来临的猪年。小说非我所长，但“编”命难违，当夜灵感袭来，草成一章，兹录于此：

> 沪上有二朱姓人家比邻而居，中仅隔薄壁一片。故东家得晓西家长，西家能知东家短，诚名副其实之“听壁脚”也。
>
> 东家朱为屠猪市肉之个体户。因近年人民生活水准日高，猪首肉为人所厌食，故东家朱常悬三腌猪首于户首以备自用，西家戏谑称东家朱为“猪头三”。西家朱夫妇为教书谋生之教员。因得一子而责之甚严，戒之不可为之事凡八，故东家朱谑称西家朱为“猪八戒”。
>
> 一晚，东家朱夫妇归，闻板壁西厢西家朱夫妇频言及“撒尿”，初不解。稍顷，悟其实为“测试”。又有顷，方知为“猪商测试”，遂大惊失色。东家朱营猪业偶有不法，日前自猪农处购未经卫生检验之猪数匹。既知测试将行，夫妇忙不迭地将一豢于北屋之猪曳尾缚足而宰之，解其骨肉，并其余已宰之猪之骨肉匿于床下、箱内、柜中、厕间，张罗至凌晨方睡去。
>
> 翌晨，东家朱夫妇未见卫生检查官至，遂心稍驰，然仍惑何为西家朱所言测试事为子虚。及晌，见西家朱夫妇携稚子归而状悲极，遂出户斥西家朱“猪商测试”之慌说。西家朱夫妇遂由悲及愤，反质东家朱何缘喧哗达旦，噪声达七十又五分贝，使其稚子彻夜不得安寝，致今日之智商测试未得合格。
>
> 于是，东家朱乃明“猪商”与“智商”乃沪方言之谐音之所致讹，遂生歉意，即摘户前猪头烹而盛宴西家朱，席间相谈甚恰，恩仇全泯。

小说完成后，反复诵读，又由小说的某些细节，想到了许多关于猪的语言、文字和文化方面的问题。比如：二朱家如果都说普通话，这误会也许不会产生了。那么，各地方言、各民族语言是怎样为"猪"命名的？又如：这个"猪"字，汉族先民管它叫"豕"，那么，从"豕"到"猪"的轨迹又是什么样的？古人对各种猪是否又一视同仁地称呼？再比如，猪在十二生肖中列最后一位，又是什么原因？"亥年"即"猪年"，"亥"、"猪"相配是纯属偶然，还是有其必然原因？凡此种种谜团，一一浮上笔者脑际。正值乙亥年，于是把有关猪的语言、文字和文化问题思考一番，并录下断断续续的一点想法。

## 二、上古猪的名词为什么那么多？

关于"猪"字，其实有个更古的写法——"豬"。我们可在秦代《睡虎地竹简》中见到此字。"猪"则是产生晚得多的"豬"的异体字。

一见"猪"字，咱们就会注意到它的形符"豕"。其实，在更远古的日子里，人们就用"豕"来表达"猪"义。"豕"字在甲骨文中就已产生，作 ，分明是猪的象形。且看它的便便大腹！

如果你有兴趣翻检《说文解字》和别的汉字字典，你将发现，由这个"豕"派生出了许许多多关于猪的字。下面所列，仅是部分各种各样关于猪的名词：

豭（jiɑ）：公猪。

豝（bɑ）：母猪。另一说为一岁的猪。

豚（tun）：小猪。

豮（fen）：去势的猪。

豲（huɑn）：野猪。

豯（xi）：三个月的猪。

豵（zong）：六个月的猪。另说为一岁猪。

豜（jiɑn）：三岁的猪。

豥（hɑi）：四蹄皆白的猪。

豩（bin）：二猪。

这么多种类的猪早就在文字中有所体现，恐怕咱们不曾意料到过。是古人对猪特别钟情，还是另有原因？

于是我们又去查了《说文解字》中以"马"为部首的字，发现有关马的名词更多：一岁马为"马"，二岁马为"驹"，三岁马为"骁"，八岁马为"㸲"，等等。从《说文解字》"牛"部和"羊"部，也可以得到类似的信息——古人为家畜造字，也真算得不惜工本了。

可见，个中原委首先不在于古人对猪的偏爱，而在于他们的思维方式和表达方式同咱们不尽一样。

依据人类学的调查结果，原始思维有其"具体性"特征，即其思维中的分析能力强于归纳能力，描述能力强于抽象能力。比如，有的原始民族为各种各样的雪命名，但是他们的语言中并无"雪"这个"共名"；有的原始民族为各种各样的红色命名，但是他们的语言中并无"红色"这个"共名"；有的原始民族为各种各样的树命名，但是在他们的语言里没有"树"这个"共名"。

这一特征也表现在中国的古文字里。纳西族史诗《古事记》是用东巴文写的。在《古事记》的一个较晚的版本中，"九对蛋"用▦表达，但它的一个较早的版本，对"九对蛋"则用▦▦表达。这恰好说明了原始思维向现代思维过渡的轨迹：原始的文字中没有把数词从量词中抽象出来，近现代人则已把数词抽象出来造了一个"九"字。① 又如甲骨文中，"象埋牲于坎的'凵'字，当所埋牺牲是牛羊时则写作'凵'，当所埋牺牲是犬豕时就写作'凵'。"② 这二例正反映了原始思维的具体性特征。

回到咱们讨论的主题上去。显然，由于古语言文字中带着原始思维的印痕，所以，各种各样的猪都得到了它们自己的名字。

另外，我们还必须注意到原始思维的另一重要特征——思维的实用性。原始人的科学，常带明显的功利主义——对与他们生活密切相关的事物，倍加注意；对与他们生活无关的事物，往往视而不见。比如，哈努诺人把当地鸟类分成 75 种，他们能分辨 60 多种鱼，他们把数千种昆虫分为 108 类，他们认识 60 多种海水软体动物和 25 种以上的陆地和淡水软体动物！③ 显然，咱们对仅靠自然资源讨生活的原始人的实用主义与功利主义，该原谅几分。

见到原始人如此精密的动物类型学研究，回过头来看我们的先民为猪造了较多的名词字，也就不足为怪了。

细细分析起来，上举一些"豕"旁字，主要与猪的年龄、性别、性功能有关，这也绝不是偶然的，而是古人功利主义的体现。正由于猪主

---

① 见王元鹿：《汉古文字与纳西东巴文字比较研究》，75 页，华东师范大学出版社，1988 年。

② 裘锡圭：《汉字形成问题的初步探索》，载《中国语文》，1978 年第 3 期。

③ 见列维－斯特劳斯：《野性的思维》（李幼蒸译），7 页，商务印书馆，1987 年。

要供食用，人们首先就得弄清每头猪的雄雌和年龄（年龄既决定其重量又决定其繁殖力）。

相比之下，《说文解字》中的"马"部字中，所见特多的是关于马的毛色和马的高度的字。关于马的毛色的字，不下 20 个；关于马的高度，有"六尺为骄"、"七尺为䮝"、"八尺为龙"之说。这是由于马在古代的主要用途一为战争，二为运输，三为威仪。运输的功用需"马力"充足，威仪的功用需马貌雄美，而战争的用途则需力貌兼备，既健又美。而毛色与高度，恰恰都是相马时衡量马健美程度的标尺——毛色不仅决定其外貌，还决定其是否为良种；高度既决定其是否雄壮，又决定其是否有力。

讨论至此，足见古人造字时的精细用心了。原始思维并不简单。

# 三、豕亥混淆未必是错

说到"豕"字，咱们会联想起一个成语——豕亥鱼鲁，意指写字把"亥"误为"豕"，把"鲁"误为"鱼"。"豕亥"的出典在《吕氏春秋》中，其《察传》章记载有人写历史时把"晋军己亥涉河"写成"晋军三豕涉河"。

从现代汉字角度看，这样的错误发生在史书撰写中，简直是不可思议的，除非那些记史者都是整天想着吃肉吃鱼的老饕。可是，在先秦时代，这样的错讹又是完全可能发生的。战国文字中"己"作丒，若中间二竖写得不清楚，就误成了"三"。而金文中"亥"作丏之类字形，"豕"作丣之类字形，十分相近，后者仅在体态上为猪头和猪尾作了强调而已。

在我们看来，"亥"和"豕"不仅字形相似，二者之间确乎还有点特殊的联系。否则，为什么古人把十二地支分配给十二生肖时，偏巧把"亥"给了"豕"？是由于二字上古字形相同，还是由于什么别的原因？

我们知道，十二生肖说法的产生和把十二生肖与十二地支一一配对的时代，是在汉到南北朝之间。当时的汉字书体正经历着从隶书向楷书过渡的阶段，无论在隶书还是在楷书中，"豕"、"亥"二字形体虽然有近似之处，但还不至于被混同。而较早的小篆中，二字形体亦不很相近。然而，既然"豕亥"早就成为一个词或固定词组，"豕亥鱼鲁"早就成为一个成语，那么，我们不能排斥人们在为生肖配地支时，顺水推舟地把"亥"分给了猪。

然而，把一个成语视为这种配对的唯一依据，我们总有点儿不放心。

是否事情的真相是：在上古，在甲金文时代甚至到甲金文时代前，在人们意识中，已潜藏着关于"豕"与"亥"之间存在某种神秘联系的想法。

《说文解字》引《春秋传》："亥有二首六身。"虽或为臆说，但至少为我们透露了亥是一种动物的信息。可见这种可能性不能被排除。我们知道，甲金文中已有"豕"、"亥"二字，只是当时并未被配对。从字形看，金文中"亥"很像一兽之形，与"豕"的不同在于猪尾未得到明显夸张而已。

而甲骨文和金文，从文字学角度看，已是相当成熟的文字。由于出土资料的限制，我们至今对汉字的起源状况的初期概貌，并不很确知。但是可以断言的是：在甲金文之前，肯定有更早的汉字，而且肯定有表一些动物的字，包括"豕"和另一些与"豕"相近的动物的字。因为，这些已进入人们日常生活的动物，自然不可能在已有文字的时代得不到反映。所以，我们相信，一定有比甲金文更早的"豕"字，可能有比甲金文时代更早的"亥"字，只不过它们至今未见天日而已。

从原始思维来看，"亥"为一种猪类动物的可能性亦极大。因为，既然原始思维有其具体性的特点，那么，很难想象这批地支字的造成不以具体事物为倚托。

就计数来看，一些原始部落，习于用身体的器官数数。如澳大利亚土人的数数是这样的："如果要计算的数目很大，土人们就求助于身体的各个部位，每个部位在这个计算法中都有一个公认的名称和明确规定的位置。"[①] 由此可见，十二地支同样也借自一些具体事物。

也许与蛇这一生肖相配的"巳"本就是一种蛇，观其形体，甲文作♀，金文作♀。古音"巳"与"蛇"的声母也有些关系。《说文解字》亦点出"巳为蛇象形"。既然如此，我们更不能排斥"亥"是一种猪类动物的可能。

所以，我们的看法是：从上古起，古人就把"亥"和"豕"视为同一种或同一类动物，或把"亥"视为"豕"的一种，或把"豕"视为"亥"的一种。这就是我们所探索的二字和二物间的神秘联系。字形相似仅是物种相似的表现罢了。

一个有趣的现象也可作为我们的佐证：在我国的拉祜语言的两种方言中，"猪"和"亥"二字的读音完全一致，无论是声、韵，还是调！

总之，虽觉"理还乱"，还是"剪不断"。如果上述结论尚属初步的

---

① 见列维－布留尔：《原始思维》（丁由译），178 页，商务印书馆，1981 年。

发现，那么，总有一天，我们会把"豕"与"亥"的神秘关系，披露于光天化日之下！

# 四、末位生肖原是猪女神

好事者会问：如猪这般可爱的动物，为什么在十二生肖中位列最末？

这一点并不足以证明古人对猪大不敬。如果说十二生肖恰好组成一个班而为首的鼠充当班长，那么副班长就非押后的猪莫属了。

不过鼠有体形渺小和面目可憎之嫌，当班长实在不够格，何况龙、虎之类一直受人崇拜的动物，在这个系列中都处于不上不下的位置。显见十二生肖的座次并不意味着它们各位在人们心目中地位的高下之分。

一些例子可以作为我们以上说法的佐证。

首先，从建月即安排每年的正月来说，汉族各朝代时有替换。如秦始皇统一中国后，就以亥月为正月。这一做法至少证明：或是当时帝皇的心态于亥或于猪有特别好感，或是这种做法仅为方便考虑，或仅是偶然的选择。无论何种可能，都不意味猪在人们心目中地位低下。

其次，我国尔（耳）苏人利用汉十二生肖计月（当然亦不排斥与尔苏的十二生肖均来自某一更早的源泉），尔苏人因其虎崇拜或因其保持《夏小正》历法而置虎于正月，但接下去依次为兔、龙、蛇等，十二首仅变其座次而未变其顺序。① 由此可见至少在计月中，各兽的先后与座次并不是密切地与它们在人们心目中的地位相关。

我们知道，一般认为夏代不少民族或部落以龙为图腾，商民族易之以凤即鸡或另一种鸟类，周民族则可能易之以熊。既然龙和鸡在十二生肖中均居于不前不后的位置而熊在这一系列中未排上号，那么，十二生肖出自图腾或它们依图腾顺序排列的可能，也几乎为零。

最有可能性的答案是：左右古人排列十二生肖顺序的，是一种已被历史遗忘的各个生肖与各个地支间的神秘对应关系——如第三节所论"豕"与"亥"的关系一样，或者，这种顺序的安排纯是偶然人为的。不管正确的答案是哪一个，一点是昭然若火了：忝陪席末并不意味地位低下。

况且，甲骨时代，豕与牛、羊、犬一样被用作牺牲来祭祀上帝或祖

---

① 见刘尧汉等：《一部罕见的象形文历书——耳苏人的原始文字》，载《中国历史博物馆馆刊》，总第 3 期。

先，可见至少上古人们并未把猪放在远低于别种家畜的位置上。相反地，一些历史故事或小说笔记为我们提供了种种上古猪崇拜的蛛丝马迹。

《三国演义》七十三回，关公梦猪咬足，关平曰："猪亦有龙象。龙附足，乃升腾之意。不必疑忌"……众官拜贺曰："此足见猪龙之瑞业。"

《东坡志林》卷三："眉州青神县道侧，有一小佛屋，俗谓之'猪母佛'。云：百年前有牝猪伏于此，化为泉，有二鲤鱼在泉中云该猪龙也。"

这二则故事并不发生在上古，亦不发生于同时同地，但都为我们揭示了如下几点：（一）猪为一种瑞兽；（二）猪常附体于龙；（三）古代有猪龙崇拜。

谁又能想到，千百年来一直不被人们重视的野史轶事，竟被近年来的考古发现证明为铁定的事实。

辽宁与内蒙古交界处的红山地区一带，近年间出土了一批上古的珍贵文物。其中三类最值得我们注意：一类是猪头龙身玉像，另一类是裸体女神像，第三类是此处的原始祭坛。①

毫无疑问，要问中国文化的源头何在，那儿至少也算得上是一个。原始祭坛是原始宗教的祭祀场所，女神是早期原始社会的偶像，而偏偏在此又出土了猪龙！据此，我们又怎能不相信，在中华民族历史上——至少是部分地区——经历过一个母系原始社会阶段呢？而正是在这个古远的时期，猪得到了与龙一样高甚至更高的地位，被人奉若神明，顶礼膜拜！

再说开去，那些猪头龙身像，看来是雌性的。

一个最有力的证据是：该地出土的这批文物，只有女神像而无男神像。显然，当时是一个女权制时代，人们崇拜的，自然是猪女神。

这里，前文所引的《东坡志林》中"猪母佛"、"牝猪"，显然是与猪女神崇拜有关的东西，虽然时代、地望不同于猪头龙身像，未始不是一个旁证。

另一段可用作旁证的笔记，出于《酉阳杂俎》前集卷一："妇入门，先拜猪枥及灶。"这儿"猪"又与女性扯上了关系。

另一个证据存在于我国各民族的语言之中。据笔者考查，我国汉藏语系西藏缅语族的少数民族，几乎都用唇音来说"猪"这个词。如拉祜

---

① 见辽宁省文物考古研究所：《辽宁牛河梁红山文化"女神庙"与积石冢群发掘简报》，载《文物》，1986年第8期。并参见孙守道、郭大顺：《牛河梁红山文化女神头像的发现与研究》，载《文物》同期。

语和基诺语及哈尼族的一个方言、怒语的一些方言作 [va]，① 景颇族作
[va]，羌语作 [pa] 或 [pi]（方言不同），傈僳语作 [avɛ]（[a] 为词头，词
根为 [vɛ]），藏族作 [phak-pa]。此外，独龙语的 [wa]，阿昌语的 [wa] 或
[wa]（方言不同），怒语的 [uɔ]（部分方言），声母也从 [v] 变来。而壮侗
语族中，壮语的 [mou]，仡佬语的 [mpa]，水语的 [mu]，黎语的 [pou]，
也都是唇音声母。至于苗瑶语族中，苗语的 [mpua]，瑶语的 [mou]，畲
语的 [pui]，声母也都是唇音。

　　由此，我们还联想到本文第二节所举表母猪的"豝"（[ba]）亦为唇
音声母，与上举各少数民族语中的表"母猪"义的词，是同源词。这些
同源词的原始意义即是"母猪"。其实，"豝"与甲骨文中表母猪的"🐗"
（[bi]）又是同声母。既然"豝"的所指为母猪而它在大量汉藏语系的少
数民族中的同源词发展到今天已被用来泛指任何一种性别的猪，可见在
上古某一阶段，雌性比雄性更占重要地位——无论在社会生活中还是在
宗教生活中。这种现象很像在男性社会中包括男女两种性别的人们只能
用"他们"而不能用"她们"表达一样。

　　时至今日，尽管人们已忘却了这一古远的时代和这个词的最早来源，
母猪崇拜在语言中烙下的深深的印痕却仍未消失，只不过咱们不经磨洗
就无法辨认它们罢了。

# 五、豕与象有没有神秘联系？

　　记得儿时看过一册连环画，至今已忘了大半，只记得故事的结局是：
一头象的鼻子被斩了，变成了猪，从此才有了猪这种动物。

　　从类型学角度看，猪与象在动物学上的分类并不如此接近。从发生
学角度看，猪也绝非断了鼻子的象。

　　可是细心的读者也许发现：现代出版的一些工具书中，"象"字确乎
被归入"豕"部。细察"象"字结构，下部确是"豕"字，而上边那个
"⿰"，也就该是象鼻之形了。

　　《说文解字》一书是为"豕"和"象"分列部首的。唯一值得注意的
是这两个部首靠得极近，也许这也多少暗示着古人意识到这两种动物的
某种联系。这种把"象"归在"豕"部之下的做法，大概始自明代梅膺
祚所编的《字汇》一书。

---

① 此处及以下民族语言音标，为排版方便，一概不标调值与调类。

我们总是隐隐感到，在"豕"与"象"之间，似乎真有那么一种神秘的关系存在着，并不纯是物形间的相似和字形间的相关。

在民间，至今流行着"猪鼻子插葱——装象"这句歇后语。也许已流布很久。

另外，在宋代《太平广记》一书上的一则故事更有启发性，其内容大致如下：

后唐年间，徐州军营中准备杀一雌猪。杀猪前夕，军营的头梦见那将被宰的猪对他说："请您不要杀我！我怀的胎不是猪。您若把此事记下来，我能使您家富有。"次日，那人忘了昨夜的梦，仍把猪杀了。剖开肚子，发现它肚中怀的果不是猪，而是一只小白象。

这一故事，也提示咱们去寻觅猪和象的神秘联系。

那么，这一神秘联系是从何时开始的，又是如何开始的呢？

看来，把这时间定于商或商之前，是合乎情理的。

从甲骨文字形看，"豕"作 𧰨，而"象"作 𧰨，而这几乎仅一鼻之差而已。而所差象鼻作 𧰨，非常像楷化之后的"𠂉"。从字形看，这种神秘联系始于商或商之前，是极为可能的。

从物形联系看，恐怕这种神秘联系的产生，也可能在远古的岁月里。因为，这种联想最可能既是原始思维的某一特征的体现，又是中国人思维上某一常见定势的体现。中国人确有"形似则质似"的思维定势。以中药论，中医主张吃核桃补脑，既有其科学合理成分，又有其思维定势成分——因脑形似核桃肉。这种定势甚至发展到谐音造成的口彩与忌讳，如：结婚送枣贺早生贵子，探病避送苹果因其与"病故"谐音。而"分梨"则意味着"分离"，更被人们时时避忌；古诗中以柳枝象征依依送别之情，也是这种习惯的反映——柳即"留客"之"留"！

这种思维定势，又是原始思维的特征之一。它自然地导致了古代中国人把猪和象的外形相似看作了二者本质上的相似表现，所以由此而生出至今我们尚未发现的种种二者间的神秘联系。

由于象自古被中国人看作一种瑞兽。所以，猪也许在这一点上沾了点儿象的光。

# 六、自古"无豕不成家"

画界有句老话——猪不入画。也许这句话只是近现代人想出来的。

不久前有人在《新民晚报》上撰文，题为《猪也入画》。作者指出猪自古入画，如西魏敦煌的野猪壁画、古欧洲野猪狩猎图壁画及阿尔塔米拉壁画中的猪。他还介绍了东汉明器中的猪头人身亥神俑及唐陶中的猪首俑。①

　　其实，主张"猪不入画"者，忘记了一条规律：艺术总是几乎无遗漏地反映那些与人们生活关系密切的事物。

　　如果从时间的角度来看中国的出土陶器，那么早在距今至少6千余年的浙江新石器时代的河姆渡遗址中，我们已能发现形象栩栩如生的陶猪；距今至少5千年的山东大汶口遗址，也有猪形陶鬶出土。如果从地域的角度看，则从黑龙江到广东，从四川到辽宁、福建，到处有我国家猪豢养的证据——陶猪出土。②

　　其实，河姆渡的陶猪，已是一种家猪的形象。然而阿尔塔米拉洞穴中三头猪，与其他一些动物一起，处于被猎时带伤逃窜的境地。显然，那三头猪是野猪。

　　所以，艺术史证明了人类史上有一个从猪作为狩猎对象到猪作为驯养对象的过程。

　　依据"书画同源"的道理，我们也完全可以在甲骨文和金文中寻觅这一蹊径。

　　甲骨文"彘"作🐗，象人设网捕豕。甲骨文"家"作🏠，已是猪为人豢养于室中的记录了。甲骨文另有一个字作🔲，当是"圂"字，这字是在猪圈中有一雄豕的形象。这三字也许可以被视为一部人类与猪的关系的历史。开初猪被狩猎者投网诱捕，后来猪被关入室中驯养，到最后，则由于驯猪事业日益发展，人们专门为猪筑了猪圈。

　　以上三字中，"家"字特别值得注意。此字到现在还被用作表"家庭"之义，正说明在古代猪在人们生活中的显赫地位——无猪不成家！

　　另有一字，"豢养"之"豢"，亦可顺便一提。此字似不见于甲骨文，但小篆有这个字作🈴，《说文解字》："豢，以谷圈养豕也。"这一说解反映了上古至秦汉人们对"豢"的认识。而后世人们把"豢养"广泛用于养多种动物乃至人，由此可知"豢"字意义的扩展，正是以古代养猪业的发达为基础的。

　　另外，引人注目的还有在商代金文的所谓"族徽文字"或"图画文字"中，常有背生毫毛数根的"豕"字出现。有作🐖者，有作🐗者。这

---

① 石岘：《猪也入画》，载《新民晚报》第 11 版，1994 年 11 月 19 日。
② 见张仲葛：《出土文物所见我国家猪品种的形成和发展》，载《文物》，1979 年第 1 期。

类文字被使用的时代较早，或所描述的事物的年代较早。据其形态，应被视作是一种野猪。也许，这类"豕"比"㝅"字中的"豕"形态和时代更为古远。真正要构成一部"人猪关系史"，须在"㝅"、"家"和"圂"前加上此字。

说到这里，也许细心的读者会有如此疑问：甲骨时代仅几百年，难道人们就在这一时期把野猪驯养成了家猪？

其实，某一时代出现了某些文字，并不等于是这些文字所记录的事物一定也出现于这一时代。因此，甲骨文中出现了"㝅"字，未必意味着使用甲骨文记事的人们过着狩猪生活。此字完全可以被看作甲骨时代的人们对他们的祖先生活的回忆。作为文字的"㝅"甚至还被金代人收入字书《篇海》中。何况如上文所述，甲骨文字已是一种十分发达的文字系统，其时间晚于河姆渡文化与大汶口文化数千年。在甲骨文前的文字出土材料有限的前提下，更不能断言"㝅"字是在甲骨时代被初次造出的。

此外，同一时代完全可能存在着过着不同类型生活的不同民族或不同地区的人或集团。因此，如果甲骨文时代我国某些民族或某些地区保持着狩猎生活，也不足为怪。前文提及的敦煌壁画年代更晚，照样有猎猪记录，即是明证。

总之，驯猪的历史是如此之古远，驯猪的范围是如此之广阔，而且古文字中折光出来的"猪文化"同人类定居与家庭的建立的关系又是如此之密切，猪对中华民族文明的形成与发展之作用是如此之显著。想到这一切，当咱们对亲朋好友说"猪年如意"的时候，会觉得这句话的涵义是特别地丰富和深刻。

刊于《中文自学指导》，1995 年第 1 期

# 汉字中的"猪"

　　"狗"去"猪"来，乙亥年是猪年，于是，猪成为热门话题。本文将从语文角度，介绍一些表示"猪"义或与"猪"有关的字。

　　其实，"猪"字出现较晚，它较早的写法是"豬"，秦代《睡虎地竹简》中即有此字。"豬"与"猪"的差异仅在于后起的"猪"字把"豬"的"豕"旁变成了"犭"。

　　说到"豬"字，就免不了提到"豕"（shǐ）字。"豕"也表"猪"义，早在甲骨文中就出现了，写作𧰨，是猪的象形。更精确地说，古汉语里的"豬"一般表示今天意义上的"小猪"，《尔雅·释兽》："豕子，豬。"所谓"豕子"，即小猪。而"豕"才是今天一般意义上的"猪"。

　　此外，还有几个在古文献中表"猪"义的字，由各地方言的不同造成。如"豨"（xī）。《方言》卷八："豬，南楚谓之'豨'。"如"彘"（zhì）。《方言》卷八："豬，关东西或谓之'彘'"。可见"豨"和"彘"的出现，与古代中国的方言繁多不无关系。"彘"虽不很常见，但《史记·项羽本纪》中有一名言："则与一生彘肩。"意思是说项羽叫人赐闯进鸿门宴的樊哙猪腿吃。

　　用"豕"作为偏旁，构成了许许多多不同种类的"猪"。如"豭"（jiā），公猪；"豝"（bā），母猪；"豚"（tún），小猪；"豮"（fén），去势之猪。而"貛"（huān），则是野猪了。

　　还有一些以"豕"为偏旁的字，也与猪有关。如："豞"（hòu），表猪叫之声，从读音上看，无疑它是一个象声词。如"豤"（kěn），表猪啃地的动作，后来一般写作"啃"。如"豩"，表示两只猪，读bīn。恐怕咱们一生中很少有机会写这几个字。

　　还有一个"象"字，大概许多人没注意到：它下部也是一"豕"字。由此可见，有些寓言中关于象被砍去鼻子成为猪的说法尽管不合于动物演化史，但它下部的"豕"说明中国的古人至少有一种意识——认为猪与象在发生学上或类型学上有着某种联系。

刊于《咬文嚼字》，1995 年第 1 期

# 洪水滔天话远古——说"昔"

　　世界上许多民族，包括中国的许多少数民族，都有关于洪水的神话。然而见诸文字构形的，也许只有汉字的一些形体，可以直接地传达出上古时代洪水为患的信息。

　　中原地区的黄河流域，是中华民族先民的聚居之地。这一片黄土地，养育了千万炎黄儿女。同时，又因气候与地理条件的关系，昆仑山脉"夏日消融"，中原地区随之"江河横溢"，于是《尚书·虞书》所记"滔滔洪水方割，浩浩怀山襄陵"的可怕景象，便年复一年地出现。表示人们聚居之地的"州"（甲骨文作🅦），便是这种情况的写照。"水中高地"的形象描摹，正折射出人们为避水患纷纷迁往高处居住的无奈情境。

　　更可体现祖先们对洪水的恐惧心理的，恐怕莫过于一个"昔"字了。甲骨文、金文"昔"字作🅐、🅑之类，总不外乎是大水与日的组合。这足以显现造字者心目中对往昔滔滔洪水遮天蔽日之凶猛来势的深刻印象。

　　正因水患无穷，先民们便将治水视为头等大事。史籍记载，夏代大禹带领人们治水。"禹疏九河"，其中"九"字实为虚数，仅意味着大禹疏通多条水路，以减轻水患。然而，一到大禹治水成功，虽然洪患不会彻底根绝，但足以毁灭整个民族的洪水毕竟成为历史，于是，人们以表洪水的"昔"字作为表"往昔"的文字，也就十分顺理成章了。

　　从这个"昔"字的构形中，我们至少可以看出，水患确是上古中国的最可怕的灾害。在此还有一个佐证：古文字"灾"作🅧，中间的🅣表声，而两边的🅦亦为"水"的象形。

　　"昔"字的古文字还可以证明，大禹治水的文献记录不仅确是史实，而且有极大成效。因为大概在夏朝的末期，甲骨文开始了它初步准备的时期。而这时的人们恰在文章中保持了对洪水的记忆与视洪水为业已过去的想法，那么大禹治水的真实性和有效性，都是无可怀疑的了。

刊于《咬文嚼字》，1996 年第 8 期

# "白"与殷人的白色崇拜

"黑白"之"白",乃"伯"字初文,甲骨文写作❸。在殷墟卜辞中,这个❸既可表"白色",又可表"伯"(古代爵位名)。对此构形,有人以为乃拇指的象形,故可与"伯"的"第一"之义相表里,以后才表"白色";也有人以为,❸乃旭日"锐顶"之象,本表"白色",后来才有"伯"义。其孰是孰非姑且不论,但不管怎样,在❸字中,"白色"与"第一"有一体双边的联系。那么,这种联系是如何发生的呢?

其实,这根源在于商代人崇尚白色的文化心理意识。据《礼记》记载,"殷人尚白"。商代人以穿白衣为贵。而甲骨卜辞中以白为贵的记录更是随处可见。白牛、白羊成为商代人常用的祭祀用物,猎获白鹿、白兕则更是他们引以为荣的吉庆大事。

应该说,世界上许许多多的古代民族,都有他们各自的颜色喜好心理。这种心理的产生,总有其必然原因。

其实,我国乃至世界各民族,以白为贵的不在少数。如我国西南的纳西族,就酷爱白色而且憎恶黑色。纳西族的史诗《古事记》中有如下记录:开天辟地之时,"真实"变为"白天",后来又依次变为"白玉"、"白鸡"、"白蛋",最后变为"人和神"。相反,"虚假"变为"黑夜",最后变为"鬼和怪"。有崇白心理的民族,还有我国的羌族和尔苏人等。据研究,这种心理与这些民族崇尚光明和喜爱洁净的心理有关。殷人尚白,亦当有同样的心理依据。

再往深处思考,我们又可发现:商人和羌人等,在其蒙昧时代,都是原始的游牧民族。因此,牧羊是这些民族赖以生存的主要手段。于是,商人的先祖,也就已经开始了对羊的关注与喜爱乃至崇拜。《说文解字》曰"羊大为美",这至少体现了汉代人对其祖先喜羊心态的回忆;而古文字中的"善",亦以"羊"为构件;至于"吉祥"之"祥",初期就是"羊"字。正因为殷人牧羊、食羊,于是喜羊、崇羊,终于让羊的白色,成为他们心目中最崇高的颜色。这可真算得上"爱屋及乌"了。

刊于《咬文嚼字》,1996 年第 8 期

# 古人是如何“休闲”的

在当今这个时代里，“休闲”二字几乎已成了高科技和高消费的标志性语言。一说到“休闲”，咱们脑海中自然地浮出这样一些情境来：鼓鼓的旅行袋，大型的客机或豪华的游轮，五星或四星级宾馆，皇家风味的咖啡吧，保龄球馆或高尔夫球场，海滩上五彩缤纷的三点式泳衣，外加一顶蓝白相间的大遮阳伞。

在今天，无论什么好东西或者破东西，似乎一打上“休闲”的旗号，便身价百倍。连凉茶也有“休闲牌”的——你信不信？总之，如今的“休闲”，既时髦又泛滥，而价格则是昂贵的，你没钱干脆甭想休闲！

其实，本来意义上的“休闲”远没有今天这般豪华，也一点儿算不上昂贵。

先看那个“休”字吧！小篆“休”字作𥝩。《说文解字》：“休，息止也。”甲骨文里就有“休”字，作𣏓作𣏒，都是人在木旁休息之状。“木”在古代是“树”的意思，而𠃌是一个人的侧面形象，那长的一笔是人体，而短的一笔是人的手臂。我们曾考查甲骨文中的“休”字，几乎每个“休”字都是“人”在“木”旁而“人”的背部靠着“木”。由此可见，商代人的“休”其实远不如今天的“休闲”那么昂贵，只是人干活累了或行路累了背倚着树木小憩而已。哪来旅行袋？哪来遮阳伞？当然，个别的“休”字写作𣏕，“人”形正面向“木”，也许那是累极而抱树休息，对古人来说已是一种极大的奢侈了吧？

再看那个“闲”字，古代写作“閒”，小篆写作𨳿。外边是“門”里头是“月”。《说文解字》：“閒，隙也。从门从月。”徐锴注：“夫门夜闭，闭而见月光，是有间隙也。”可知这“閒”字本来意思也只是从门缝中偷窥月色而已，同样地，见不到豪华游船和海滩风光。而且，使我们感动的是古人赏月也讲究节约——只舍得看那门缝中的月亮。“閒”也有写作“間”的，太阳取代了月亮，虽仍需在门缝中看，也毕竟算是咱们老祖宗的一种奢侈了吧！

“休闲”二字的破译，使咱们了解了“休闲”的真谛——休闲不必去远方，不必斥巨资，休闲可以在户外的每一棵树旁，也可以在户内的每一扇门的背后，甚至可以把上述二者结合起来。因为，在古代，休闲之"闲"除写作"閒"以外也作"閑"。门里看树，或当别有一番情趣。

总之，在中国的古代，休闲是一件分文不花的事。

刊于《咬文嚼字》，2001 年第 6 期

# "龙"，你到底是什么？

"龙"是中华民族的象征。商代甲骨文中就有"龙"字，作 ，或作 ，或作 。显然，第一形为"龙"的"真实"状态的描绘，而后两形尤其是第二形，已经同"龙"字的繁体字"龍"相去不远了。

然而，这"龙"在今天咱们的生活中可无法见到，于是，关于"龙"究属何物，说法纷纭，莫衷一是。

最常见的说法是古人替蛇装了几只脚，称之为"龙"，是一种神话中的动物；也有人据古书"马八尺以上为龙"认"龙"为一种良马；有人因传说中的龙"能水"而怀疑它是河马，更有人据龙的鳞认为是鳄鱼，甚至有人认为龙即恐龙。以上种种看法虽然不一，但一致认为龙是一种动物。

也有人认为"龙"与"虹"音近，甲骨文有"虹"字作 ，于是认为龙即虹；更有人认为"龙"字音与"松"相近，龙皮与松皮亦有相似之处，于是把这龙认作了松。

文化现象与爱情现象的相似之处在于，产生崇拜与爱的原因，恰在于不解崇拜与爱的对象的真相。愈是不了解，就愈是视若神明。仔细想来，这倒有点近似"叶公好龙"故事说出的真谛。

上述种种对龙的解释无一足以使人深信不疑，但随着学者对龙的研究的深入，已经可以初步确定，龙是一种动物类型的图腾，与一般图腾不同的只是现实世界上并无真正的龙而已。

告诉咱们这一事实的是近年的一些考古发掘。在辽宁与内蒙古交界处的红山，出土了一些珍贵文物。其中最引人注目的，是有一种猪头龙身的玉器，其形体正好作上文所引的"龙"字的第一形；而值得注意的是，离红山不远的内蒙，也出土了一种龙头龙身的玉器，形体恰同上述猪头龙身玉器相似，只是龙头代替了猪头。同时同地在红山出土的还有一批裸体女神像及对这些女神像顶礼膜拜的所在——原始祭坛。

以上考古发现在很大程度上启示了我们，"龙"是一种原始崇拜物。第一，龙在原始社会即已有之，其证据是与之作伴的是原始社会中亦受崇拜的女神们；第二，既然在龙身上可以出现猪头，那么至少说明龙是一种与猪之类动物有类型学上相似之处的动物；第三，既然甲骨文中的

"龙"字与考古出土的龙或"猪头龙"形制如此相似，那么上文中考古出土文物中的玉器必然是"龙"字所写之龙而并非他物。

由此看来，披在龙身上的神秘纱巾已经被揭开。尽管咱们至今还无法细说端详，但是龙是一种原始社会中动物类型的崇拜物，确实是无法怀疑的事实。

值得一提的是，在西方语言中亦有龙，那就是英语中的 dragon，形象与咱们的龙如出一辙，而至今亦说不上它到底是什么样的动物。但至少据此可知，龙确乎是一种现实中子虚乌有但又是"物"出有因的动物类型的崇拜物。

刊于《咬文嚼字》，2002 年第 8 期

# 说"犬"侃"狗"

表示狗，汉字中既有"狗"字又有"犬"字，它们是一个意思吗？在狗年将临之际，咱们不妨把这两个字及有关狗的语言和文化现象作一番研究。

## 一、狗与犬是同一种动物吗？

翻开我国最早的一部字典《说文解字》（下文简称《说文》），在其"犬部"中可以看到第一个是"犬"字，第二个便是"狗"字。这至少说明，时至东汉，"犬"、"狗"二字都已产生。

《说文》在"犬"字下说："犬，狗之有县（悬）蹏（蹄）者也。"可见至少狗与犬属同一种动物。《说文》又引了孔子的话来说明"犬"："孔子曰：'视犬之字，如画狗也。'"由此更可见"狗"、"犬"二字表示的确是同一种动物。

从读音来看，"狗"与"犬"的古音是比较相近的。有专家认为，"狗"、"犬"都是由象声而产生的词，那发音与狗的叫声差不离。

## 二、先有"犬"还是先有"狗"

如果咱们"打破砂锅问到底"，欲知"犬"与"狗"二字何时产生，那么至少可以查到甲骨文中。甲骨文"犬"字有作🐕、🐕的，其爪其耳栩栩如生。金文有作🐕的，爪子简化而尾声巴却翘得厉害。到小篆变作🐕，其实这两个字形写法差不多，腿、耳、尾依稀可辨，只是乍一看很难想到这正是犬的侧视图。可见，在距今3千年以上的商代，咱们的祖先已造了"犬"字。

"狗"字出世也不晚。甲骨文中刻成🐕，那垂着的狗耳和蹲着的狗腿宛然可见。只是到后来，它逐渐用来表示其他一些意义，而在表"狗"的时候，有了一些字形上的变化，再加上"犬"旁而成为"狗"。

由此可见，"狗"作为一个词，商代已有之。而这个词写成"狗"，应当比"犬"字的问世晚一些，因为它是用"犬"这个部件"组装"而成的。

# 三、古代"犬"旁字知多少

猜猜《说文》中除了"犬"和"狗",还有几个用"犬"为部件造成的字?答案是:80个以上。这还不包括未收入《说文》的及《说文》"犬部"之外但含有"犬"的。因此可以肯定,东汉时代,用"犬"作为部件的字不下100个。可以说,东汉时期每100多个汉字中,就有一个与犬和狗有关!

这些字中,有一些是表示某一类的"犬",如"尨"是多毛的犬,"猃"是长嘴的犬,"猈"是短腿的犬。有一种南赵名狗,古人居然也专门为它造了一个"獀"字。另有一些字以"犬"为部件,所表的意义也往往与犬的行为、特征和功用有关。"獲"("获"的繁体)、"獵"("猎"的繁体)均与狗参与狩猎有关。

还有一些字与犬的动作或习性有关。如"臭"表犬在看,"臭"("嗅"的古字)表犬在嗅,"猝"表犬突然出现追人。值得注意的是,这批字往往借用犬的特征表示属于更多动物(乃至人)的共性或共同行为。如"臭"(嗅),如"獘"表示面向地倒下,如"狡猾"表示智慧灵敏,等等。

# 四、为何狗的地位江河日下

从在十二生肖中的排行看,狗列第十一位,仅列副班长猪之前。

关于与犬和狗有关的成语,说来也实在不怎么光彩,贬义的多而褒义的少。"鸡飞狗跳"、"鸡犬不宁"、"鸡鸣狗盗"、"狐朋狗友"、"丧家之犬"等等,叫属狗的笔者不禁黯然神伤。

然而,让咱们纳闷的是,前面所举的种种关于"犬"的那些字,并没有明显的贬义倾向。甚至《说文》对"犬"、"狗"二字的说解中,还各引了儒家大师孔子的话。只有表西北少数民族的"狄"似乎有对异族和狗歧视的意味,然而据《说文》,"狄"也只是一种犬名,说不上是褒是贬。

细想起来,一种动物的社会地位,往往是与它的经济效益有关的。在渔猎社会中,狗显然是一种与人的生活紧密相关的动物,不仅打猎需用狗,狗当时承担的守卫乃至战斗的任务,远重要于后来作为宠物附带承担的守门工作。因此，当一个社会尤其是其生产力得到较大发展时，狗的地位的下降是不可避免的。《说文》虽是东汉时编成的，但它保留了大量的古字、古义，因此其中的对狗的褒扬成份，其实多半是对原始社会和奴隶社会狗的显赫地位的回忆罢了。而那些成语形成的时代则往往较晚，当时狗的作用已大不如前，其地位也自然大大下降了。

# 五、盘瓠神话与狗崇拜

我国古代许多典籍中，有个关于"盘瓠"的神话，大意是：为"五帝"之一的古代部落首领高辛氏，苦恼于异族"犬戎"（又称"戎吴"）屡犯边境，无人能敌，而有一奇犬名"盘瓠"，有一日衔了戎吴的首级献给高辛，于是高辛把他的女儿嫁给盘瓠，其女为盘瓠生子育女……

这一频见于典籍与志怪小说中的故事，恰恰符合我国不少南方少数民族的原始图腾崇拜。如在一些民族中，狗曾被视为他们的图腾而受到顶礼膜拜。而也恰是在这些民族中，广泛流传着"盘瓠"的传说，还往往至今保留着爱狗的习尚。

盘瓠的故事保存在社会形态曾经相对落后的一些南方少数民族之中，是合乎文化人类学原理的。当那些民族还保留着较为原始的生产力与生产关系时，狗既然在社会生产和日常生活中起着重要的作用，那么，它当时的地位比今天的狗的地位要高得多，自然是不足为怪的现象了。

刊于《中文自修》，2005 年第 12 期

# 第六篇　书评与序跋

# 《纳西象形文字谱》评介

　　方国瑜编纂、和志武参订的《纳西象形文字谱》（以下简称《谱》）一书于 1981 年 4 月由云南人民出版社出版。

　　纳西族是分布在我国云南省一些地方的少数民族。纳西族用以记录东巴经的东巴文字，是一种古老的文字。直至今天，纳西族的东巴（即巫师）仍然能用东巴文字书写经书。由于东巴文字并未死亡，迄今东巴们仍能读其音、书其形、释其义，所以它在文字发展史、文字学理论和比较文字学的研究方面，有着极其珍贵的认识价值。

　　半个多世纪以来，东巴经和东巴文字颇为海内外学者所注意，致力于东巴文字字典编纂的也不乏其人。迄今编成的东巴文字字典，除《谱》之外，主要还有以下几种：（一）《么些多巴字及哥巴字汉译字典》（杨仲鸿编）；（二）《音字形字对照表》（和泗泉编）；（三）《么些象形文字字典》（李霖灿编著、和才读字、张琨标音）；（四）《纳西——英语百科辞典》（〔美〕洛克编）。①

　　《汉译字典》未经刊印；《对照表》收字较少；《百科辞典》收字很多但用英语解释，错误也较多，且不易得到；李霖灿的《字典》是一本收字多而水平高的字典，惜乎印刷年代较早，至今也已不易觅得。所以，《谱》的问世，无疑给纳西文化和东巴文字的研究者带来了极大便利。

　　本文试对《谱》的特色、成就及不足作一评述，以就教于专家和同好。


## 一、一部纳西族的《说文解字》

　　按照《谱》的主体部分中所编字号计算，《谱》共收纳西东巴文字 1 340 个，作为查阅东巴文字的工具书，已基本够用。

　　《谱》的一个显著特色是：它从头至尾抓住了文字的形、音、义三个要素，完整地、立体地对东巴文字进行说解。

　　《谱》采用了纳西族政治、经济、文化的中心大研镇的方言来记录

---

① 见魏治臻：《一部研究纳西族文字的字典》，《辞书研究》，1980 年第 1 辑。

字的读音，以东巴的读法为依据、以国际音标为工具加以记录。因此，《谱》中所收字所标的音读是有代表性且较为可靠的。

说解字义时，《谱》的依据是东巴的讲法，也是比较可信的。

值得着重提出的是《谱》在说解文字形体方面取得的成就。参照汉古文字理论的"六书"体系，方先生具体分析了纳西东巴文字的构造情况，从而提出了关于纳西东巴文字结构方式的体系的学说即"十书"说，以"十书"说为纲来说解东巴文字。在此，我们依据东巴文字具体情况将"十书'说对"六书"说进行改造的要点加以说明。

**甲、象形的三分**

"十书"说把"六书"中的象形一书分为"依类象形"、"显著特征"和"变易本形"三书。

相对于甲骨时代的汉古文字，东巴文字中以形体直接记录字义而不含记音成分的字的比重较大，尤多象形字。因此，"十书"说三分象形一书，便于说明归入象形类的东巴文字到底是如何"象形"的。比如："日"作⊕，象太阳的全体，归入"依类形象"；"牛"作🐃，突出描摹牛的特征部分，归入"显著特征"；"立"作大，是"人"即人的变化，归入"变易本形"。这一做法，在实用上确有其便利之处。

从文字学理论角度看，这一做法也有其合理性。实际上，汉古文字中也找得出相当于"十书"中这三书的字。甲骨文"日"作⊟，是对个体事物的描摹，相当于"依类象形"；甲骨文"牛"作𐂶，是对牛的形体中特征部分的夸张描摹，相当于"显著特征"；甲骨文"交"作𧘪，从"人"的早期形体"大"即大屈折变化而来，唐兰先生就曾在他的"三书"说中把这类字归入"象意"而区别于"三书"中的"象形"，[①] 相当于"变易本形"。

**乙、指事的二分**

"十书"说把"六书"中的指事一书分为"标识事态"和"附益他文"二书。从《谱》的字例来看，属这二书的字，大部分相当于"六书"中的指事字。比如："一"、"二"分别作𝟏、𝟏𝟏，"上"作⏢（表隆起在上），这些字归入"标识事态"；"靠"作𝄞（表倚背后物），归入"附益他文"。

从文字学理论角度看，把指事一书二分无疑有其合理性。依我们今天通常的理解，指事字一般分为两大类：一类指事字是纯由抽象符号构成的，相当于"标识事态"；另一类指事字是在象形符号上添加抽象符号

---

① 唐兰：《中国文字学》，77 页，上海古籍出版社，1979 年。

构成的，大致相当于"附益他文"。可见，《谱》二分指事字，大致上合于今天对指事字的理解和分类。

二分指事字也有其实用意义。东巴文字的指事字远多于汉古文字中的这类字，这主要是由于东巴文字中在象形字基础上添加符号的指事字很多，因此，把这些加符号指事字专列一类是适宜的。

**丙、"一字数义"的设立**

"十书"之七为"一字数义"。例如："斧"作 ，读 [tseˉ]beˉ]，由于它以铁为原料制成，所以又以 表"铁"，读 [ʂuˉ]。可见，"一字数义"是指一个字被借去记录另一个与之意义有关系的词，从而造成了同一字形记录两个不同的词的现象。

应该说，"一字数义"确是一种造字的模式。因为：一方面，一个字被借去后所表示的并不是它原先表示的那个词；另一方面，一个字原先表示的词和被借去后所表示的词之间的关系往往是凝固的，即不是一种临时的借用而是一种长期的借用。如："斧"这个字借去表"铁"时，音、义完全改变了，而且"斧"借去表示"铁"是一个长期的现象，"斧"也只能借去表示"铁"而不借去表示其他的词。可见，"一字数义"是一种独特的造字方式，它不相当于汉古文字"六书"中的任何一书。因此，《谱》设立"一字数义"一书是有必要的。

除以上三方面外，由于纳西东巴文字多异体字，于是"十书"中又有"一义数字"一书。对这一做法的得失，将在本文第三部分中讨论。

可见，《谱》在汉古文字"六书"说基础上，依据纳西东巴文字的独特性提出了"十书"说，并以"十书"说为纲领，使《谱》所收每字依造字方式有所归属。这一做法使《谱》对于文字结构的说解立足在科学的基础上，并使读者在查检或阅读《谱》时得执简驭繁、举一反三之便。这是《谱》的最大成功之处。

以上论述说明，《谱》确乎堪称一部纳西族的《说文解字》。

# 二、一本研习纳西文字的入门书

《谱》除了主体部分之外，还有内容丰富的附加部分。这些附加部分在配合主体部分介绍与纳西东巴文字有关的知识方面有很大作用。这是使《谱》胜于其他东巴文字字典的一个特色。

**（一）《纳西象形文字谱绪论》**

《绪论》对纳西族的历史和地理及纳西文字的历史和理论作了详尽的

介绍。

《绪论》第一部分为《纳西族的渊源、迁徙及分布》。

这一部分中介绍了纳西族的来源、迁徙途径及古今分布等情况，不仅对初学者了解纳西文字赖以发生和发展的环境颇有助益，而且为企图深入研究纳西文化和东巴文字的人提供了不少资料。

《绪论》第二部分为《纳西象形文字的创始·附说标音文字的创始》。

对于研究纳西文字的发生史和沿革史，对于研究原始文字的起源，东巴文字的创始情况显然是十分重要的依据。方先生在列举史料进行分析后，提出 11 世纪中叶"已有纳西文字写经书之说，可以近信"（41 页）的观点。方先生对纳西文字创始时间下限的估计是可信的。

纳西族除了有表意兼表音类型的东巴文字（习惯上称象形文字）外，还有一种表音类型的哥巴文字（习惯上称标音文字）。标音文字创制于何年何代，象形文字与标音文字的创制孰先孰后，这也是学术界一直在争论的问题。方先生依据他列举的史料，提出了标音文字创制于"13 世纪初年"（50 页）的初步看法。虽然这一估计尚可讨论，但是方先生所提供的资料足资参考，他认为标音文字后出于象形文字的看法也符合于文字学的基本原理。

《绪论》第三部分为《纳西象形文字的构造·附说标音文字的构造》。

这一部分中，对"十书"说作了提纲挈领的介绍，其主要内容和特点，上文已作介绍。

《附说标音文字的构造》部分，结合实例对标音文字的来源和构成作了说明，这对于研究哥巴文字很有作用。

《绪论》第四部分为《纳西语的音标说明》。

这个部分对于读者掌握纳西语音和纳西语词汇的标音方法，对于阅读和查检主体部分中文字的读音，有直接的帮助。

**（二）《纳西标音文字简谱·附常用词汇》**

在这一部分中，作者把哥巴文字的字母依国际音标为序进行排列，这就起到了帮助读者阅读哥巴文经书的作用。同时，在每一群同音的哥巴字母下罗列了以这个音开头的一些词，并用国际音标标出每个词的读音，还注明了它们的汉译，这就使这一部分成为一部小型的纳西语词典。另外，在每个词之下，还标明了记录该词的东巴文字在《谱》的主体部分中的出处，从而又使这一部分成了查检主体部分中的东巴文字的索引。

**（三）《纳西文字应用举例》**

纳西东巴经书难以通读，原因不仅在于它只在宗教范围内使用，只有东巴熟悉它，还由于东巴文字从字与词的对应关系来看，还带有许多语段文字的特征。① 因此，即使认识所有的东巴文字，也未必能诵读东巴经。

为了让读者对东巴经文的读法有一初步了解，和先生在《象形文字应用举例》中介绍了东巴文字记录语言时字与词的对应情况，于读者阅读经书颇有裨益。

**（四）《附东巴经书简目》**

这一部分中，作者罗列了近四百部东巴经书的书名并依内容分为十六类，对每部经书，列举其书名的东巴文写法、纳西语音读及汉译，让读者能很方便地查到他所看到的书名的读法及意思。

综上所述，附加部分大大增强了《谱》的知识性和实用价值。读者如能认真读完《谱》的主体部分和附加部分，就初步具备了关于纳西文字的基础知识。所以，《谱》又是一本研习东巴文字的入门教材。

# 三、对于一些问题的讨论

与任何一部出色的字典一样，《谱》也难免有其不完美的地方。现在把《谱》中一些值得改进或可以商讨的问题提出来。

**（一）关于纳西东巴文字的性质和名称**

纳西东巴文字，习惯上被称为"纳西象形文字"。到今天，把汉古文字称为"象形文字"的学者已经不多了，这是对汉古文字性质的认识深化的必然结果。那么，对于纳西东巴文字，是否要为它正一正名呢？这需从纳西东巴文字的性质说起。

一种文字的性质，一种文字在文字史上所处的阶段，主要是由它的内容方面决定的。文字的本质既是记录语言的书面符号，那么，确定某种文字的性质及名称，首先要看它是如何记录语言的，主要要看这种文字记录语言的单位——词——的方式。从记词方式来看，东巴文字既有直接记录词的意义的成分，又有直接记录词的读音的成分，因此，它不妨被认为是"记意记音文字"即"意音文字"。说它是"象形文字"，从它的符号体态而言没有说错，然而这一名称并未反映纳西东巴文字最重要的本质特征。可见，"纳西象形文字"这一名称宜改为"纳西意音文

---

① 王伯熙：《文字的分类和汉字的性质——兼与姚孝遂先生商榷》,《中国语文》,1984年第 2 期。

字"。如果径称为"纳西东巴文字",倒也不失为一种圆通的做法。

**（二）关于"十书"的分类、界说、例字和名称**

首先，"一义数字"和"依声托事"二书是否应列入"十书"，是需要讨论的。

《绪论》说："推度造字的用意，分为十类。"（57 页）又说："兹推度制作纳西象形文字的造字方法，举以上之十类。"（71—72 页）可见，方先生确是以"十书"为东巴文字的十种造字方法的。

然而，"十书"中的"一义数字"和"依声托事"，并不宜视为造字方法。

先看"一义数字"。如："光"作十，又作⊛，还作凹，三字均读[buɪ]，都表"光"这个词。方先生举作"一义数字"的例子。其实，这三个字是各借星光、日光和火光构成的不同形体的字，它们所表的词却是同一个。它们之间的关系是异体字。由造字方法看，这三个字都是象形字，以"十书"分析，都当归入"依类象形"。若再设"一义数字"一书，就会使这三个字在造字方法归类上发生两属的情形。从理论上说，异体字问题也不是造字方法的问题。可见"一义数字"并非造字方法。

再看"依声托事"。如："剪刀"作X，假借作与之同音的词"小"。应该说，这种东巴文字中的"依声托事"，只是一种记词方法而不是一种造字方法。这是因为，东巴文字中的"依声托事"的"假借"，带有汉字中通假现象的一个特征——假借字原先表示的词和它借去表示的词之间的关系并不固定，更不是一对一的。如东巴文字"剪刀"，不仅可以借作"小"，还可以借作"驮"和"怕"等。所以，东巴文中同一个字可以借去记若干不同的词。同样，记同一个词时也可以向不同的词去借。① 可见，对东巴文字中的假借，我们不能认为是一种造字方法，只能认为是一种临时的假借。可见"依声托事"在东巴文字中也不是一种造字方法。

其次，《绪论》在"附益他文"一书的界说和例字上，也有若干欠妥之处。

《绪论》所举"附益他文"的例字，绝大部分为加符号指事字，但又偶有形声字。"附益他文"的定义是："描绘事物形状为事，而其意不显，则附益他文以补助，或著其事，或著其体，所要表达的意义更为明显，附益者，有是字，有不是字。"（62 页）据此可知，以"附益他文"之法构成的字，不仅包含了在象形字上加抽象符号的指事字，还包含部分在

---

① 详王元鹿：《纳西东巴文字黑色字素》，《华东师范大学学报（哲社版）》，1986 年第 1 期。

初文上添加意符的形声字。后者如"尺"作 🧍, 从人尺声。

这种把部分形声字混入加符号指事字的做法, 在文字学理论上是说不过去的。拿 🧍 字为例: 这个字是"人"(🧍) 与"尺"(✎) 的合成。"尺"又作 ✎, 当是"尺"的初文。由于在应用实践中发现与之形体相近的象形字很多, 如"地"作 ▱, "犁轭"作 ▱, "笛"作 ✎, 又作 ✎, 为了把"尺"字与它们区别开来, 就加上了"人"这个意符, 使"尺"的初文成为声符, 造成了一个新的形声字。汉古文字中不乏这样造成的形声字, 但我们绝不会把它们混入指事字中, 因为它们的结构方式完全不同于指事字。

因此, 可以把"附益他文"的定义改为:"描绘事物形状为事, 而其意不显, 则附益他文以补助。附益者单独不成字。"这样就可以把形声字排除于"附益他文"之外了。

如果参考以上看法, 对"十书"说作一些必要的修正, 那么关于纳西东巴文字结构的学说就一定会更加科学化, 更能从本质上反映纳西东巴文字的结构系统。

**(三)关于对个别字造字方法的归类和说解**

《谱》对个别字的造字方法的归类和结构方式的说解, 或未合实际, 或未臻完善, 或前后矛盾。现在举二例加以说明:

(1) 🔺 (顶):

《绪论》把此字举为"标识事态"的例字, 说解为"山之顶", 这样就把这个字理解为指事字。主体部分第 98 字:"🔺, [dzyɭkyˇ] 山顶也, 从山(即 △——笔者)◯ [kyˇ] 蛋)声。"(123 页)可见, 这里 ◯ 是声符而不是抽象符号。虽然《绪论》中把 △ 与 ◯ 写得紧紧相连, 也还是不能改变该字的结构类型即形声。

(2) 🔻 (底):

《绪论》把此字举为"标识事态"的例字, 说解为"足之底", 这样就把这个字理解为纯由抽象符号构成的指事字。其实, 东巴文字"足"作 🔻 (第 728 字, 254 页), 且"🔻, 🔻 二字常通用"(第 729 字, 254 页)。可见, 🔻 是一个象形字, 则 🔻 是一个在象形字上添加抽象符号而成的指事字, 当归入"附益他文"。

除以上一些带总体性或原则性的问题外, 对《谱》其他一些枝节和具体的问题, 就不一一论列了。

刊于《辞书研究》, 1987 年第 4 期

# 读《汉字文化学简论》

汉字是记录汉语的书面符号，行使着沟通信息的基本职能，自不待说。除了这一基本职能以外，汉字还有其他的功能，《汉字文化简论》（以下简称《简论》）把这些语言交际功能之外的功能，统称之为汉字文化功能。

汉字有些什么文化功能呢？《简论》撮其大要，分之为二端：一为文化信息的蕴涵与传载，二为文化现象的影响与塑造。所谓文化信息的蕴涵与传载，是指汉字种种构成形式的本身即是某种文化背景、文化观念的产物，而这种构成形式一旦形成，便把造就它的文化背景、文化观念蕴涵其中并流传后世。而所谓文化影响与塑造，则是指汉字作为一种最重要的民族文化现象不断地对其使用者的心理意识发生影响，以及由此引发了种种具体的文化现象。显然，这是一个饶有趣味的话题，而我们在此只能挈其纲要，而欲见其详，只能烦君详读《简论》了。

应该说，在汉字学领域中，汉字文化的研究是近年来一个相当热门的话题。然而由于这是一门新的学科，我们所见到的有关论著，就某一些具体问题讨论者居多，而进行宏观系统理论研究者则寥若晨星。与这一现状相应，对汉字文化研究的眼界与方法，亦多有种种局限。而《简论》之高出一般同类著作之处，正在于其广阔视野和完整理论。《简论》对于汉字文化功能的发生缘由，其文化蕴含，其塑造途径、方式、类型与特点，都作了相当深入的探讨和较为完整的阐述。在此基础上，作者又论述了汉字研究的方法论。正如徐中玉先生在该书序言中所说："据我所见，对这一新兴学科侧重某些具体问题进行微观讨论的论文已有些积累，如此具有体系，形成初步理论框架的专著却尚罕有。"《简论》对汉字文化学理论系统的首次构建，对于这门新兴边缘学科的发展，无疑地作出了重要贡献。

值得一提的是，《简论》虽是一部学术著作，但该书晓畅的文字表达，使它不仅有充分的学术意义，还融知识性与趣味性于一体。我们相信，凡对汉字或对文化有兴趣的具有一般文化水准的读者，读来都会得益匪浅。至于它对于多层次的语文教学的作用，更是显而易见的了。

（刘志基著《汉字文化简论》，贵州教育出版社，1994 年）

刊于《书城》，1995 年第 2 期

# 洛克《纳西语英语百科词典》简评

## 一、楔　子

学术史上的故事往往是相似的。

在 30 年代，一位曾在西子湖畔学画的青年画家因抗日战争爆发而内迁时，由于在丽江发现了纳西族的东巴经与东巴文字，便放弃了他心爱的绘画事业，开始了他的东巴经与东巴文的资料和研究工作。在他的长期辛勤工作之后，终于编成了《么些经典译著九种》及《么些象形文字字典》、《么些标音文字字典》等纳西东巴文字的经典巨著。这位东巴文字的学者就是李霖灿先生。李霖灿先生在他的《么些经典译著九种》的总序中写道："我爱这里的一切，不但时时思念，他日化去，我的精灵魂魄亦必定会萦回栖憩于斯，因为我在这里度过了我最美丽的年轻时光。"[1]

几乎在同一个时代，一个几乎同样的故事发生在一位生于奥地利的美国人身上。19 世纪 20 年代初，一位原是夏威夷大学植物学教授而且通十余国语言的学者受美国农业部的委派，只身来到中国，为的是寻找一种植物的种子，而他的心却被纳西族的文化、宗教及文字深深吸引。他投入到纳西族历史文化的研究之中，并花毕生的心血完成了《纳西语英语百科词典》、《中国西南古纳西王国》等巨著。这就是著名的东巴文字的专家洛克。洛克对纳西族怀着与李霖灿一样的情感。他在给他的一位朋友的信中写道："……与其躺在医院凄凉的病床上，我宁愿死在那玉龙雪山的鲜花丛中……"[2]

其实，这两位杰出的学者之所以几乎抛弃了他们先前的职业而"一见钟情"地把毕生精力投入到纳西文化与纳西文字的研究中去，最为重要的原因即东巴文确乎是一种文字学与文字史上极富研究价值的文字。

---

[1] 李霖灿：《么些经典译著九种·总序》，载《东巴文化论集》，482–487 页，云南人民出版社，1985 年。

[2] S.B. 萨顿等著，宣科编译：《约瑟夫·洛克》，载《中国西南古纳西王国》，云南美术出版社，1999 年。

而这两位学者在东巴经书与东巴文字方面的研究的卓越成果，恰恰又反过来证明了东巴文确乎在文字学与文字史上有着极其珍贵的研究价值。

文字学界对李霖灿先生的成果的关注、研究和使用较为充分，其中一个十分重要的原因是因为李先生的专著是用汉字写成，不会造成中国读者的阅读困难。而洛克虽在年轻时就学习汉语汉字，他的著作却是用英文所写，研究者的阅读困难自不待言。时至纳西学得到迅速发展的今日，洛克的《纳西语英语百科词典》的第一卷与《中国西南古纳西王国》的汉译本已得到出版，给了我们更加便利地使用它们的机会的同时，也给我们提供了对它们的学术贡献进行较为客观的评论的可能性。

《纳西语英语百科词典》的第一卷在 1963 年由意大利罗马出版社出版，第二卷则晚至 1972 年由同一出版社出版。

由于第二卷是以专名为主，可以说，第一卷是该部辞典的内容的主干部分。

第一卷除了此书《引言》及作者在出版之前所写的《序》之外，主要是《词汇部分》，共收 3 414 个条目。

本文拟对洛克的以《纳西语英语汉语语汇第一卷》[①] 的书名出版的《纳西语英语百科词典》（以下简称《词典》）中的主体《语汇部分》及此书的《序言》进行初步的评论。由于笔者以往在研究东巴文时多采用方国瑜、和志武的《纳西象形文字谱》[②]（以下简称"方书"）与李霖灿的《么些象形文字字典》[③]（以下简称"李书"）为依据，对《纳西语英语百科词典》的熟悉与应用十分不够，所以难免有评论不够确切、不够全面之不足，望读者补充和指正。

## 二、定位独特的东巴经语言词典

从体例的角度看，由于《词典》的名目是《百科词典》，所以它与其他作者所编的东巴文字的工具书有所不同。此书之所以名《词典》，与《纳西象形文字谱》及《么些象形文字字典》的最大的不同就在于它并不是主要以我国语言文字学的传统意义上的"字"为对象，而是主要以语言学意义上的"词"为对象。从这一定位出发，它就会与方书与李书这

---

① J.F. 洛克编著，和匠宇译，郭大力、和力民校，云南人民出版社，2004 年。
② 方国瑜编撰，和志武参订，云南人民出版社，1981 年。
③ 李霖灿编著、张琨标音、和才读字，云南民族出版社，2001 年。

两部字典有所不同。

这种不同的明显标志，首先在于《词典》是以音标的字母序来排列词条的。

这种不同的最主要的体现，还在于它不仅如方书、李书一样，注出了所收字的本义，还在许多字的注释中为它们的引伸义和假借用法列了义项。

举例如下（为印刷方便计，本文所举例子中的词和字的读音一般尽可能省略。本文中所列举字形后面括号内所注数字为该字在汉译本中出现的页次）：

🔲（151）。共列 7 个义项。除了第一条义项"长板凳"与第二条义项"在高处，上面"之外，另 5 个义项多为其假借义或引申义。而方、李二书的注义方式，往往是只注字的本义。尤其值得注意的是第四条义项为"所有格；属格；的"，显然已是此字语法意义的注释。

🔲（153）。释文为："掉到地上。此符号表示一个已绽开了的成熟的水果掉到了地上；然而，这个字符的原义在经书中从未使用过。"其实，此形以下所列的 4 个义项，都是此形的假借义。只是由于洛克在文字理论方面的知识局限使他采用了这样的表述。至于此字的本义，有可能是已经遗失，至少在洛克所见材料中未见。

🔲（153）。释文为："落下，如果实或叶子从树上落下。没有象形字表达这个含义。三个圆圈只属于标音符而并非字符。相当于汉语的'坠落'。"尽管洛克的表述并不十分清楚，但是我们可以这样理解：这一字形至少告诉我们，在洛克的调查范围内，东巴经书中还未见到单独用这一字形来记录一个词的现象。

🔲（456）。字形之下共列 18 个义项。除了两个义项涉及"鱼"之外，其余义项都是"鱼"的假借义。作为一部东巴文的词典而非字典，这样的做法是相当合理的，它为"鱼"这一字形为东巴经书中的假借用法提供了极为丰富的资料。

值得注意的是，此书的不少地方都用了"标音符"来说明文字中可能存在的假借现象。

如 🔲（472）。除注读音外，释文仅注"标音符"。（原书为 phonetic，下同。）

🔲、🔲（436）。除注两字读音外，仅注"标音符"。

🔲、🔲、🔲（437）。除注 3 字形读音外，仅注"标音符"。

依据我们的理解，《词典》中仅注"标音符"的形体，是洛克认为它们是在东巴经书中仅仅用于记音的符号，也就是在东巴经书中只用于假借的字。

由以上诸例可见，洛克的《词典》的最大特点，也是它与方书和李书的最大不同，就在于它为我们提供了大量的东巴文的假借用法与引伸用法，这恰是对其他东巴文字典的重要补充。当然，这里需要指出的是：有可能有一部分洛克仅注"标音符"的词条中的字形，其实在东巴经书中可能有或可能有过独用来表示其本来意义的情况，不过洛克没有发现这样的例子罢了。但是即便有这种情况，洛克的此种释文还是依据他所见到的东巴文经书中出现过的用字情况编定的，不能说是错误。

此外，《词典》既然首先是一部语言学的工具书，则它在对词语进行解说时，除标注词的音与义之外，对它们的词性、用法乃至词源及形态，都予以了充分的注意。

下面的两个例子足以说明《词典》在解说意义与用法时的精细和全面。

（11）。释文为："我们。一个人称代词。用于长者对晚辈说话。"下面还指出其第一个音节"指从高处或上面来的一个特别的人"。在对这个单字的说解中，意义、词性、用法乃至词源都得到了落实。

（555）。释文为："愿意做；将要做。"（原书释文为 Will do。）显然，在此，这个词的时态得到了充分的说明。

（81）。释文首先说明此字形义为"像海螺那样白的狮子"，接着又指出最后两个音节源于藏语的"狮子"，然后还标出了纳西语中的"狮子"的读音。

《词典》甚至还有介绍在经书中有读音却不见字形的例子。

如 131 页第 3 形，显示字形的方框里是空白的，注音为 [dzhi]。释文为："捉；抓住。这个词没有表示的符号。"

在此还应该指出：《词典》也杂有少数以词组乃至句子为单位的词条。

如：（116）。释文为："字面意思为：东巴什罗的圣体被火烧。火葬东巴什罗。"这至少可以视为一个词组。

又如：（116）。释文为："如果不是为了什罗，就不能施行（指仪式）。"这显然是一个句子。

尽管如此，我们以为《词典》对词组与句子的搜罗对于理解与研究东巴文还是有参考价值的，也是有一定理由的。这理由不仅在于洛克毕竟原来不是一个语言学家，还在于东巴文字记录语言和使用文字的特殊性使词与字不易从句子中划分出来。

# 三、内容充实的东巴文化百科全书

该书的名目既是《百科词典》，则在"百科"意义上也体现出它的不同于其他东巴经和东巴文工具书的特点来。

洛克从 1922 年到达中国，至 1949 年离开，除了少数时间在欧美一些国家或中国的一些城市中度过外，绝大部分时间是在纳西族的聚居地度过的。为编撰这部词典，他不仅收集了 8 000 余部经书并询问了大量的东巴，而且仅就他在纳西族中生活了 20 多年的事实来看，他的工具书兼具丰富的关于纳西族文化的百科词典的性质，是十分必然的。从下面的一些例子，即可看到此书对文字进行说解时常常包含着对于该字所反映的相应文化现象的介绍。

（41）。释文为："胶；浆糊。"此形与方书、李书略微有异。而且又指出其原料："用鹿角或鱼骨制成。"这就在介绍了文字的同时介绍了关于此字的更详尽的内容。这正合于洛克此书命名为《百科词典》的意思。

（17）。释文为："一块带有柄的木板，用它来耙开粮食。"此字形与方、李二书所收有小异。方书收有表此词的几个字，但字形有不同。而此字的具体用法的说解，也为方书、李书所不见。凭借这一说解，读者可以更明确地了解此种用具的结构和使用方法，从而也更了解此字的造字理据。

（283）。释文为："手纹。但仅用于占卜。"此字与方书所收形体略异。这一例反映出洛克对纳西族巫术的充分了解。

（554）。注音为 [tha]。释文指出这个意义为"塔"的字为汉语的借词，并说明："纳西人的塔是用柏树搭建的。"可见此处即指出了此词的词源，又指出了纳西族人建塔的原料。

（74）。释文在解释字义为"一层楼；一层"之后，又说明了："纳西族相信天上有许多层。"这是随文对纳西族信仰的介绍。

一个典型的例子是：

（5）。释文为："一种生长在丽江雪山山脉 9 500 英尺（1 英尺 =0.304 8 米）海拔上的岩石和峭壁上的攀缘类植物（拉丁名 Ficus foveolata Wall）。它对应于鸡年循环。"这里，对所释单字的说明不仅是详尽的，而且是定量的，还涉及了该单字的历法意义。

还有一个相当典型的例子：

🐁（586）。释文在指出了这是"十二生肖"（老鼠）之后，又用很长的篇幅为读者讲述了老鼠成为十二生肖中第一个的传说。

同样值得我们注意的是，《词典》对许多字的说解都指出了该字所出的经书名或经书类别。这不仅体现出作者严谨的学术态度，也使得读者通过查阅《词典》对与单字相关的文化现象得到更深刻的了解，并可以便捷地参阅与单字相关的经书。

可见，如果有一位不以东巴文字研究为目的的读者，仅把《词典》当作一部趣味性的知识读物来阅读，他也会得到许多意想不到的收获。

# 四、富有价值的东巴文字典

尽管《词典》以词为词条为单位，这三千多个词条中，每一词条下都收有相当多的东巴文单字。同样值得注意的是，有许多单字及与单字相关的内容为东巴文研究者最常用的方书与李书中所不见。而《词典》所收的这些单字中的相当部分，对我们的东巴文字学的研究有很大的材料价值。在这一意义上来说，《词典》又是一部极有价值的东巴文字典。

《词典》的价值首先在于它收集了相当一些方书、李书未收的单字。也可以说，有一些东巴经的词汇，洛克进行了记录而不见于方书和李书。如：

🪷（41）。释文为："莲花。"此后又指出这是一个藏语莲花的借词。此字方书、李书无收。

⚙（116）。释文为："磨房；两个中间可以磨谷子的石磨。"

还有，🪡（270）"线轴"、🐟（467）"鳝鱼"等都是方、李书未收的。此外，洛克比方、李书记录了更多意义较为抽象的词，如🐚（116）"硬"、🐛（305）"移动"、🐌（553）"激动的"等。

虽然《词典》既名"词典"，它可以在对文字的结构的说解上予以较少的关注。的确，我们也在《词典》对一些字形的说解中发现这方面的不足。但是，我们还是可以在《词典》的说解中获得许多关于东巴文字的造字结构与理据的信息。

🦌（66）。释作"一只跳跃着的牡鹿"。然后指出脚上的符号是标示其前腿是白色的。

🌾（130）。释作"侄女"。然后指出头上的符号用以标音。

🌿（552）。释作"出现在某人面前的敌人"，然后指出表示柳叶的符号用来标音，放大和止住的脚表示在某人面前停住。

（55）。释作“这，那”。该符号据说是用来表示秤砣的，也有人认为它是一个包裹的图画，洛克指出前一种解释“看来更精确或合理一些”。

此外，《词典》还注意记录词的异体。这些异体的并现，对我们了解文字的发展的脉络极有帮助。例如：

（260）、（260）。此二形是“仪式上用的巨香”的繁简两种写法。

（276）。洛克释作“收获，收割”，并指出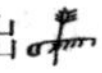“这个符号是真正表示收获的符号”。同页还列了它的两个异体，并在其中一个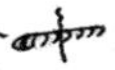（276）的释文中指出“见更正确的符号”（即）。可见洛克的意思是是该字的“初文”或更规范的写法。

（308）、（308）。洛克释为“一种亚洲喜鹊”，实为“绶带鸟”。作者还指出该鸟有很长的尾巴，如所示。中（“盐”的符号）用作标音。这个词条中所列的两个异体反映出了文字发展中的声化现象。

综上所述，洛克的《词典》仅在“字典”的意义上，也很大程度上补充了其他字典收字尤其是收异体的不足，为我们研究东巴文字提供了极为丰富的材料。同时，相对其他字典而言，洛克的《词典》也更具百科词典的性质。

至于由于洛克在《词典》中收集了大量的东巴经书中的词组甚至句子，同样地为我们研究东巴文字的性质与发展尤其是其用字情况提供了丰富的原始资料，在此就不一一举例说明了。

## 五、颇具启发意义的文字学讨论

洛克的《纳西语英语百科词典》不仅收集经书中的东巴文的字、词组乃至句子，而且在此书的《引言》中，对他对东巴文字的了解作了简要的介绍和讨论。以下就他的介绍和讨论的一些主要内容作简要的评述。

《引言》的第一部分是对于纳西象形文字来源的讨论。

他首先依据纳西族人家谱的记述，指出了纳西文的创制时间应不迟于南宋末年。我们以为，他的推测是具有一定依据的。

此外，洛克又依据一些东巴经书的内容结合一些东巴文的意义来说明纳西族的经书与文字应早于传说中的南宋末年。

还有，洛克据他所举的一些资料得出的关于纳西东巴文字的发生地点的观点，至少是有相当合理性，而且在我们解决东巴文的发生学问题时颇有方法论上的参考价值。他说："这种象形字的发源地在纳西人现在生活的地区的事实，可由几乎在所有经书中出现的植物、鸟类和哺乳动物都是这一地区所特有而证实。"在指出这一点之后，洛克又指出了少数的例外。可以说，这也体现了他实事求是的科学精神。

我们以为，虽然洛克对纳西东巴文字的发生时代与发生状况未有一个明确的结论，但是他在这段简短的讨论中使用的推理方法与采取的客观态度，确是值得我们在研究东巴文的发生学时借鉴的。

在《引言》的第二部分即《纳西象形文字》中，洛克对纳西东巴文的特征进行了较为准确的描写。应该说，这在当时对纳西东巴文字研究尚显非常不足的条件下，是十分难能可贵的。

略显不足的是，洛克在这一部分的开头写了这样一段话："……不能说纳西象形字已具有文学意义，因为他们的象形字主要还是一种助记符号。"我们以为，这一提法并不妥当。因为，判定一种文献是否有"文学意义"，主要还是应看文字所记录的语言的内容如何。另外，既把东巴文称为一种"文字"又把它定性为一种"助记"符号的做法，在观念上也是自相矛盾的。

下面的一部分题为《纳西哥巴文标音符号》。此部分在对哥巴文进行简要介绍之后，主要考察了哥巴文的发生时代与发生原因。应该说，洛克认为此种文字不可能发生过晚而是一种"古老文字"、其发生的时间不晚于明朝初期的看法，是言之有据的。而他认为哥巴文的创制的原因是给东巴文注音的想法，虽然至今未能得到学界的普遍认同，但是至少是有一定启发性，因此值得继续研究的。

# 六、结　语

作为一个外国学者，几乎用尽毕生的精力，撰成了一部与他的国度相隔万里而且他原先一无所知的一个民族的百科词典。无论这部词典的学术水平与学术价值如何，在对于学问的献身精神上，就足以使我们感动了。何况，这部词典对我们研究纳西东巴文字的材料价值与方法论的价值确乎很大。

我们以为，这种价值至少体现在：为东巴文的文字学本体角度上的研究添加了丰富的材料；为东巴文的历史的研究提供了更多的材料；为早期文字的发生和发展提供了更多的材料；为文字学与文字史的理论研究开拓了更广阔的思路。

　　本文所述所论，只是对洛克的《词典》的粗粗一瞥的感受。愿更多的同道来研究此书乃至此书的作者的生平及其学术思想，更愿更多的同道来使用这部纳西语与东巴文的工具书。

　　　　　　　　刊于《中西文化交流学报》（美国），2009 年第 1 卷

# 评黄思贤《纳西东巴文献用字研究》

## ——兼论东巴文研究中用字研究的意义

## 一、楔　子

纳西东巴文字的研究，多年来已经成为一门为文字学界十分关注的学问。由于我国及海外学者的不懈努力，时至今日，我们对于纳西东巴文字的性质已经得到了较为深刻的理解。

然而，是否可以说，东巴文的研究及咱们对于东巴文的理解已经达到了极其全面与极其深刻的阶段了呢？恐怕事实不是如此。这一方面是由于我们所握有的东巴文字的材料毕竟有一定的限制，另一方面，也是由于东巴文的某些与汉字大不相同的特征，远远不是仅仅套用对汉字的研究方法所能全面而深刻地了解的。

其实，由于汉字是一种发展相当成熟的表词—意音文字，因此，我们对于汉字的研究，往往注目于汉字的造字方式与造字理据以及对各个汉字的考释性的研究。而纳西文字则是一种介于语段文字与意音文字发展阶段之中的文字，有许多与汉字大不相同的特性，所以，仅仅凭借研究汉字方法的照搬，并不能解决东巴文字研究的一切问题。

正是由于看到了这一研究上的不足，喻遂生教授在其论文《东巴文研究材料问题建言三则》中，提出了以下两点"建言"："一、转变取材的方式，将以字典为主转向以东巴文原典为主；二、编写东巴文字释，将东巴文变为便于使用的材料。"①

深究喻先生的出发点，最主要的还是由于东巴文作为一种与汉字有很大不同的文字系统，对于具体语言环境的研究，是东巴文研究中特别重要的一个课题。

具体来说，东巴文与汉字的最大不同，是由于它的不发达性，尤其

---

① 见喻遂生：《东巴文研究材料问题建言三则》，载《纳西东巴文研究丛稿（第2辑）》，巴蜀书社，2008年。

是在文字符号与它所记录的语言的对应关系的原始性上。对于这种原始性，在笔者的《汉古文字与纳西东巴文字比较研究》一书中有一些初步的研究与归纳，大致意思如下：由字的关系与词的关系而言，东巴文具有"有词无字"、"一字多词"与"有字无词"三类；由字序与词序的对应关系而言，东巴文字的字序与词序的对应关系往往是不严格的。此外，东巴文还存在着所谓"复合字形"的文字单元。①

　　我们以为，喻遂生先生的"建言"与笔者的上述认识是互相关联的。也就是说，喻先生的"建言"在很大程度上恰恰是为了深入了解笔者所归纳的东巴文的字与词对应关系的特点。惜乎喻先生的计划并不是一朝一夕可以实现的，而笔者的对东巴文的记录语言的特征，也只是一些初步抽样研究的结果。于是，从一两部东巴经典籍的具体调查出发去研究东巴文的字词关系的专著，就应运而生了。——这就是黄思贤博士的学位论文——《纳西东巴文献用字研究》。此论文已于 2010 年 6 月由民族出版社出版（下文将此书简称《研究》）。

# 二、论文的主要内容

　　黄思贤博士的《研究》，是一部从东巴文文献出发研究东巴文字特征的专著。其内容主要可以分为以下几个方面：

　　其一，全面考察了东巴经《崇搬图》（和芳读经，周汝诚翻译，丽江县文化馆，1963 年）中的"有语无字"和"有字无语"等种种现象，其实主要是对于东巴文字不能或没有完整记录经书语言的现象的调查。

　　其二，以《崇搬图》为对象，全面考察了东巴文中对各种词类的记录比值。

　　其三，以《崇搬图》为主要对象，参以其他东巴文经书与工具书，研究了东巴文文字结构的主要特点。

　　其四，以《崇搬图》为主要对象，参以其他东巴文经书与工具书，研究了东巴文字符号体态的主要特点。

　　其五，以《崇搬图》为主要对象，参以其他东巴文经书与工具书，研究了东巴文字字序的主要特点。

　　其六，把《崇搬图》与傅懋勣先生的《古事记》进行了文字学角度

---

① 参见王元鹿：《汉古文字与纳西东巴文字比较研究》，117、142 页，华东师范大学出版社，1988 年。

上的多方面的对照。

其七，对《崇搬图》中的许多内容进行校勘性的研究，指出其原写本与译本的多处错误或可能错误的地方。

可以认为，仅就工作量与论文篇幅而言，此书的规模在博士论文中亦是不多见的。至于其研究方法的创新与所得出结论的价值，更是值得纳西东巴文的研究者予以极大的重视。还值得一提的是，黄思贤博士的《研究》是在对其研究对象做成数据库的基础上开展的，所以更有极大的科学性、精确性与可信性。

## 三、《研究》的新贡献

成功女神往往只垂青于那些勤奋而专一的人。而黄思贤博士既然为研究东巴文献做了如此多方面的辛勤工作，那么，他的论文必定会收到相当多的成果。

我在黄思贤博士的论文正式出版时为此书写的序中，归纳了该篇论文的主要价值，权且抄录于下：

其一，此为东巴文字研究史上第一篇详细考察与研究东巴经用字情况的论文。

其二，对《崇搬图》与《古事记》这两部东巴经文献进行了详细的、定性兼定量的比较研究，从一个崭新的角度对东巴文的文字符号同其所记录的语言的对应关系作了基于定量统计的考察，得出了许多关于东巴文字的发展规律及发展趋势以及所处发展阶段的结论。

其三，通过对东巴经文献的考察，亦对东巴文的性质的其他方面进行了十分细密的研究，从用字方式的角度发现或再度证明了东巴文字记录语言方式及其符号体态方面的若干特征。

其四，通过东巴经文献的研究尤其是比较研究，发现了东巴经写本《崇搬图》的若干问题，并进而通过对这些问题的分析，揭示了东巴文字的若干过去未被揭示的性质特点。

接着我又写了这样一段话：

此文的优点与发现实在颇多，难以尽数。仅就以上所列四点来看，可知我的评论绝不是夸大其词。

今天，当我为此书起草书评时重读此书，更发现了此篇论文的许多新的发现。尽管难以尽数，还是可以在此分点列出并略加评论：

其一，发现了图画与文字同样意义又同见于一段东巴经的情况。（56

页）（所注数字为作者在书中提出其新发现的页次，下文同。）

　　论文中，作者说："……在很多版图中，往往一个语句同时采用图画和文字两种表达方式进行记录，图画方面排列有序的文字似乎成为图画的一种语言转译。图画表明了其原始的特征，而文字则预示着东巴文的发展。"

　　虽然对用"图画"来命名东巴文中的一些图形结构的形体似乎不够确切，但是作者所发现的现象却极有意义。我曾在《比较文字学》中指出过埃及圣书文字的类似情况，① 可以说，黄博士的发现为这类现象提供了一个绝好的佐证。

　　其二，指出了东巴文记录语言的"不确定性"的种种原因。（56 页）

　　此书在调查《崇搬图》记录语言的"不确定性"之后，依据调查结果，推测了造成这种"不确定性"的原因是与东巴经的诵读有关的：（一）书写者没有忠实地记录语言，等待着诵读者去补充；（二）书写者摇摆于"文字记事"与"图画记事"之间；（三）诵读者也没有忠实地诵读经文，而凭借了自己的理解解读。

　　由于纳西族的东巴与东巴文研究者往往因为习以为常而不会深层次地考虑这个问题，而一般的东巴文研究者又缺乏对东巴经书诵读过程的考察，所以我们以往一直对东巴文的性质的形成停留在"它是一种从早期文字向表词—意音文字"过渡阶段的抽象结论上。因此，可以说，作者对东巴文字字词不严格对应的状况的具体原因的考察，是十分可贵的。

　　其三，在对不同词性的词是否得到记录的考察方面，纠正了以往东巴文字研究者的一些有问题的看法。（120 页）

　　作者在对《崇搬图》的词性进行全面的考察之后，得出了这样的结果：《崇搬图》中量词得到了 55.92% 的记录；对于副词，记录的比值为 73.46%；对于助词，记录的比值也达到 49.39%。可以说，这些数据对于以前学界认为东巴文往往不能记录意义抽象的词的说法，是一种修正。

　　其四，在对东巴文字发展情况的测定中，指出假借、形声在文字的早期即已出现并得到大量使用。（209 页）

　　作者通过对《崇搬图》的考察，得出其中假借字的使用已经达到59.1%。显然，这个比值是未曾对经书进行穷尽性研究的研究者不可想象的。

────────────────

① 参见王元鹿：《比较文字学》，广西教育出版社，2001 年。

其五，指出了东巴文的符号体态与其性质的发展程度的不平衡性。（223页）

作者在对《崇搬图》中的字进行考察之后，提出了几个十分有意义的观点："东巴文的符号体态既有原始的一面，又有进步的一面，仍处于过渡时期。""东巴文的成熟程度与符号体态的发展不相称。""东巴文符号体态发展的不平衡。""东巴文符号体态的特征也再次说明图画应当是文字的主要渊源物。"

可以说，以上的种种看法并非无人注意或提及，但是，基于对经书详尽考察的结论，至少为我们以前的认识提供了可靠的佐证。

其六，对东巴经的字序作了详细的调查研究。（229—238页、248—252页）

作者把《崇搬图》中所见的东巴经文的字序分为13类，又在此基础上，把东巴经文的字序特点抽象为"多样性"、"随意性"、"杂糅性"及"过渡性"四类。可以说，虽然这些结果未必是最为合理与最为成熟的，但是至少是一种极其可贵的尝试，在文字研究的方法论上颇具启发。

其七，证实了同内容而不同写本的《崇搬图》与《古事记》之间的时间差异。（258—309页）

作者在文章中，从记录语言单位、记录语言方式、符号体态、字序这4个方面，对《崇搬图》和《古事记》两部经书进行了全面的比较，从而得出了"《崇搬图》的版本应当晚于《古事记》，它的文字应当比《古事记》的更加成熟"这一结论。由于这一结论是在文字性质的发展的基础上判定的，所以颇具说服力。而就方法论而言，这一工作也足以成为今后研究者学习的示例。

其八，利用文字学的知识，在文献学的角度上对关于《崇搬图》原本及对其原本的理解中的一些问题进行了较为深入的研究。（310—345页）

在对《崇搬图》的研究中，作者自然会发现一些问题。比如写本内容上的自相矛盾之处，比如读经的记录不尽符合写本内容之处，又比如对经文理解的明显错误之处。作者在此书中专列一章对这一系列的问题提出了进行纠正或质疑。应该认为，作者的大部分意见都是言之有据、合情合理的。

以上所述，是黄思贤博士在《研究》中的主要发现。由于此书内容宏富，不能一一列举。但仅就这些发现来看，也足以证明此书在现象发现与理论研究上的贡献了。

# 四、《研究》的不足及其对文字学研究的启发

一本好书由于种种原因，在其具有充实的内容及其丰富的成果的同时，也不免有其不足之处。我们以为，《研究》的不足，主要有以下几个方面。

其一，《崇搬图》石印本是一部既有音译又有汉译的经书译本。但是作者在行文的较多处，只用了汉译而省略了音译。如果将两种译文都一起列入，无疑会使读者更加容易理解作者的意思，自然也会使文章的说服力更强。

其二，该书把《东巴文的字序研究》列为独立的一章。我们以为，从理论上来说，字序问题亦可归为此书专设两章论列的《东巴文记录语言单位的研究》这一问题。

其三，作者多次提到的东巴文字中的假借字的出现较形声字为早或未必比形声字晚的观点，其实并不是一种特别值得注意的现象。应该说，在许多文字中，假借字的出现是早于形声字的，只是东巴文也并不例外罢了。

上述的一些不足仅是枝节性的小疵，并不会影响此书的学术价值。

我们以为，《研究》一书最为成功的地方，就在于它开拓了从具体经书出发，紧密联系文字环境来研究东巴文字的研究途径。因为以往的东巴文字研究的明显不足，就在于过多使用得自字典的材料而往往脱离了具体的东巴经书所提供的更加鲜活、具体、准确的东巴文材料。

此外，该书使用的多种其他方法，也是值得研究者学习、参考或借鉴的。如不同文献互相比较的方法，如为同一内容而不同写本文献从文字学本体出发进行时间先后判定的方法，如用数据库进行文字状况调查研究的方法，如用定量统计判断文字系统性质的方法，都在《研究》的各个部分中充分发挥了它们的作用，也必将在今后成为我们的研究可以借鉴的出色范例。

现在，东巴文的研究已经成为一门相当发达的学问。但是正因为其发达，也就更需要在新的层次上寻觅新的途径。我们深信不疑，无论是黄思贤博士，还是其他各位东巴文字的研究者，都会为寻觅这些新途径作出最大的努力。

刊于《华西语文学刊（第 6 辑）》，2012 年

# 郑飞洲《纳西东巴文字字素研究》序

任何一门人文社会科学的发展程度与创新程度，总是有一些可以用于度量的标准，比如研究手段是否精密化与现代化等等。语言文字学亦是如此。而依据这一标准，飞洲同志的《纳西东巴文字字素研究》，至少可被认为确有相当的先进性与创新性。具体地说，飞洲同志此书是最早把字素理论用于一种少数民族文字研究的有益尝试。

纳西东巴文字的研究，自傅懋勣、李霖灿、方国瑜等前辈建筚路蓝缕之功以来，一直是海内外文字研究的焦点之一和热点之一。近年来，喻遂生、李静生及笔者等亦尽可能为推进这一文种的研究作出了自己的努力。可以说，对东巴文的文字学本体角度上的研究，到现在已处于较为成熟、较为发达、较为规范的状态。研究的前进对研究本身无疑是一件好事，然而这又对文字学者提出了新的要求：如何使东巴文字学进一步科学化？如何为它的研究打开一扇新的门或新的窗——哪怕是一扇"老虎天窗"也行，只要能使清新的空气注入。

飞洲同志的研究的贡献，一言以蔽之，即是把先进的字素理论引入古老的纳西东巴文字的研究。记得我在从史存直、李玲璞两位业师攻读硕士学位期间，二位先生虽在研究领域、治学方法和学术见解上不尽一致，但是都不约而同地反复强调汉字学应开展字素的研究。当时的我正留连于研习东巴文的乐趣之中，对二位先生的意见，既然似懂非懂，则未多留意。直到李先生《甲骨文文字学》问世，才深感字素研究在古汉字研究中的作用之大。后来又读到王宁先生的著作，感受愈深。因此，当飞洲同志与我商量用字素理论去研究东巴文时，觉得此题目深得我心。何况此前飞洲同志在尔苏沙巴文的字素分析上就做了十分切实的工作，承担这个题目当是游刃有余。这项工作的性质有一个比方：有一种美丽的花可以开放在 A 地，而我们的新工作是尝试把它移植到条件迥异的 B 地去。

那花儿居然在 B 地也绽放了，而且开得同样美丽。也就是说，飞洲同志的书确乎提出了不少文字学上的新见解。此书的新见解与价值，博学而聪明的读者诸君自可以从作者深入浅出且富有条理性的表述中得以体味。我想说的只是一种爱科学、爱学问的精神。当今社会，可说是千变万化、千姿百态，而且有时是千奇百怪，常使我们这些观念上的落伍者看不懂，只能怀着崇敬又无奈的心情去叹服那些新人类、新新人类、新新新人类们的豪迈与豪放。长期彻夜与电脑游戏机为伴，却获得了不低的学位，或写出了远比我辈的著作畅销的佳作。"天圆"者愈来愈多，"地方"者愈来愈少且纷纷自惭形秽。在如此氛围下，飞洲同志能独善其身，用几年的努力磨出一把堪称锋利但并不时尚的剑，至少在我看来，是值得佩服的。

王元鹿于华东师范大学中国文字研究与应用中心

2005 年 4 月

（郑飞洲著《纳西东巴文字字素研究》，民族出版社，2005 年）

# 周斌《东巴文异体字研究》序

　　科学研究中，填补空缺的工作往往最难为之。因为既称"空缺"，即意味着前人已做过大部分工作，而仅留一小部分尚待去做。而那一小部分，恰恰又是在某个领域中最不易为之者，或者前人或他人压根儿未发现有这件工作需要去做。周斌同志的《东巴文异体字研究》，就是这样一项工作。

　　要说到周斌同志对东巴文异体字的研究，就不得不提到 1988 年出版的我的小书《汉古文字与纳西东巴文字比较研究》，那是一本相对较早对纳西东巴文字进行较全面的理论研究的书。出版之后多年，我仍一直对我的硕士生、博士生们说，那本书的最最不足之处就在于东巴文字的研究"万宝全书缺一只角"，它就缺在没有较全面地研究东巴文的异体现象，而偏偏异体又是一种在东巴文中普遍存在的现象。然而，也许因为研究这一问题所需的理论能力及处理材料的能力较强，使许多研究者望而却步。在周斌同志此书之前，喻遂生教授有文章对东巴文的异体字作了精彩的研究，只是限于论文的规模，不可能作深入而广阔的全面论述。周斌同志的论文，可说确实填补了东巴文异体字研究的空白。此书有不少胜于前人或同时代人相关研究的地方。归纳起来，主要在以下几点：

　　其一，对东巴文异体字做了多角度的定性研究与定量统计，这既包含东巴文单个异体字的数字和成组异体字的数字，又包含在文字结构类型角度上对多组异体字的组合状况的研究和统计。仅这些工作，就可以看作是东巴文异体字研究的可靠基础。

　　其二，对东巴文异体字是否有"正字"和"初形"提出了客观而辩证的见解：从异体字是同一个词的不同字形记录看，"正字"与"异体"之分可以被认为是不存在的。然而，从东巴文各组异体字的产生时间上的关系来看，又往往可以依据文字构字理论，确定各组异体字中的"初形"。

　　其三，提出了东巴文异体字的"初形"确定原则，又运用这一原则，尝试确定各组异体字的"初形"。这一尝试在文字构造学上有着科学性和创新性，在东巴文研究领域内部，亦有极重要的价值。

　　其四，对东巴文异体字的形成原因、特点及这些相关结论对汉字异体字的启发作用，作了精彩的研究，提出了许多有价值的见解和发人深思的问题。

仅此四点，就足以见此书对东巴文乃至汉字研究的贡献了。而此书的框架之严密、逻辑之清楚、行文之简明、表达之流畅，更是相信每一位读者都会取得共识的。

至于说到东巴文乃至整个纳西文字的研究，那么周斌同志尽管在他力所能及的范围内做了许多可贵的工作，但他的工作与其说使这门东巴文字学臻于完善，倒不如说为相关研究开拓了更加广阔的视野。

就周斌同志的书来说，就给咱们提出了一些新的问题，比如：此书对东巴文的异体的若干结论是否全部适用于汉字？在对汉字异体字的认识尚嫌不够的今天，该书一方面启发我们去思索这类问题，另一方面又提供了研究汉字异体字的新角度与新手段的若干参考。我们相信，如果我们能以足够务实、足够客观、足够谦虚的态度去对待民族文字研究中的"他山之石"，那么，汉字研究这块宝玉上的若干瑕疵必将被弥补。何况周斌同志限于其文章的预设对象，在牵涉到汉字时往往只提"启示"而不妄下结论，这也正说明了他的工作有助于亦有待于汉字研究者的相关努力。

而若就整个纳西文字学而言，那么，我们迄今所做的工作显然还远远不够。比如，周斌同志研究所依据的字限于《纳西象形文字谱》，而东巴文的字典远不止一本。我们若能把这些工具书中所收的字汇为一本，那么关于东巴文的研究的依据将变得更为充分且更为可靠。更进一步，如果这本《东巴文大字典》不仅是东巴文诸本工具书的汇集而且加入来自大量的东巴经书中的字，那么这本工具书就更加内容齐全了。

再说开去，纳西族所使用的民族古文字除东巴文外，还有哥巴文、达巴文及玛丽玛莎文三种。关于哥巴文，虽有一些研究文章，但对其造字理据的研究至今众说不一，如黄振华先生力主多来自汉字，李静生先生力主多来自东巴文，而曹萱女士的观点则近似"两源说"。关于达巴文，虽然宋兆麟和杨学政等先生在调查中颇有成果，但文字的记音尚留于以汉字为注音工具，更不要说对它的文字学本体角度上的研究了。而关于玛丽玛莎文，原来似无考释与详尽研究的文章，直至近两年中，笔者才有两篇专文考释其所有文字并对这一文种进行了某些角度的理论研究。可见学无止境，可知"研"然后知不足。因此，我们希望民族古文字的研究者怀着勇于开拓的精神，去进一步开发我国民族古文字的新天地。我也希望，周斌同志同样以这样的态度去开发他研究的新领域。

最后，要说的是周斌同志是一位很有造诣的书法家和书法教育家，能在自己原先的领域中有成就的时候，又开拓一块新的学术领域，其中甘苦自不待言，而这一"喜新而不厌旧"的精神更是可敬可佩。爱默生云："我们都需重生。"所谓"重生"，至少这种学术上的"跳槽"亦是一种吧！

王元鹿写于华东师范大学中国文字研究与应用中心

2005 年 5 月

（周斌著《东巴文异体字研究》，华东师范大学出版社，2005 年）

# 高慧宜《傈僳族竹书文字研究》序

　　"仓颉造字"历来是一则流传极广的关于汉字发生的传说。然而，时至今日，随着文字学研究的发展，在学术圈中如果谁还把"仓颉造字"视为史实，似已有贻笑大方之嫌。由于汉字的使用范围之大、使用时间之广，它为一人所造的故事自难令人相信。汉字为集体的创制物而仓颉至多是一个汉字整理者的观点，至今几乎已被汉字学界所公认。

　　然而，恰如歌德所云："理论是灰色的，生命之树常青。"一个朴素的事实向彻底否定仓颉造字说的观点提出了挑战——就在 20 世纪 20 年代初，一位傈僳族农民独自创制了一千字左右的傈僳竹书文字。而指出这一点且进而首先对这一文字系统进行全面研究的，恰是本书的作者慧宜。

　　早在 1940 年就有人对傈僳竹书的创制进行报道性的介绍，此后亦有专家对此作了若干调查并进行了局部性和微观性的研究。然而，对竹书文字的总体性和宏观性的调查专著，却直至 21 世纪的今天才在慧宜手中得以完成。仅此一点就足以说明本书具有重要的创新意义与补缺价值。

　　我们自然会提出这样一个问题：为什么时至傈僳竹书创制的 80 余年后，才有学者对它进行全面的研究呢？其实回答很简单——以前不具备进行这一研究的充分条件。这情况好有一比：古人夜夜见到月亮，却从不敢想象到月球上去把月球研究个究竟，于是至多写一些咏月的诗词，至多杜撰出嫦娥奔月的故事。从科学的意义上看，后者也只不过是人类对自己了解自然的能力显示无奈的遗憾的一声叹息罢了。

　　如此比方与其说是对慧宜此书贡献的恭维，不如说是对近年文字学理论、文字史、比较文字学与民族文字研究长足进步的肯定。慧宜的研究不过是由于近年来这些领域研究创造了对竹书文字研究的充分条件而已。因此，可以说慧宜此书是适逢其时、应运而生或"站在巨人的肩上"。

　　当然，这一毕竟为之不易的尝试任务偏偏由慧宜来完成，亦是与慧宜为学与为人两方面的个性分不开的。

　　慧宜的故乡是昆明，因此她自出生时起，就在 20 几个民族的围绕中生活与成长。慧宜有很好的语言学基础。攻读硕士学位期间，她从藏缅语言学大家盖兴之教授研读普通语言学和民族语言学。开始攻读博士学位后，她又在古汉字、文字学理论和比较文字学等方面用力甚勤，在民族文字方面除潜心研究傈僳竹书外，还在水文方面下过功夫。特殊的学术背景使她主动承担起特殊的研究任务并使她在执行这一任务时显得游刃有余。

　　另一方面，慧宜对学术的浓厚兴趣与高远志向及其对所从事专业"咬定青山不放松"的专心致志与专一精神，是她得到成功的保证。在她攻读硕士学位的后期，已确定了竹书文字这一长远研究目标。成为博士生后，虽然她当时的文字学与汉字学功底确不很扎实，但勤奋的学习使她的文字学水平长进极快。如果她对竹书的田野调查历程几乎可以用"出生入死"来形容，那么用"废寝忘食"来形容她的学习和研究，也是再恰当不过的了。也许慧宜不能算是我最富有才气的学生，但我相信她至少是我最有事业心也最勤奋努力的学生之一。她的学位论文起步不算太早，但是答辩前几个月就写出了初稿，我已记不得追求完美的她到底"几易其稿"了。如果说慧宜的学位论文写作是她学术生活中的一个最有意义的阶段，那么也可以说这一阶段也是她生活中最忙碌的一个阶段，可以说，她是在一些非常人所能承受的困难中挣扎着进行研究和写作的。时过境迁，当慧宜的这些困难已成为过去时而喜悦地面对着即将付梓的书稿时，我可以欣慰地告诉她：很高兴在学术上与你切磋并在伴随你走过那段艰难历程时给你一点小小的却是真诚的帮助。

　　特殊的背景产生了特殊的选题，特殊的选题又必有特殊的贡献。此书虽还不够完善，但至少具有以下 10 个方面的意义：

　　（一）是第一篇全面而系统且从文字学本体角度出发研究傈僳竹书文字的论文。

　　（二）对 200 多个竹书文字的理据进行了解释，至少其中绝大部分是可信的。

　　（三）详尽地总结了竹书文字的造字情况（含自造字结构和体态理据与借源字来源）。

　　（四）证明了竹书系统的结构是多元的。

　　（五）论证了竹书作为音节文字的不完备性和不成熟性。

　　（六）初步总结了竹书考释的方法论，对古汉字考释和其他民族古文字考释乃至破解，在方法论上有启发与补充。

　　（七）书中时而出现的与汉字的比较的内容对汉字的研究有启发性。

　　（八）对文字史、普通文字学、比较文字学和中华民族文字学的研究在材料和方法上均有充实与补足作用。

（九）对反思汉字发生研究有启发作用。

（十）对汉字和一般文字的异体字的研究有参考价值。

可见，傈僳竹书文字虽然是一个使用人数不多且创制较迟的文字系统，其许多方面的认识价值却是极为宝贵的。慧宜的工作与过去的状况相比上升了一个台阶，但就傈僳竹书文字研究来说，可以继续做的工作还有许多。我期待着慧宜对这种文字的研究的更广的开拓与更深的开掘，也期待着文字学界对这种文字及其他各少数民族文字研究的更多的关注与参与。

王元鹿写于华东师范大学中国文字研究与应用中心

2006 年 3 月 28 日

（高慧宜著《傈僳族竹书文字研究》，华东师范大学出版社，2006 年）

# 黄思贤《纳西东巴文献用字研究
## ——以〈崇搬图〉和〈古事记〉为例》序

  纳西东巴文字因其在文字史上的早期特性及其许多独特性格而受到广大文字学者的重视。我本人亦曾因此而为东巴文字所吸引，居然在 20 余年之前斗胆选了一个《汉古文字与纳西东巴文字比较研究》的题目去做硕士学位论文。如果说当时的选题纯粹出于自己的好奇心与冒险心理，那么，在 20 余年之后的今天，为思贤即将面世的博士论文作序时，随着东巴文字研究的发展的进展，我们对这种文字的理解的深度与广度，已远不是我那篇论文所能覆盖的了。这正应了那两句老话：学海无涯，学无止境。

  由于这些年来东巴文字研究的发展之迅速，对东巴文字记录语言方式（主要是造字方法）的研究的工作，似乎已经走到了尽头。正是在这种情形下，我指导的博士研究生黄思贤在 2007 年作开题报告之前告诉我，他将研究东巴文字的用字情况，写一篇关于东巴经用字情况考察的学位论文。说实话，我在为之惊喜的同时，确实怀疑他在短短的一年多的时间里能不能完成这个艰巨的任务。

  然而，就在 2008 年的 2 月，思贤已经交出了这篇文章的初稿。其实，这一初稿已经与读者诸君所见到的此书的正文相去不远了。

  这篇短短的序中，难以尽说思贤此文的价值。为了尽可能使表述简洁清晰，我只好就这篇论文的意义列点分述于下：

  其一，此为东巴文字研究史上第一篇详细考察与研究东巴经用字情况的论文。

  其二，对《崇搬图》与《古事记》这两部东巴经文献进行了详细的、定性兼定量的比较研究，从一个崭新的角度对东巴文的文字符号同其所记录的语言的对应关系作了基于定量统计的考察，得出了许多关于东巴文字的发展规律及发展趋势以及所处发展阶段的结论。

  其三，通过对东巴经文献的考察，亦对东巴文的性质的其他方面进行了十分细密的研究，从用字方式的角度发现或再度证明了东巴文字记录语言方式及其符号体态方面的若干特征。

  其四，通过东巴经文献的研究尤其是比较研究，发现了东巴经写本

《崇搬图》的若干问题，并进而通过对这些问题的分析，揭示了东巴文字的若干过去未被揭示的性质特点。

其五，详细地考察了东巴经文献中的各种字序，生动地展示了东巴经的书写特点，从书写角度间接地反映了东巴文字的性质。

此文的优点与发现实在颇多，难以尽数。仅就以上所列四点来看，可知我的评论绝不是夸大其词。

从多年指导研究生的经历，我愈加相信做学问离不开一个"勤"字。我见到的学者与学生中，不乏具有高智商或具有智力者，亦不乏勤奋好学者。但是，智慧与勤奋兼备者却不甚多见。难能可贵的是，思贤是一个极有悟性的人，又是一个十分勤奋的人。其实，东巴文字的用字情况的研究颇有价值，我们东巴文字学界早就应该想到去做做这个题目，而为什么愿意在短乎其短的几年博士生涯中进行如此尝试者却至今仅有思贤一人？何况思贤又是在学问上急功近利之风相当盛行的时代下这个决心的。性情一贯慵懒的我也不得不以畏佩的目光，对着思贤的成果深思其贤能……

思贤的老家是江西临川，因此他是王安石一千年后的老乡，想来，思贤一定比一般人更加理解王安石《游褒禅山记》中所说的"有志矣，不随以止也，然力不足者，亦不能至也……"这些话的真谛吧！值得思贤骄傲的是，他所作的东巴文字学研究几乎处处基于对客观对象的考察，堪称言之有据，绝无他老乡《字说》中的主观臆断的毛病。

回到研究选题的本身来看，思贤的实践与成果也对我们有相当大的启发。我们每一个文字学乃至人文科学的研究者，会常常以为一门学科中的某一个题目已经"研究透了"而止步于一定的境界。殊不知学问上的研究对象的广度往往是没有极限的，研究对象的深度也往往是没有极限的，而研究的角度更是没有极限。就东巴文字来说，我们做了许多的研究工作，然而又有多少资料还有待我们去收集去研究，又有多少谜团有待我们去破译！

此前，我指导的博士生中，已有郑飞洲、周斌与高慧宜三位的关于民族文字研究的学位论文作为专著面世，思贤的著作已是第四部。在思贤的著作问世之前，奉丛书主编孙宏开教授之命并应作者思贤之约，作此小序，聊以表达我的兴奋之情。

王元鹿写于华东师范大学中国文字研究与应用中心

2006 年 3 月 28 日

（黄思贤著《纳西东巴文献用字研究——以〈崇搬图〉和〈古事记〉为例》，民族出版社，2010 年）

# 刘悦《纳西东巴文异体字关系论》序

世界上许多种有一定规模的古文字，它的内部往往包含着若干个异体字即以不同形体的字记录同一语言单位的现象。也就是说，许多古文字系统存在着异体现象。对于汉字的异体字与异体现象，汉字学界的研究已经比较充分，而纳西东巴文字则不然。在由于东巴文作为一种文字学上极有认识价值的"古文字的活化石"被学界重视且得到较为深入研究之时，我们还是感到，东巴文的异体字研究是需要加强的一个课题。

因此，我在 10 年前建议周斌先生以《东巴文异体字研究》作为他的博士学位论文题目。记得当时我与他说过：我的《汉古文字与纳西东巴文字比较研究》一书是"万宝全书缺一只角"，而缺的就是东巴文的异体字。周斌先生的《东巴文异体字研究》一书，在整理东巴文异体字材料进而研究东巴文异体字的特征方面取得了很大的成绩，可说是第一部全面论述东巴文异体字的专著。

我在刘悦同志开始攻读博士学位时告诉她：对于纳西东巴文的异体字研究，周斌先生的"研究"一书是"万宝全书缺一只角"，而缺的就是对于每一组东巴文字的异体字之间的关系研究。她听进去了，于是有了今天展示在我们眼前的这部《纳西东巴文异体字关系论》。

《关系论》一书的主要目的有 3 个方面：一是收集我们今天目力所及的东巴文字的各组异体字，二是对这些组异体字的内部的相互关系进行研究，三是在以上工作的成果的基础上进一步探索东巴文字在文字发展史上所经历的轨迹。可以认为，作者在她辛勤治学 3 年之后，较为成功地回答了这 3 个题目。

首先，作者在收集东巴文异体字的材料方面确乎不遗余力。这部书中，不仅收集了方国瑜与和志武先生的《纳西象形文字谱》中的各组异体字，还收集了李霖灿、和才与张琨先生的《么些象形文字字典》中的各组异体字，还收集了洛克的《纳西语英语百科辞典》的各组异体字。加上其他各类工具书、专著、论文、经书等所提供的资料，共收集了东巴文异体字 1013 组，共 4391 个。应该说，这一工作除了研究东巴文异体字本身的意义之外，即便在研究东巴文的字数方面也有很大贡献。这个数据至少告诉我们，东巴文字的总字数在 5000 字以上。

　　其次，比起许多研究者仅以《纳西象形文字谱》一书所收的字为依据研究东巴文异体字，此书以更大量的异体字为基础，研究自然会收得更大成效。作者对东巴文异体字之间的文字现象进行描述，对东巴文异体字之间的发展关系进行了逐组的分析和归纳，并进而对这 1 013 组异体字内部文字发展关系的脉络进行逐字、逐组的整理。这一艰辛工作使得作者对于东巴文异体字之间的关系有了新的认识：微观上，东巴文的异体字主要通过简化、繁化、声化、符号化、图画化、讹变六种途径不断形成新字。宏观上，东巴文字的各组异体字往往从"初文"到"末文"，有着一定的先后产生程序。

　　最后，论文还以以表及里、以此及彼的方法，从异体字的关系出发，去探寻东巴文字的发展途径。作者得出了以下的结论：东巴文字在造字方式和符号体态上都经历过很大的发展。造字方式上的发展，主要表现为一些原始的造字方法的逐渐消亡与形声字的大量涌现。符号体态上的发展，主要体现在象形性的减弱与符号性的增强。应该说，也许仅凭一般的观察，在东巴文领域中有充分学术素养的学者也会得出类似的结论。但是，值得强调的是：此书作者的结论是在对丰富的材料进行周密研究的基础上得出来的，自然更为可信。而作者通过异体字角度去发现整个文字系统的方法，也显示了她机智的思维。

　　当然，任何一本书都不会十全十美，如果我们仔细阅读《关系论》，也许在肯定《关系论》对于东巴文异体字研究相当意义的同时，可以指出它可能存在的不足之处。比如：材料是否真正收罗齐全？如巴克的《么些研究》中收有 370 个东巴文字，其中很可能有与其他几本工具书不同的字，也可能会因未关注此书而失收一些异体字。比如：有些互成异体的字际关系的判定是否真正做到了论证严密从而无懈可击？以我们的直觉，可能在少数字字际关系的判定上，会偶有想当然的情况——但愿这种直觉也是想当然。比如，作者判定"东巴文的异体字主要通过简化、繁化、声化、符号化、图画化、讹变六种途径不断生成"，那么，到底有没有第七种或更多的种呢？如有，就需要提及，如无，更需要证明。当然，如果此书果然有这些不足，也不会掩盖此书的成功方面，只是给作者及她的导师提出了若干新的课题，给东巴文的研究者提出了更大的发展空间罢了。

　　说到此书作者的求学经历，也有值得学习和借鉴的地方。作者在 3 年中，边读书边任教，负担不可谓不重。可是她几乎从不缺课，按时完成论文。更使我感动的是，她往往为了寻找更多的异体字，几乎读遍了所有的相关的书籍与论文。她一直对我说：学这个东西，不为什么，只是我特别喜欢东巴文。"我爱故我学"，恰是她的学习动力。

　　实际上，据我所知，作者的最终兴趣还是在于研究早期文字。而由于东巴文作为一种早期文字的典型性及其丰富的资料，它就自然地成为许多早期文字研究者的突破口，作者也不例外。我相信，凭着作者对学问的爱，延续她那对治学的韧劲及其善于思考、敢于创新的精神，她在学问上的高远志向的实现，无疑是指日可待之事。

王元鹿写于上海

2011 年 3 月 29 日

（刘悦著《纳西东巴文异体字关系论》，安徽文艺出版社，2011 年）

# 俞允海、潘国英《中外语言学的对比与研究》序

允海先生寄来他与国英先生的新著嘱为序。为师兄写序是一件吃力不讨好的事：说好话有奉承谄媚之嫌，提意见又有长幼不分之咎。唯一可取的对策是——实话实说。

可以说，进行中外语言学史的系统的比较研究，在我的视野中此书还是首部。仅此一点就足以显现允海先生此书的价值。

其实，已往不见或罕见此一课题的研究，亦是可以解释的。地域的阻隔、语言的不同与不通、语言特征的差异、各自的妄自尊大或妄自菲薄、研究的方法与风格的区别，造成了东西方学者各自的孤芳自赏。此外，学与识两方面的难度，也是我国与海外学者不愿涉足的原因。因此，此部著作以"破冰之旅"来形容，是毫不为过的。

细读此书，不得不承认二位作者对中国与国外语言学研究历史的相当广泛而深刻的了解和理解。可说此书既是一部好教材，又是一部好的学术专著。关于此书的意义，鲁先生已在他所撰的序言中有精辟的评论，读者亦不难从此书的字里行间发现和体味，恕不赘述。

写到此处，我不禁怀念起20多年前师兄与我一同向我们的导师史存直先生问学的美好时光。如果说师兄充分继承了史先生在多个领域——音韵学、语法学——中的学问，那么我的选择可以说是"叛徒行径"——至今还在史先生当时就并不太关注的民族文字中自得其乐。然而，我还是可以问心无愧地说：在追求真理、热爱学问、不慕名利和科学精神方面，我同师兄一样，也是史先生崇高学风的忠实继承者。尤其是在当今如此不以急功近利为耻的学术氛围中，允海师兄不以收集与整理繁复的资料这种苦活累活为贱，不以梳理这些资料为烦，辛勤耕耘3年，从而也得到了他应得的酬劳——在中西语言史的研究与对比中有所发现。

作为一部具有开拓意义的学术著作，二位先生的此书当然不可能是十全十美的。除鲁先生所指出的几点之外，我想补充一个可能使此书锦上添花的建议。我以为该书若能在写作时一以贯之地关注中外语言学的

共同规律与不同特征，并能在每章每节的具体叙述与评论中让这一观念
得以体现，那么此书将展现在读者眼前的将是一种更鲜明的"对比"，而
不是中国与海外的语言学多少有点"各自为政"的研究，尽管这一小疵
绝不影响著作的巨大价值。不知师兄与国英先生以为然否？

王元鹿写于华东师范大学中国文字研究与应用中心
2007 年 4 月
（俞允海、潘国英著《中外语言学的对比与研究》，上海三
联书店，2007 年）

# 《汉古文字与纳西东巴文字比较研究》后记

记得还是在 9 年前,我从李玲璞(李圃)师攻读甲骨文字时,就曾对甲金文字之前的汉古文字的面貌的探索这一课题发生了兴趣。当时李玲璞师对我这样说过:"文字学的出路,在于比较。"

时间过了四五年。一个偶然的机会使我接触到了纳西东巴文字,这种神奇的文字立即把我吸引住了。凭着好奇心和汉古文字知识,我居然在短短的一两个月间对纳西东巴文字知识有了较为系统的认识,并进而产生了一些看法。我觉得,把汉古文字结合纳西东巴文字来进行研究,乃是窥测早期汉字面貌的一个绝好角度。这一想法得到了我的导师史存直先生和李玲璞先生的支持。为此还向徐复先生写信请教,他也表示鼓励。于是,我便做起这个两种文字比较研究的题目来了。

在进行这项研究之时,我的基本出发点是:世界上各民族的古文字,看似千差万别、个性各异,但它们有着某些共同的发生与发展规律。如果循着这一思路深入思考下去,那么,各民族的古文字就不仅仅是互相孤立的东西,而是各自处于文字发展长河上的朵朵浪花。正是它们,构成了一部文字发展史。而汉古文字与纳西东巴文字,恰是其中最引人注目的两朵浪花,因为它们分别代表着文字发展中十分典型的两个环节。这部小书,就是我关于这一研究的初步结论。

在这本小书将要面世之时,我要感谢多年关心着我的学业并为本书作序的徐复先生,感谢多年指导我的研究的史存直和李玲璞二位先生,感谢曾对我的研究进行热情鼓励和指导的盖兴之先生,感谢我的纳西族朋友,长期以来为我研究提供无私帮助的习煜华先生。

特别要感谢这两年间一直关心我的傅懋勣先生,他曾审阅过本书的部分内容,肯定了我的研究方法并提出了宝贵的指导意见,使我在修改此书时获益不少。

另外,审阅此书并提出意见的还有朱宝田先生以及我的老同学姚平、刘志基二位,这里也一并致谢。

这里,还要向促成并资助本书出版的华东师范大学中青年学术著作基金会和华东师范大学出版社致以诚挚的谢意。

最后还需说明:关于汉古文字与纳西东巴文字的比较研究,关于整个比较文字学的研究，还有许许多多值得我们继续思考的问题。解决这些问题，是我们文字学研究者的责任。我相信，在对这些问题深入研究的基础上，一部具有较高学术水平的《比较文字学》，必将在我们手中得以完成。

王元鹿于 1988 年 2 月 11 日

（王元鹿著《汉古文字与纳西东巴文字比较研究》，华东师范大学出版社出版，1988 年）

# 《普通文字学概论》后记

不知什么时候起，我们的老祖宗把汉字称为"文字"，从而也把研究汉字的学科称为"文字学"，这主要是由于信息的限制使老祖宗们不了解在这个世界上除了汉字之外还有各种其他的文字系统。如果说老祖宗们的认识和做法情有可原，那么，时至今日，当我们已经清楚地了解世界上还存在过和存在着种种别的文字系统，而且即便中国的文字也远远不止汉字这一种的时候，要是仍是把"文字学"作为"汉字学"的代称，便几乎是无可原谅的事了。

有时，"名"对"实"所能产生的影响，确乎是无可估量的。多年来，我们写了一本又一本《文字学》，却从没留心它们仅是论述一种文字的，而真正的《文字学》，在中国几乎一本也无法找到，于是，即便这本以世界文字的共性为主题的小书在起名时，也只好知趣地退避三舍，冠以"普通"二字的定语，以示它与市上流行的《文字学》们的区别。

当然，问题不仅出在"名"上，坦率地说，我们对文字学理论的宏观研究，并不十分重视。语言学家往往认为普通文字学的研究是文字学家的事，而更令人遗憾的是文字学家同样不把普通文字学当一回事。不仅在中国，即使在国外，文字学者们对于普通文字学的研究也显得相当不够。

上述现状从学术研究的角度来说，显然是亟待改变的。既然汉字研究与世界各民族文字研究业已取得了巨大的成果，那么，一个从个别到一般、从微观到宏观、从实践到理论的总结过程，必须有人去完成。本着这一想法，笔者在 10 年前开设了一门《普通文字学》课，从初次开课时的六七听众发展到今天的六七十听众，笔者的喜悦是无法形容的。

在贵州人民出版社的张衍先生的鼓励下，笔者把上课时所说的和课前课后所想的写了下来，成为这样一本小书。

在此，除了张衍先生，笔者还由衷感激一直关心着此书撰写并为之作序的笔者的业师李玲璞教授，由衷感激在笔者撰写此书时提供种种帮助的陆庆和、童炜钢、俞水生、刘志基、张再兴、韩华梅诸位朋友。

由于普通文字学的研究状态与篇幅的限制，本书远不是一本在此领域中包罗万象的著作，这一点，是要请读者理解和谅解的。期待着包括学者、专家在内的广大读者的批评和指教，更期待着有更丰富内容和更高水平的普通文字学论著问世。

王元鹿

1995 年 3 月 3 日

（王元鹿著《普通文字学概论》，贵州人民出版社，1996 年）

# 《比较文字学》后记

记得我写就《汉古文字与纳西东巴文字比较研究》一书，已是 20 世纪 80 年代中后期的事了。在那本可说是第一部关于中华民族两种文字比较的书的后记中，我曾写下了这样的话："我相信……一部具有较高学术水平的'比较文字学'，必将在我们手中得以完成。"在这一诺言得以兑现的今天，我思绪万千。在这十年中，我曾多次涉足大洋彼岸，搜遍各大图书馆和书店，寻觅数以百计的文字学专著和有关资料；这十年中，我也曾在我撰写《普通文字学概论》一书时，对这些专著和材料进行研究、整理，记下了自己的心得。

1994 年，我承担了以"比较文字学"为题的国家社会科学基金资助项目。经过几年的不懈努力，我终于写成此书。

在此，我要向资助此书撰写的全国哲学社会科学规划办公室、关心此书撰写的华东师范大学科研处和承担此书出版的广西教育出版社致以最衷心的谢意。

我还要感谢对此书初稿提出宝贵意见的李玲璞、许威汉、盖兴之、臧克和、刘志基诸位先生和陆庆和、区培民二位女士。

比较文字学是一门在整个世界范围内尚处于草创阶段的学科。因此，这本书与其被看作是对已往这一领域工作的总结，不如被看作是今后这一领域中有关研究的开始。

作者

2000 年春

（王元鹿著《比较文字学》，广西教育出版社，2001 年）

# 《学生常用古代汉语词典》序

　　我担任大学生的古代汉语课和硕士生、博士生的文字学课教学时，每讲到工具书部分，因充分认识到其重要性，总会补充许多教材之外的内容，至少要讲 3 个课时。我还常常把我的一句自创的"格言"介绍给学生："语言学者把工具书当作教材来读。"也就是说，研究语言现象时，许多工具书所提供的材料是如此之丰富，以致语言学者不仅离不开工具书，而且还常常以工具书作为研究的起点、依据与对象。

　　工具书也具备着"雅俗共赏"的特点。就一般中学生来说，几本工具书显然是他们学习语文类课程所必备的。其中十分重要的一本，应当就是《古代汉语词典》之类的书了。因为古代汉语的学习显然比现代汉语困难得多。而就古代汉语知识的几个组成部分来说，文字和音韵虽有难度，却并不是中学教学的要点。语法虽然十分重要，毕竟可以举一反三。唯有词汇，不仅古今汉语的许多词汇古今意义差别极大，而且一词多义现象也颇为常见，可说是正应了一句反映英语词汇复杂性的名言："每一个词都有它自己的故事。"可见，要学好古汉语、读通古文，掌握古代汉语的词汇可以说既是最重要的一环，又是最困难的一环。因此，一本内容较为齐全的《古代汉语词典》应是中学生的必备工具书。

　　正因如此，当华东师范大学出版社阮光页副总编建议我主编一册以中学生为主要对象的古汉语词典时，我便欣然领命。

　　历时两个寒暑，俞水生兄与我及其他作者终于把此书编成。整个编纂过程也给了我们不少教益。比如，原先准备编一册三四十万字的小书，最后定稿时却比原计划增加了一倍。这至少说明了中学生阅读中学教材所需的词汇知识信息量相当之大，这也实在是我们始料未及的。当然，这也说明了这本工具书虽以中学生为基本对象，但是它所提供的古汉语词汇信息，也足以供中学生之外的读者参考，如中学教师、高校文科学生和研究生、高校教师乃至其他从事文科研究的人员。

　　至于说到本书的特色，那么以下几点或许是不可不提到的：

　　（一）力求与国内较通行的各种中学语文教材接轨，无论选词、选字、选择义项和选择例句，均尽可能兼顾几种中学语文教材中的古文与古代诗歌。

（二）全词典的词条按音序排列。

（三）以单音词为主并为纲，兼收教材中出现过的双音词。

（四）在某些词条下对该字该词的某些特殊性及与它相关的字际和词际关系作附加说明。

本书的编纂过程中，阮光页先生予以极大的关怀与鞭策，责任编辑李惠明先生则投入了大量的时间和精力极其详细地审阅了各次稿样并提出了许多中肯的意见。如无两位先生的关怀关注与辛勤工作，那么至少本词典远远达不到现在的水准。谨向他们两位致以诚挚的谢忱！

华东师范大学中国文字研究与应用中心对本词典的编纂给予了极大的支持与帮助。中心的研究员刘志基、张再兴二位先生为本书编纂无私地提供了许多经信息化处理的宝贵资料，张再兴先生还投入了大量精力为此书编辑设计了极好的软件程序，并不时解决相关问题。谨向他们两位致以衷心谢意！

此外，在此书编纂中以各种方式提供帮助的还有：朱建军、张乔、哈磊、李明、王琛、邱艳、王秋池、倪木兰、房莹、冉启坤，在此一并鸣谢。

我在讲工具书课时所讲的另一句"格言"似可以作为此序的结束语："工具书不可不信，不可全信。"此书当亦不例外。之所以不可全信，是由于语言工具书的编纂工作不易为之，错漏确乎不可能完全避免。因此，虽然全体作者尽了很大努力，本书的缺点和错误必定还有不少，敬请读者和专家不吝指教。

王元鹿写于华东师范大学中国文字研究与应用中心

2005 年 5 月 2 日

（《学生常用古代汉语词典》，华东师范大学出版社，2006 年）